향문천의
한국어 비사

향문천의 한국어 비사

1판 1쇄 발행 2024. 2. 10.
1판 2쇄 발행 2024. 2. 16.

지은이 향문천

발행인 박강휘
편집 태호 디자인 지은혜 마케팅 윤준원 홍보 최정은, 송현석
발행처 김영사

등록 1979년 5월 17일 (제406-2003-036호)
주소 경기도 파주시 문발로 197(문발동) 우편번호 10881
전화 마케팅부 031)955-3100, 편집부 031)955-3200 팩스 031)955-3111

값은 뒤표지에 있습니다.

ISBN 978-89-349-8101-5 03700

홈페이지 www.gimmyoung.com   블로그 blog.naver.com/gybook
인스타그램 instagram.com/gimmyoung   이메일 bestbook@gimmyoung.com

좋은 독자가 좋은 책을 만듭니다.
김영사는 독자 여러분의 의견에 항상 귀 기울이고 있습니다.

향문천의
한국어
^{祕史}비사

천 년간 풀지 못한
한국어의 수수께끼

향문천 지음

김영사

존경하는 부모님께 이 책을 바칩니다.

흐릿한 어화漁火에 홀린 고기들

별을 읽지 못하는 눈먼 키잡이

만선滿船은 휩쓸려 아득한 창명滄溟으로

차례

일러두기 • 10

용어 사전 • 12

모음사각도 • 14

들어가며 • 15

1 한국어에 얽힌 오해 • 21

    1   한국어는 '신라어'의 후예인가? • 26

    2   일본어는 '백제어'의 후예인가? • 36

    3   고대 한국어란 무엇인가? • 43

    4   한국어족이라는 카테고리 • 55

2 고대 한국어의 중심성 · 59

1 미소와 메주 · 61

2 멧돼지와 염통 · 72

3 한반도와 불교 문화 · 78

4 고구려와 대륙 · 87

5 일본의 백제 문학 전통 · 98

6 대륙에서 온 일본어족 · 107

7 윷놀이로 보는 동물 어휘 · 120

8 한국어가 받은 단어 · 128

9 전근대의 외국어 교육 · 141

3 고유명의 세계 · 157

1 이사지왕의 정체 · 160

2 이사금의 진짜 의미 · 167

3 대륙과 대양을 건넌 신라 · 172

4 서울과 슈리 · 188

5 한민족의 자칭 · 198

6 코리아의 수수께끼 · 205

4 격변하는 근대 · 213

1 난학과 번역주의 · 215

2 번역의 홍수 · 223

3 문학과 신조어 · 232

4 일제의 언어적 잔재 · 236

5 만국공법과 중국제 번역어 · 245

6 일본제 번역어에 대항한 옌푸 · 250

7 근대 음역어의 탄생 · 257

8 중국에는 그들만의 상표가 있다 · 263

9 중화요리의 언어 · 275

10 한국 최초의 신문 · 279

11 근대 영한사전과 번역어 · 288

12 일제시대 이전의 한국어 한자어 · 295

나가며 · 303

부록 • 309

1 거란소자 자소 목록 • 311

2 《동제(거란소자)명 원형경》의 해석과 근거 • 332

3 대한민국의 약자 제정사 • 343

주 • 367

참고 문헌 • 387

1 실존 인물을 거론할 때 '박사' '교수' 등의 칭호는 모두 생략했다.

2 인명·지명 등의 외국어 고유명에는 원어를 병기했다.

3 발음을 표기할 때 음소는 사선 / /, 음성은 대괄호 [ ]로 감싸 라틴 알파벳 및 국제음성기호로 표기했다. 단, 대괄호 [ ] 속의 한글 표기는 음성 전사의 목적으로 제시된 것이 아니다.

4 대괄호 [ ] 속의 한글 발음 표기는 한국어 독자 편의를 위해 추가한 음성 근사치다. 모음이 불확실한 경우 자음 자소만으로 표기했다.

5 원어 표기는 되도록이면 최초에 한해서 제시하고, 이후에 언급을 요할 때는 가독성을 위해 대괄호 [ ] 안에 제시된 한글 발음 표기로 대체했다.

6 국립국어원에 의해 외래어 표기법 표기 세칙이 제시된 현대 언어는 대괄호 [ ] 속에 외래어 표기법에 의거한 한글 표기를 제시했다.

7 한국어의 특정 단어를 강조할 때는 고딕체로 나타냈다.

8 특정 단어의 의미를 강조할 때는 쌍따옴표 " "로 둘러쌌다.

9 본서에서는 윤희수에 의해 고안된 고대 한국어 모델을 사용하며 실험적이며 단순화된 표기로써 표현된다. 따라서 본서에서 제시된 고대 한국어의 표기는 고대 한국어의 음성적 재구가 아니다.

10 전기 및 후기 중세 한국어는 예일식 로마자 표기를 병기했다.

11 현대 표준 중국어는 한자 표기 뒤에 한어 병음 표기를 병기했다.

12 필요하다고 여겨지는 경우, 중고 중국어의 백스터Baxter식 번자법을 한자 뒤에 병기했다.

13 중국어가 아닌 언어의 한자 표기, 즉 음차 표기는 산괄호 〈〉로 둘러쌌다.

14 고대 일본어 표기에서 갑류甲類 음절의 모음은 곡절 부호circumflex, 을류乙類 음절의 모음은 분음 부호diaeresis를 모음 상단에 더했고, 갑을 구분이 없는 음절은 일반적인 라틴 알파벳으로 표기했다.

15 라틴 알파벳으로 표현된 철자법적orthographic 표기 및 서양 저작물의 제목은 시인성을 고려해 기울임체로 표현했다. 단, 아래 첨자로 표현된 라틴 알파벳 문자열은 기울이지 않았다.

16 단어 앞에 붙은 별표 *는 해당 단어가 문증된 적이 없음을, 위 첨자 물음표 ? 는 해당 단어의 형태가 확실하지 않음을, 위 첨자 가위표 ×는 제시된 형태가 잘못되었음을 의미한다.

17 언어 혹은 어휘의 변화는 화살표로 표현된다. → 는 차용 등의 공시적 현상, > 는 통시적 변화를 의미한다.

18 제1천년기에 속하는 고레고리력 연도에는 '서기', 그 이전에는 '서기전'을 덧붙였다.

19 일반 독자를 위한 각주와 출전 및 부가 설명을 위한 미주를 나누어서 제시했다. 텍스트 내 인용에서 각주는 외래어 표기법에 따라 인명을 한글로 옮겼고, 미주에서는 원어를 그대로 표기했다. 참고 문헌에서는 원어로만 제시했다.

20 계통수 내의 언어에 표시된 †는 해당 언어가 후예 언어를 남기지 않고 사멸했음을 의미한다.

21 참고 문헌을 기재할 때, 한국어 및 중국어 출전은 화살괄호 〈 〉《 》를, 일본어 출전은 낫표 「 」『 』를 사용했다.

용어 사전

개신改新 영 innovation

음운·문법·어휘 등의 언어적 요소의 변화를 말한다. 복수의 언어에서 같은 언어적 변화가 발생한 것을 가리켜 '공통 개신shared innovation'이라고 칭하며 언어들 사이의 계통적 관계를 분석할 때 중요시된다. 반대로 계통적으로 유관한 복수의 언어에서 변화를 겪지 않고 유지된 자질에 대해서는 '공통 잔존shared retention'이라고 한다.

동원어同源語 영 cognate

공통 조어祖語에서 물려받아 공통된 기원을 공유한다고 강력하게 믿어지는 단어쌍. 예컨대 현대 영어의 stone과 현대 독일어의 Stein은 서게르만조어 *stain에서 기원하는 동원어다.

문증文證 영 attestation

인쇄물 또는 기타 기록 매체에 기록되는 것 혹은 기록된 형태. 예컨대 젊은 중세 한국어 자료《구급방언해》下:4ㄱ에서 ·졈의 형태로 문증된다. 역사언어학의 표기 관습으로, 존재했을 것으로 예상되나 문증되지 않는 형태에는 별표 *를 붙인다.

비정比定 영 identification

미상未詳의 대상을 다른 대상과 비교해 동일성을 재는 행위. 예컨대 역사 문헌에 등장하는 신라의 왕도 서라벌徐羅伐은 오늘날 경주 일대로 비정된다. 동정同定이라고도 한다.

유연성有緣性

계통적·유전적으로 무관하지만 오랜 기간의 접촉을 통한 어휘와 문법 요소 등의 차용을 통해 언어적인 유사성을 공유하는 성질. 한국어와 만주어는 오랜 기간의 접촉을 통해 유연성을 획득했다.

음소音素 영 phoneme

화자가 인식하는 언어 음운상의 최소 단위. 예컨대 한국어 /ㄱ/과 /ㄲ/은 두 개의 서로 구별되는 음소다.

재구再構 영 reconstruction

같은 계통에 속하는 여러 언어를 비교함으로써 분화되기 이전의 공통 조상 언어, 즉 조어의 체계를 복원하는 것.

조어祖語 영 protolanguage

서로 친연 관계에 있는 여러 언어의 기원이 되는 조상 언어. 역사언어학은 유럽과 인도에 걸쳐 폭넓게 분포하는 여러 언어의 공통 조상인 인도·유럽조어 Proto-Indo-European를 연구하면서 발전해왔다.

차용어借用語 영 loanword

다른 언어로부터 단어를 획득하는 것. 예컨대 컴퓨터·프린터 등은 현대 한국어가 영어로부터 받아들인 차용어다. 차용어를 획득하는 현상을 차용借用이라고 한다.

친연성親緣性

동일 조어에서 파생된 복수의 언어가 갖는 계통적·유전적 연관성. 예컨대 프랑스어와 이탈리아어는 같은 로망스어파에 속하여 친연 관계에 있다.

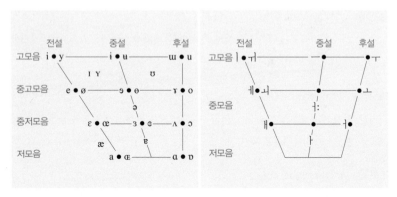

국제음성기호 모음사각도　　　　한국어의 대략적인 모음사각도

1 모음사각도에서 위쪽으로 갈수록 개구도가 낮아지고, 아래쪽으로 갈수록
  개구도가 높아진다. '개구도'란 발음할 때 입을 여는 정도를 말한다.

2 모음사각도에서 왼쪽으로 갈수록 혀의 정점이 앞니에 가까워지고, 오른쪽
  으로 갈수록 혀의 정점이 목젖에 가까워진다.

3 한 점에 두 개의 기호가 좌우로 할당된 경우는 왼쪽이 평순모음, 오른쪽이
  원순모음이다. '평순모음'이란 입술이 평평한 상태로 발음되는 모음, '원순
  모음'은 입술이 둥글게 오므라진 상태로 발음되는 모음이다.

4 중고모음·중모음·중저모음을 통틀어서 '중모음'이라고도 한다.

언어는 진화합니다. 이것은 은유적인 표현일까요? 역사언어학을 공부하다 보면, 이것이 진화생물학과 참 닮았다는 느낌을 받습니다. 인문과학과 자연과학의 서로 다른 범주에 속하는 두 학문 분야는 일견 관계없어 보이지만 공통된 속성을 가집니다. 과거와 현재를 연결하는 시간 축을 중심으로 연구 대상의 변화를 추적하고 그 동기와 영향을 탐구하는 것. 진화생물학의 경우 생물학적 종을 대상으로, 역사언어학의 경우 인간의 음성 및 문자 언어를 대상으로 고찰한다는 차이가 있을 뿐, 본질적으로는 아주 유사한 학문이라고 할 수 있습니다. 저는 진화생물학에 대해 잘 알지 못합니다만, 독자의 이해를 돕기 위해 종종 두 학문을 비교해 설명할 것입니다.

모든 현상에는 원인이 존재하므로, 종의 진화와 언어의 변화에도 필연적으로 동기가 있기 마련입니다. 진화생물학에서는 '적자생존'으로 잘 알려진 자연선택에 의해 진화가 촉발됩니다. 유전자의 변이는 우연의 산물이지만, 결과론적으로 보면 하나의 종이 다른 종과의 경쟁에서 우위를 점하기 위해, 그리고 서식 환경의 변화에 적응하기 위해, 개체수의 변화에 따라 식량 상황에 대응하기 위해 진화를 거듭한다고 할 수 있습니다. 달리 말하면, 생물학적 종은 상호 작용할 수 있는 다른 조건이 배제된 경우, 우연한 유전적 변이의 축적에 대해 우리가 제시할 수 있는 합리적인 진화의 동기는 없습니다.

하지만 이러한 전제는 너무 극단적입니다. 현실적으로 생존에 적합한 종은 자신 이외의 개체가 항상 존재하며, 그렇지 않을 경우 유성생식을 하는 수많은 생물은 자신의 세대에서 멸종할 것입니다. 유한한 자원을 두고 경쟁하는 다른 종도 대부분의 상황에서 존재합니다. 자전과 공전을 주기적으로 반복하는 지구 상에서 살아가는 한, 환경의 변화는 피할 수 없습니다. 결국 인위적으로 제어되지 않는 한, 종은 유의미한 동기에 의해 진화할 수밖에 없습니다.

지금까지 말한 것을 역사언어학에 적용해봅시다. 언어는 필연적으로 변화합니다. 우선 여기서 말하는 언어란 체계적이고 보편적인 문법을 갖춘 인간 고유의 의사소통 수단을 말합니다. 보편적이라 함은, 언어 구사 능력이 모든 현생 인류가 공유하는 특질임을 의미합니다. 또한 언어는 집단 내에서 상호 의사소통을 위한 일종의 사회적 약속이므로, 앞서 제시한 극단적인 전제는 언어에 대해서도 적용될 수 없

습니다. 종의 진화와 마찬가지로, 언어의 변화는 필연적이며 합리적
인 동기를 늘 가지고 있습니다.

언어학자 앙드레 마르티네André Martinet에 따르면, 언어 변화의 가장
근본적인 동기는 음소적 변별, 그다음은 언어의 경제성입니다.[1] 하지
만 이 책에서는 언어 변화의 수많은 동기 중에서도, 언어 교류에 초점
을 두고자 합니다. 언어 교류는 서로 다른 두 언어 및 방언이나 동일
언어 내에서 여러 형태의 접촉에 의해 서로에게 영향을 주는 현상을
말합니다. 이 중 전자에 해당하는 외적인 언어 접촉에는 다양한 원인
이 있습니다. 단순히 인접 지역에 둘 이상의 언어가 사용되는 지리적
인 요인뿐만 아니라 무역·외교·전쟁·물질문명 교류 등의 정치적·사
회적 요인도 있습니다.

외적인 언어 접촉은 다양한 결과를 불러일으킬 수 있습니다. 생각
해볼 수 있는 하나는, 어떠한 집단이 상대적으로 더 발달했다고 여겨
지는 문명의 문화적 요소를 받아들이면서 자연히 그것을 가리키는 언
어적 표현까지 들여오게 되는 것입니다. 전근대의 한국어가 중국어로
부터 수많은 한자어를 차용한 것이 여기에 해당합니다. 다른 하나는
수평적인 통합 혹은 수직적인 종속에 의해 상호 간에 영향을 주는 것
입니다. 수평적인 통합의 경우, 몽골어족 언어와 튀르크어족 언어가
유목 집단을 형성하면서 상호 간에 대량의 어휘를 차용한 것이 적절
한 사례입니다. 부족의 통합과 분리가 자주 일어났던 유목민의 삶을
그들의 언어에서 엿볼 수 있습니다. 수직적인 종속의 경우, 일본제국

에 합방된 조선의 언어가 35년간 일방적으로 일본어의 언어적 요소를 받아들인 사례가 떠오릅니다.

위의 예시를 통해, '언어는 강한 언어에서 약한 언어로 흘러간다'는 일반적인 인식이 어느 정도 옳다는 것을 깨달을 수 있습니다. 하지만 늘 그렇지는 않습니다. 언어 접촉에 의해 촉발되는 언어 교류는 서로에게 어떤 형태로든 영향을 줍니다. 이 책은 그러한 영향의 흔적을 하나하나 짚어가며 한반도에서 바라본 언어 사이의 접촉과 교류의 생생한 역사를 고대에서 근대 이후에 이르기까지 통시적으로 살펴볼 것입니다. 동아시아에서 한국어가 가졌던 위상과 입지의 변화, 한국어 어휘의 다층성, 한국어가 다른 언어로 수출한 여러 어휘, 그리고 한민족의 역사를 역사언어학의 시점으로 바라볼 것입니다.

앞으로 언어 교류에 의한 영향 관계를 수없이 논해나갈 것입니다. 주의해야 할 점은, 언어 간에 주고받은 영향을 바탕으로 성립하는 유연 관계*를, 언어의 유전적인 계통으로부터 성립하는 친연 관계와 혼동하는 사람이 많다는 것입니다. 이러한 혼동을 최소화하기 위해서, 이미 언급했듯이 비교적 친숙한 진화생물학의 계통수 개념으로 간혹 비유를 들 것입니다.

한국어가 주변 언어로부터 받은 차용 요소를 한국어의 유전적 본질

• 역사언어학에서 말하는 유연 관계와 진화생물학에서 말하는 유연 관계 정의는 다르다. 역사언어학에서는 "차용에 의해 생기는 유사한 관계"를 의미하며 계통론적 논의에서 배제된다(국어사대계간행위원회 2020:23).

과 구분하려면, 한국어의 기원과 역사를 먼저 살펴보아야 합니다. 1장은 한반도에서 바라본 한국어와 주변 언어 사이의 교류 및 영향 관계를 살펴보기 전에, 한국어에 얽힌 몇 가지 오해를 바로잡으면서, 독자 여러분께서 역사언어학의 여러 개념에 익숙해질 계기를 마련할 것입니다. 본서의 구성상 본론에 해당하며 비교적 수월하게 읽히는 2장부터 읽어도 큰 문제가 없습니다만, 역사언어학에 익숙하지 않은 독자는 조금 어렵더라도 되도록이면 1장부터 처음부터 차근차근 읽어나가는 것을 추천합니다. 또 어렵거나 생소하게 느껴지는 개념은 앞서 제시된 '용어 사전'과 '모음사각도'를 참고해주시면 감사하겠습니다.

響文泉

1

한국어에 얽힌 오해

이 책에서는 한반도를 중심으로 한국어와 주변 언어의 접촉과 교류를 살펴볼 것입니다. 그런데 언어 접촉을 논하기에 앞서, 한국어에 얽힌 다양한 오해를 풀어나갈 필요가 있습니다. 역사비교언어학에 익숙한 분들도 계시겠지만, 많은 분은 이 분야가 생소하게 다가올 것이라 생각합니다. 이 장에서는 한국어에 얽힌 오해를 푸는 과정을 통해서 역사언어학의 다양한 용어와 개념을 정리하고, 역사언어학자처럼 사고하는 방법을 소개하고자 합니다.

한국어는 어디에서 왔을까요? 전문가라도 선뜻 답하기 어려운 질문이라고 생각합니다. 덕분에 전문가들은 불친절한 답변을 할 수밖에 없겠지만, 매우 중요한 질문이라는 점에는 누구나가 동의할 것입니다. 한국어의 기원을 밝히는 것이 한국어 역사언어학의 궁극적인 목표이니까요.

모든 일에는 순서가 있습니다. 한국어의 기원을 논하기 전에 한국어의 역사를 전체적으로 검토할 필요가 있습니다. 한국어의 알려진 역사를 간단히 개관해보겠습니다.

우리는 한국어라는 범주가 언제부터 성립하는지 알 수 없으므로, 한국어의 역사를 검토하는 출발 지점을 어디인지도 모르는 먼 과거에 두어서는 안 됩니다. 대신 현재에서 출발해 한 걸음 한 걸음 과거로 되돌아가는 회고적 관점이 유용합니다.

지금 이 책의 서술에 사용되고 있는 현대 한국어부터 살펴봅시다. 현대 한국어(20세기~)는 두 가지 규범이 공존합니다. 대한민국에서 쓰이는 서울말을 바탕으로 삼은 표준어와 북한에서 쓰이는 평양말을 바탕으로 삼은 문화어입니다. 하지만 대한민국과 북한의 언중은 서로가 같은 언어를 사용한다고 인식합니다. 즉 현대 한국어는 두 가지 표준이 존재하는 단일 언어입니다. 현대 한국어는 중세 한국어에서 유래합니다.

한국어는 조선 세종이 1443년에 훈민정음訓民正音을 창제하고 난 뒤에야 비로소 그 모습을 온전히 역사에 드러낼 수 있었습니다. 세종의 한글 창제 이래 생생한 한국어를 반영한 자료가 대량으로 생산되었기 때문에, 중세에서 출발해 근대와 현대의 한국어까지 추적해 검토하는 작업이 가능했습니다. 어느 시기에 언어 내에서 발생한 변화가 어떻게 또 다른 변화를 촉발했는지, 전쟁과 같은 역사적 사건이 어떻게 언어를 변화시켰는지, 문헌학과 역사언어학을 통해 알 수 있습니다. 그리고 현대 한국어와 중세 한국어 사이에는 연속성이 인정됩니다. 어렸을 때의 나와 지금의 내가 겉모습은 달라졌어도 동일 인물이듯이, 언어도 이 같은 맥락에서 연속성을 논할 수 있습니다.

또한 현대 한국어의 모든 방언은 중세 한국어 시기 이전으로 거슬러올라갈 수 없다고 여겨지며, 경상도 지역에서 주로 쓰이는 영남 방언, 전라도 지역에서 주로 쓰이는 호남 방언을 시작으로 한반도 최북단에서 쓰이는 육진 방언, 최남단에서 쓰이는 제주 방언 등은 모두 공통 조상을 공유하는 친연(유전적) 관계에 있습니다.

역사비교언어학에서는 이러한 친연 관계를 정확하게 파악하는 것이 무척 중요합니다. 비유를 하나 해보겠습니다. 오래 사귄 친구들은 서로를 닮아갑니다. 인생을 살아가면서 친구에게서 받는 영향은 지대합니다. 하지만 그렇다고 해서 내 절친이 '나' 그 자체가 될 수는 없습니다. 생물학적 부모가 다르기 때문에 혈연이 될 수도 없습니다. 이웃집에 살면서 같은 학교를 나오고 같은 취미와 꿈을 공유한다고 해도, 유전자 검사 결과만을 보면 피 한 방울 섞이지 않은 그냥 남입니다. 지금의 나를 이루고 있는 신체·정신·성격·사상 들은 선천적인 것도, 후천적인 것도 있습니다. 태어나면서 부모로부터 물려받은 선천적인 '나'와 주변 환경의 영향을 받아 형성된 후천적인 '나'는 하나가 되어 분리할 수 없게 됩니다.

한국어와 유형적으로 상당히 유사한 만주어는 친연 관계에 있다고 할 수 없는데, 공통 조상을 공유하지 않기 때문입니다. 이들은 비둘기와 박쥐가 날개라는, 고래와 상어가 지느러미라는 다른 기원을 갖는 유사한 신체기관을 공유하는 것처럼, 계통적으로 관계없는 종이 수렴 진화를 이룬 것과 비교될 수 있습니다. 두 언어는 조상이 다름에도, 오랜 기간 지리적으로 가까이 분포해왔기 때문에 서로에게 영향을 주며 닮아갔습니다. 서로에게 영향을 준 한국어와 만주어의 관계를 유연 관계라고 합니다.

다시 한국어의 역사 이야기로 돌아옵시다. 중세 한국어(10~16세기)는 언어 상황에 큰 영향을 준 역사적 사건을 기준으로 전기와 후기로 양분할 수 있습니다. 전기 중세 한국어는 태조 왕건에 의한 고려 건국부터 이성계의 위화도 회군에서 시작된 쿠데타로 인한 고려 멸망까지의 시대를 아우릅니다. 이 시기의 중심지는 고려의 행정 수도인 개경(지금의 개성)입니다. 후기 중세 한국어는 태조 이성계에 의한 조선 건국부터 전국적인 피란민이 발생한 임진왜란 이전까지의 시대를 아우릅니다. 이 시기의 중심지는 조선의 수도인 한양(지금의 서울)입니다. 왕조가 교체되고 언어의 중심지가 옮겨 갔어도, 개성과 서울은 매우 가깝기 때문에 예나 지금이나 두 지역의 언어는 상당히 유사했을 것입니다. 더욱이 고려 건국 이래 한반도 상에서 복수의 언어 중심지가 존재하지 않았기 때문에, 개경 중심의 중세 한국어가 한양 중심의 중세 한국어로 이어졌다고 볼 수 있습니다. 따라서 고려 시대의 한국어와 조선 시대의 한국어는 '중세 한국어'라는 총칭으로 불리는 것입니다.

현대 한국어가 고려 시대 개경에서 사용되었던 중세 한국어의 직계 후손이라는 사실은 분명합니다. 우리의 관심사는 이보다 더 과거에 있습니다.

한국어는
'신라어'의 후예인가?

현대 한국어와 중세 한국어는 직선적인 관계에 있습니다. 15세기부터 생겨난 수많은 한글 문헌 자료를 통해 중세 한국어와 현대 한국어 사이의 점진적인 변화를 관찰할 수 있습니다. 하지만 고대 한국어로 가면 이야기가 달라집니다. 삼국시대에도 한자를 빌려 자국어를 표기하는 수단이 활발히 사용되었지만, 그러한 고대의 표기 전통은 단절되어 현대에 전수되지 못했기 때문에 정확하게 해독할 수 없습니다. 게다가 지금 남아 있는 진정한 의미의 고대 한국어 자료는 손에 꼽을 정도입니다.

현대 한국어와 중세 한국어가 곧바로 연결되어 있다면, 중세 한국어와 고대 한국어도 그러해야 합니다. 고대와 중세라는 시대 구분에 초점을 두면, 신라 향가鄕歌로 대표되는 고대 한국어가 시간이 흘러감에 따라 15세기 한글 문헌으로 대표되는 중세 한국어로 서서히 변화한 것처럼 보입니다. 고대 한국어와 중세 한국어 사이의 연속성을 굳이 의심할 필요가 있을까요?

현전하는 고대 한국어 문장은 신라와 고려 시대의 향가에서 얻어진 것들입니다. 전술했듯이, 향가는 표기 전통의 실전失傳으로 말미암아 지금으로서는 정확한 해독이 불가능한 상태입니다. 또한 단편적으로 전해지는 고대 한국어의 음차 표기는 시대와 위상의 차이, 표기 체계의 다층성, 고대 한국어 한자음의 기반이 된 중국어 방언의 비정比定● 등 다양한 난제가 해독을 시도하는 자를 괴롭힙니다. 고대 한국어 자료와 자료에 대한 이해가 결여된 현 상황에서, 국어학자들은 향가 해독을 위해 이미 잘 연구된 중세 한국어를 향가에 투영시키는 방법을 이용해왔습니다. 향가를 중세 한국어의 시각에서 보려는 불가피한 시도는, '신라어'와 중세 한국어의 관계에 대해 착시 효과를 낳게 됩니다.

지도를 보고 있자면, 다른 시기에 존재했던 두 언어의 지리적 중심지가 머리에 그려집니다. 현전하는 대부분의 향가는 《균여전均如傳》(1075), 《삼국유사三國遺事》(1281)와 같이 고려 시대에 만들어진 서적에 기록된 것이지만, 이들은 고대 한국어의 서라벌(지금의 경주) 방언, 편의상 '신라어'(이하, 통일신라 시기 이래의 신라어를 '후기 신라어'라고 함)라고 불리는 언어를 반영한다고 여겨집니다. 반면 조선 시대의 한글 문

●　비교를 통해 둘 이상의 대상에 대한 동일성 혹은 유사성을 판별하는 것.

헌으로 대표되는 중세 한국어는 주로 한양의 언어를 반영합니다. 서울과 경주를 오가는 길은 교통이 발달한 현대에도 부담 없이 이동할 수 있는 거리가 아닙니다. 하물며 고대 수준의 행정력으로 300년에 못 미치는 기간 동안, 통일신라는 한반도 전역을 서라벌 중심의 후기 신라어로 통일하는 것이 가능했을까요?

시간에 더해 공간의 차원까지 고려하면, 후기 신라어와 중세 한국어가 직선적으로 계승되는 관계에 있지 않다는 가설을 세울 수 있습니다. 실제로 현대 한국어가 후기 신라어의 직계 후손 언어가 아니라는 주장은 학계에서 설득력 있게 받아들여지고 있습니다.[2] 이러한 주장은 최소 두 가지 언어학적 증거와 역사학적 방증을 통해 성립됩니다.

중세 한국어에서 유래하는 현대 한국어는 왜 후기 신라어의 직계 후손일 수 없을까요? 그것은 후기 신라어에 나타나는 개신改新●이 중세 한국어에서 나타나지 않기 때문입니다. 당시 세계적 관점에서 보아도 대도시였던 경주는 통일신라의 정치적·문화적·상업적 중심지였습니다. 사람의 왕래가 많은 지역은 언어를 변화시킬 잠재력을 많이 가지고 있습니다. 다른 방언에서 일어나지 않은 새로운 변화가 경주 지역의 방언에서만 발생했다면, 해당 지역의 언어에서 특정한 개신이 발생한 것입니다. 만약 중세 한국어가 후기 신라어를 직접적으로 계승했다면, 동일한 개신이 시대 차를 갖는 두 언어에서 모두 관찰

● 언어 요소의 변화.

되어야 합니다.

한 가지 비유를 해보겠습니다. 1983년에 반년 가까이 방송된 KBS 《이산가족을 찾습니다》는 한국전쟁 이후 대한민국 내에서 흩어져버린 가족들을 다시 만나게 해주기 위해 기획되었습니다. 이 방송에서는 가족을 찾기 위해 상경한 출연자가 잃어버린 가족의 흉터를 물어보는 경우가 종종 있었습니다. 어렸을 때 생이별한 형제의 얼굴을 알아보지 못해도, 몸의 어느 곳에 흉터가 있었는지 기억을 더듬어 극적인 상봉이 일어나기도 했습니다.

언어에서 발생한 개신은 이 흉터와 같습니다. 흉터는 한 번 지면 평생 안고 가야 합니다. 후기 신라어에 생긴 흉터가 중세 한국어에서 보이지 않는다면, 둘은 직접적으로 연결되지 않은 언어라는 사실이 증명됩니다. 예컨대, 일부 환경에서 한국조어韓國祖語●의 *-p- [ㅂ]는 후기 신라어에서 *ɣ, 즉 마찰음화된 [ㄱ]●●으로 나타납니다. 반면 중세 한국어에서는 일부 환경에서 마찰음 '빙' /ɸ/으로 변화했습니다. 이러한 변화는 중세 한국어에서 관찰되지 않은 후기 신라어만의 독자적인 개신입니다.[3] 어렸을 적의 선명한 흉터가 나이를 먹으면서 말끔히 사라졌다면, 《이산가족을 찾습니다》에서 잃어버린 가족과 감동적인 재회를 이룰 수 있었을까요?

● 진화를 통해 어족을 형성한 것으로 추정되는 여러 후손 언어의 공통된 조상 언어.

●● 현대 한국어에서는 아가 [aɣa] 등에서 이 발음이 실현되는 경우가 있다.

중세 한국어	*두블 > :둫
후기 신라어	二肹 TUɣir [두을]

중세 한국어와 후기 신라어의 숫자 "둘"의 비교

숫자 "둘"을 뜻하는 단어의 중세 한국어와 후기 신라어 형태를 비교하면, 중세 한국어의 마찰음 '병'/ɸ/이 후기 신라어의 마찰음화된 [ㄱ], 즉 *ɣ에 대응되는 사실을 확인할 수 있습니다. 후기 신라어가 중세 한국어보다 시기적으로 앞섬에도 중세 한국어의 형태가 더 보수적인 형태를 유지해 한국조어의 *-p- [ㅂ]에 더 가깝습니다.

그런데 위와 같은 논거는 역사언어학 이론에 익숙하지 않다면, 선뜻 이해하기 어렵습니다. 후기 신라어에서 발생한 개신이 중세 한국어에서 관찰되지 않는다고 해서 둘 사이의 계승 관계를 부정해도 되는 걸까요? 언어에서 소리의 변화는 규칙적이고 조건을 만족하는 모든 환경에서 일률적으로 발생합니다. 예컨대 중세 한국어에서 'ㅺ' /sk/과 같이 어두에서 자음 연속으로 발음되었던 소리가 현대 한국어에서는 예외 없이 'ㄲ' /kʔ/처럼 된소리로 발음됩니다. 이는 19세기 말 독일에서 태동한 소장문법학파Junggramatiker가 내세운 이론적 전제인 '음운법칙의 무예외성 원리Ausnahmslosigkeit der Lautgesetze'●에 부합합니다.

좀 더 체감하기 쉬운 사례를 살펴봅시다. 후기 신라어의 또 다른 개신으로 *l [ㄹ]이 *n [ㄴ]으로 비음화된 변화가 알려져 있습니다.[4] [ㄹ]이 [ㄴ]으로 변화한 현상은 신라의 국호와도 관련이 있습니다. 대중적으로 '서라벌'로 알려진 지명은, 사료에 徐羅伐 따위로 기록된 한자 표기를 단순히 현대 한자음으로 읽은 것에 불과합니다. 서라벌은 동경東京이라고도 합니다. 왜 하필 동쪽일까요? 그것은 진(한)辰韓, 사로斯盧, 신라新羅, 서라(벌)徐羅伐, 사뇌(야)詞腦野의 의미가 "동쪽"이기 때문입니다. 신라 국호의 변천에 대해서 후술하겠으나, 고대 한국어 〈新羅〉 *sila [실라]가 후기 신라어에서 〈詞腦〉 *sinɔ [시노]로 변화해 [ㄹ] > [ㄴ]의 변화를 확인할 수 있습니다.

후기 신라어에서 발생한 [ㄹ] > [ㄴ] 변화의 근거는 의외의 곳에서 찾을 수 있습니다. 언어학자 윤희수는 일본어에서 "해돋이"를 뜻하는 문어적 표현 しののめ [시노노메]의 한자 표기가 東雲 "동쪽 구름"인 점을 이용해 후기 신라어 발음의 흔적을 찾을 수 있다고 주장합니다. [시노노메]라는 일본어를 한자로 東雲이라고 적는 것은 일본어 내부적으로는 설명할 수 없는데, "동쪽"이나 "구름"과 같은 의미를 가지면서 [시노노메]의 발음에 대응하는 일본어 단어가 존재하지 않기 때문

• 19세기 말엽부터 독일의 소장문법학파가 제창한 음운론의 중요한 원칙으로, 음운변화는 동일한 조건하의 모든 단어에 일관되고 균일하게 영향을 미치며, 현실에서 관찰되는 음운 변화의 예외는 언어 간 차용이나 음운 환경에 대한 불완전한 이해, 심리적 기피, 경제성 등 외적인 요인에 의한 것이라는 주장이다.

입니다.

고대 일본어 시가집 《만엽집萬葉集》 권11 제2478번과 제2754번에서 *sinônömë* [시노너메]라는 단어가 처음으로 등장합니다. 두 시는 모두 후지산 서쪽 부근의 오늘날 우루이강潤井川을 언급하고 있습니다. 한반도에서 온 도래인들이 서기 8세기에 쓰루가駿河 지방을 포함한 동쪽 지방으로 이주했다는 점을 고려하면, 한반도 도래인이 이 지역에서 후지산의 새벽 풍경을 가리켰던 "동쪽 구름"이라는 단어가 고대 일본어에 [시노너메]의 형태로 차용되었을 가능성이 있습니다. [시노노메]의 현재 의미인 "해돋이"는 "새벽녘의 풍경"이라는 원래의 의미에서 변화한 것으로 추정할 수 있습니다.

sinô [시노]가 "동쪽"을 의미하는 것은 후기 신라어의 詞腦 *sinɔ [시노] "동쪽" "서라벌 일대"와 발음이 일치하므로 쉽게 이해됩니다. 그런데 *nömë* [너메]는 무엇일까요? 후기 신라어에서 [ㄹ]이 [ㄴ]으로 변화한 것을 떠올려보세요. [너메]의 정체는 현대 한국어에서 구름으로 나타나는 단어입니다. 구름에는 'ㄹ'이 들어갑니다. 이것을 'ㄴ'으로 고치면 [구늠]이 됩니다. 후기 신라어에서 [시노]와 [구늠]을 합치면 [ㄱ]은 마찰음화해 ?*sin[o]-ɣunɨm [시노우늠] 정도•로 발음되었을 것입니다. 고대 일본어에는 자음으로 끝나는 음절이 없었으므

• 고대 한국어의 음운 체계는 아직 잘 밝혀지지 않았다. 이 책에서 사용되는 고대 한국어의 한글 발음 표기는 독자 편의를 위한 임시방편에 불과하다.

로, [시노우늠] 뒤에 잉여적인 모음을 붙여 *sinônömë* [시노너메]로 받아들인 것입니다. 이로써 후기 신라어의 [ㄹ] > [ㄴ] 변화에 대한 근거로 "동쪽"과 "구름"을 얻을 수 있습니다.

중세 한국어에서는 "동쪽"에 해당하는 단어가 한자어 東동녘 동으로 대체되었고, "구름"은 [ㄴ]이 포함되지 않는 ·구룸으로 나타납니다. 후기 신라어에서 발생한 최소 두 가지 개신이 중세 한국어에 계승되지 않았습니다. 왜 이런 일이 일어났을까요?

신라와 당 연합에 의해 7세기 중엽에 백제와 고구려가 멸망합니다. 신라의 수도였던 경주는 한반도에서 가장 중요하고 번화한 지역이 되었습니다. 잠시 통일신라 시대의 경주의 모습을 상상해봅시다. 웅장한 불교 사찰과 황금을 바른 호화로운 건축들, 도시에 수놓아진 바둑판 형태의 복잡하게 얽힌 도로들, 바다를 건너 모여든 상인들이 내놓은 이국적인 문물들이 한데 모여 북적이는 광경이 떠오릅니다. 일본의 민속학자 야나기타 구니오柳田國男의 방언주권론方言周圈論에 따르면, 언어의 변화는 그것이 사용되는 문화적 중심지에서 먼저 발생해 서서히 시간차를 두고 동심원꼴로 주변 지역으로 확산됩니다. 만약 한반도 중남부에 대한 통일신라의 지배가 더 오래 지속되었다면, 위에서 살펴본 후기 신라어의 개신이 전국적으로 확산되어 개성과 서울 중심의 중세 한국어에도 계승되었을지 모릅니다. 하지만 서기 936년에 통일신라의 경순왕이 고려에 항복하면서 유구한 역사의 신라 왕조는 막을 내립니다.

한민족의 통합된 정체성이 처음 정립되었다고 여겨지는 고려 시대의 도래와 함께, 한국어의 중심지는 더 이상 경주가 위치한 한반도의 동남 지방이 아니라 중부 지방으로 옮겨 가게 됩니다. 고려를 세운 태조 왕건은 지금의 개성에서 태어난 인물입니다. 개성의 만월대는 왕건이 태어난 곳에 지은 궁궐입니다. 왕건은 개성에서 태어나 개성에서 나라를 다스리고 개성에서 숨을 거둡니다. 고려 건국 이후에는 개경開京이라고 했는데, 500년간 고려의 수도이자 언어적 중심지였습니다.

여담이지만 개성開城이라는 지명은 이곳이 고구려 영토였던 시절의 지명 冬比忽동비홀의 의미를 번역해 중국식으로 바꾼 것입니다. 고대 한국어 〈冬比〉 *tɔLVpi- [도ㄹ비]•는 중세 한국어 :듧-에 대응되며,[5] 현대 한국어의 뚫다로 이어집니다. 뚫는다는 것은 곧 연다는 의미이므로, 개성開城과 같이 한화漢化된 것입니다.

고려는 신라가 아닌 고구려를 계승한 국가였기 때문에, 고려 시대에 확립된 한국어의 뿌리는 어쩌면 '고구려어'에 있을지도 모르겠습니다. 유명한 고려와 요遼의 담판에서 서희와 소손녕(거란어 본명은 아마도 鮮㽵伏 suniň [수닌])이 동서로 마주 앉아 영토 문제를 논의했습니다. 이 담판에서 고려와 거란은 서로가 고구려의 정통성을 계승했다

• V는 알 수 없는 모음이다. L은 유음이며 고대 한국어 표기에서는 *l [ㄹ] 혹은 *r [ㄹ]을 의미한다.

고 주장했는데, 고려 측은 자기가 고구려의 국호와 영토를 계승했으니 도읍을 평양(고려 서경)에 두었다고 했습니다. 이처럼 고려인들은 스스로를 고구려의 계승자로 인식했습니다.

후술하겠지만 고구려·백제·신라는 모두 한국어족Koreanic 언어권이었으므로, 고구려와 백제의 땅에서도 고대 한국어의 변종은 분명히 존재했습니다. 현대 한국어로 이어지는 특정한 고대 한국어 변종은 어떠한 기록도 남아 있지 않기 때문에, 중세 한국어가 고려인들이 생각했던 것처럼 정말로 '고구려어'의 직계 후손인지 언어학적으로 판단하기는 어렵습니다. 다만, 후기 신라어가 사용되었던 한반도 동남 지방이 아닌, 오랜 기간 고구려와 백제가 차지했던 중부 지방의 언어에서 유래하는 것만큼은 확실하다고 말할 수 있습니다. 정리하자면, 현대 한국어는 '신라어'의 동포sibling이지만, 후예descendant는 아닙니다.

일본어는
'백제어'의 후예인가?

"한국어는 신라어에서, 일본어는 백제어에서 왔다." 언어와 역사에 관심이 있다면 이런 글귀를 본 경험이 있을 것입니다. 하지만 이를 뒷받침하는 제대로 된 근거는 접하지 못했을 것입니다.

우리는 앞에서 현대 한국어가 '신라어'의 직접적인 후예가 아니라는 사실을 살펴보았습니다. 한국어가 '신라어'에서 유래한다는 생각은 그래도 상식적인 학술적 기반을 가지고 생겨났습니다. 그런데 후자는 다릅니다. 일본어는 '백제어'에서 유래할 수 없습니다. 이러한 터무니없는 주장에는 정작 중요한 언어학적 증거가 결여되어 있음에도 우리 사회에 만연해 있습니다. 다음은 국내의 다양한 매체에서 백제와 일본과 관련해 흔히 볼 수 있는 말들입니다.

1. 일본은 백제의 속국이었다.

2. 일본 황실은 백제계 혈통이다.

3. 일본어에서 백제를 가리키는 くだら [구다라]는 "큰 나라"를 뜻하
   는 '백제어'에서 유래한다.

4. 일본어에서 "시시하다" "하찮다"를 의미하는 くだらない [구다라나
   이]는 "백제의 문물이 아니면 만족스럽지 않다"에서 생겨난 말이다
   (일본어에서 ない [나이]는 "없다" "아니다"라는 뜻이다).

5. 일본어는 '백제어'의 후예다.

전부 열거하자면 끝이 없습니다. 위와 같은 왜곡적인 인식은 검증되
지 않은 주장이 비판적인 검토 없이 재생산되면서 심화되었습니다.
하지만 취약한 기반 위에 세워진 주장은 모래 위의 누각처럼 쉽게 무
너지기 마련입니다. 이 중 3, 4, 5의 곡해를 '백제어'를 중심으로 바로
잡아봅시다.

　현대 일본어에서 "백제"는 한자로 百済라고 적고 くだら [구다라]
라고 읽습니다. 한자음 그대로 ひゃくさい [햐쿠사이]와 같이 읽는 것
은 일반적인 독음이 아닙니다. 본고장인 대한민국에서도 백제의 국호
는 한자음으로 읽는데 참 희한합니다.● 여기서 알 수 있듯이, 일본어

● 일본어에서는 한자를 음독과 훈독의 두 가지 방식으로 읽을 수 있다. 대략적으로, 음독은
　중국어에서 수입한 한자음을 말하며, 훈독은 한자의 의미에 대응되는 일본어 고유어를 읽
　는 방식이다.

에서 "백제"를 뜻하는 단어는 백제의 국호에서 유래한 것이 아닙니다.

백제의 국호는 마한 54국 가운데 하나인 백제국伯濟國에서 유래합니다. 소위 《위지魏志》〈동이전東夷傳〉에 기록된 마한 54국의 국명은 모두 한자의 음을 써서 표기한 '음차 표기'이므로, 이것을 뜻으로 해석하려는 시도는 그만해야 합니다. 즉 일본어 [구다라]는 百濟백제의 음과도 뜻과도 관련이 없는 곳에서 온 것입니다.

국내에서 가장 유명한 어원설은 [구다라]가 큰 나라에서 유래한다는 것입니다. 이와 관련된 국내 언론 기사는 모두 일본의 역사학자 우에다 마사아키上田正昭의 주장을 인용하고 있습니다. 이는 역사학자 홍윤기가 2005년 우에다의 자택에 방문했을 때 전해들은 것이라고 합니다.[6] 우에다는 역사학 분야에서 많은 연구 성과를 남겼지만, 그는 역사언어학자가 아니기에 이 주장의 타당성은 의심스럽습니다. 또 그가 [구다라]를 큰 나라와 비교하는 논증 과정도 공개된 바가 없습니다. 역사언어학적 관점에서 왜 [구다라]가 큰 나라에서 유래할 수 없는지 알아봅시다.

くだら kudara [구다라] "백제"는 고대 일본어에서 본래 くたら kutara [구다라]였습니다. 일본어 속의 고대 한국어 차용어는 이처럼 본래 비어두非語頭 음절의 자음이 /t/와 같은 청음에서 /ⁿd/와 같은 탁음으로 변화한 것이 많습니다.[7] [구다라]와 큰 나라는 이미 서로 비슷하지 않지만, 둘 사이에는 천 년이 넘는 시간차가 존재합니다. 정확한 비교를 위해서는 당연히 동시대의 한국어를 알아야 합니다. 21세기

현대 한국어 큰 나라와 고대 일본어 단어를 직접 비교하는 것은 적절하지 않습니다.

한국어 큰의 역사를 살펴봅시다. 송나라 사람 손목孫穆은 1103년에 고려에 방문해 견문한 고려의 풍속, 조정의 제도 등과 함께 고려의 언어를 《계림유사鷄林類事》에 기록했습니다. 여기에는 한문과 한자 발음을 빌려 적은 전기 중세 한국어가 나란히 360쌍 가까이 실려 있습니다. 이에 따르면, 현대 한국어 큰에 해당하는 12세기 한국어 단어는 〈黑根〉 ʔpuku-n [흐근]입니다. 《계림유사》의 기록을 통해, 15세기 후기 중세 한국어의 거센소리 'ㅋ' 'ㅌ' 'ㅍ' 'ㅊ'과 'ㅆ'의 기원을 알 수 있습니다. 이 다섯 가지 자음은 한국어 역사상 처음부터 존재했던 것이 아니며 이차적인 기원을 갖습니다.[8] 이들은 'ㅎ'과 'ㄱ' 'ㄷ' 'ㅂ' 'ㅈ' 'ㅅ' 사이의 약모음이 탈락하면서, 연속하게 된 두 개의 자음이 하나로 합쳐진 결과입니다.

	ㄱ → ㅋ	
	ㄷ → ㅌ	
ㅎ +	ㅂ → ㅍ	
	ㅈ → ㅊ	
	ㅅ → ㅆ	

중세 한국어의 거센소리와 'ㅆ'의 형성 원리

큰을 예시로 들자면, 12세기 [흐근]에서 중간의 약모음 'ㅡ'가 탈락했고, 'ㅎ'과 'ㄱ'이 연속하게 되었습니다. 이것이 자연스럽게 [ㅋ]으로 실현된 것입니다. 즉 12세기의 한국어에서 "큰 나라"는 [흐근 나라]였을 것입니다.

고대 한국어 시기로 가봅시다. 언어학자 윤희수가 중국어 역사 음운학의 최신 성과에 입각해 정교하게 논증한 바에 따르면, 전기 고대 한국어에서 큰은 *kɛ-n [겐]이었습니다. 《위지》〈동이전〉에 기록된 칭호 〈遣支報〉 *kɛn-tɛɛpɔr [겐제볼] "큰뿔?"과 《주서周書》〈이역전異域傳〉에 기록된 백제의 왕호 〈鞬吉支〉 *kɛn-kɛtɛɛ [겐게제] "대왕"에서 확인됩니다.[9] 여기서 [겐]은 "큰"이라는 의미를 갖습니다. 또 고대 한국어에서 서기 500년 전후로 모음체계에 큰 변화가 일어났고,[10] 이때 "큰"을 의미했던 [겐]도 *kɔ-n [곤]으로 변화한 것으로 보입니다. [곤]과 [흐근] 간 의미상의 일치와 발음상의 유사성을 고려하면, 고려 시대의 ʔhukun [흐근]의 어간 ʔhuku- [흐그-]는 고대 한국어에서 "크다"를 의미했던 어간 *ko- [고]가 중첩되어 생겨난 형태로 볼 수 있습니다.

전기 고대 한국어	후기 고대 한국어	전기 중세 한국어	후기 중세 한국어
*kɛ-n [겐] > *kɔ-n [곤] > ʔ*kɔ-kɔ-n [고곤] > ʔhukun [흐근] > khún [큰]			

한국어 '큰'의 역사

백제와 일본의 교류가 활발해진 4세기에 차용되었을 고대 일본어 [구다라] "백제"가 정말로 큰 나라에서 유래한다면, 첫 음절의 모음은 일본어에서 *e [에]로 받아들여졌을 것입니다. 하지만 실제로는 그렇지 않습니다. 그리고 너무 당연한 나머지 여태 언급하지 않았지만, 나라의 어두 자음은 'ㄴ'이지 'ㄷ'이 아닙니다. 한국어와 일본어를 통시적으로 비교했다면 이런 실수는 나오지 않았을 것입니다.

그렇다면 [구다라]의 진짜 기원은 어디에 있을까요? 백제의 언어와 지명을 연구했던 언어학자 도수희는, [구다라]의 어원으로 백제의 도읍이었던 지금의 충청남도 부여군 부여읍의 전래 지명 구드래를 지목했고, 차용 시기를 4~5세기로 잡았습니다.[11] 지금의 경상북도 상주시의 전래 지명 고드래미로 연결되는 고지명 〈古冬攬〉 *kɔtɔLa-m[ɔrɛ] [고도라모레],[12] 경상북도 안동시의 고지명 〈古陀耶〉 *kɔtaja [고다야] < **kɔtala [고다라] 등 구드래와 비슷한 지명은 한반도 남부에서 쉽게 찾아볼 수 있습니다. 이처럼 일본어에서 "백제"를 가리키는 [구다라]는 구드래, 고드래미, [고다라]와 같이 한반도 남부에 흔히 분포하는 자연 지명에서 유래할 가능성이 높습니다.

"시시하다" "하찮다"라는 뜻의 일본어 くだらない [구다라나이]에 관한 오해는 훨씬 간단하게 해결됩니다. 이 단어의 어원에 대해 국내에는 어째서인지 백제와 관련을 짓는 기사가 많습니다. "백제"를 뜻하는 [구다라]와 "없다" "아니다"를 뜻하는 [나이]가 합쳐졌으니, 백제에서 온 문물 말고는 하찮고 시시하다고 이해할 수 있다는 것입니다. 이

러한 어원설은 일고의 가치도 없습니다.

[구다라나이]는 19세기 에도시대에 첫 문헌 용례가 나타나기 때문에 백제와 관련 짓는 것은 억지스럽습니다. 막부 말에는 이미 백제의 문물 말고도 훨씬 '시시하지 않은' 문물이 일본에 휩쓸려온 시기입니다. 게다가 [구다라나이]의 일차적인 의미는 "의미를 알 수 없다"이며, "시시하다" "하찮다"는 나중에 파생된 의미입니다. 결정적으로 이 단어는 일본어 동사 くだる [구다루] "내리다"의 활용형에서 기원하므로, 백제를 뜻하는 [구다라]와는 아무런 관련이 없습니다.

3

고대 한국어란
무엇인가?

마지막으로 일본어가 왜 '백제어'에서 유래할 수 없는지 알아볼 텐데, 고대 한국어라는 종합적인 범주를 정의하면서 살펴보겠습니다. 앞서 현대 학계에서는 일반적으로 고대 한국어라고 하면 통일신라 시기의 '신라어', 즉 당시의 경주 방언을 가리킨다고 했습니다. 하지만 이 책에서 우리는 이것을 '후기 신라어'라고 부르기로 했었죠. 이제 고대 한국어를 재정의할 때가 왔습니다.

한국어 계통론에 대한 국어학계의 전통적인 통설은 '고구려어' '백제 귀족어'를 부여계 언어로, '신라어' '백제 대중어'를 한(韓)계 언어로 분류하는 것입니다.

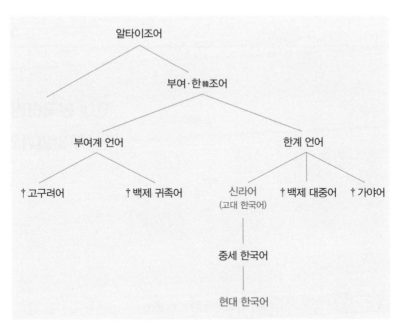

한국어 계통론의 종래의 통설

신라의 언어는 향가 연구를 통해 잘 알려졌으며, 이것이 중세 한국어를 통해 어느 정도 해독 가능하다는 사실이 밝혀졌습니다. 때문에 한韓계 언어라는 명칭이 붙여진 것이죠. 그런데 백제와 고구려의 언어는 문헌 자료가 없고, 다만《삼국사기三國史記》〈지리지〉에 과거 고구려와 백제의 옛 지명만이 인용되어 남아 있을 뿐입니다. 이러하기 때문에 '고구려어' '백제어'에 대한 우리의 이해는 '신라어'보다 다소 미흡할 수밖에 없었습니다. 더군다나《삼국사기》〈지리지〉에 실린 고구려와 백제의 지명은 중세 한국어로 풀기 난해한 점이 많았습니다.

자연스레 고구려의 언어는 '신라어'와 다른 계통으로 분류되어 부여 계라고 명명하게 되었습니다. 백제 왕조는 역사적으로 고구려에서 분리되어 왔기 때문에 '백제어'도 부여계 언어로 여겨져 왔습니다.

백제어 왕호

그런데 문제가 생깁니다. 백제의 지명과 최근 출토된 목간 자료에 나타나는 '백제어'는 분명하게 한계 언어처럼 보입니다. 백제와 고구려의 왕족은 같은 조상을 갖는 같은 혈통이었습니다만, 고구려와 백제의 언어가 다른 계통에 속한다면, 이는 우리에게 알려진 역사적 사실에 위배됩니다. 이와 관련해 중국 사서《주서》〈이역전〉에는 흥미로운 기록이 있습니다.

王姓夫餘氏，號於羅瑕，民呼爲鞬吉支，夏言竝王也。

"왕성은 부여씨이고, 왕호는 어라하於羅瑕라고 하며,

대중은 건길지鞬吉支라고 부른다. 중국말로 모두 "왕"이라는 뜻이다."

《주서》 권49 백제조

이 기록을 신뢰한다면, 백제의 귀족과 대중이 "왕"을 부르는 이름이 달랐던 것이 됩니다. 학자들은 이것을 '두 종류의 백제어'가 병존했던 것으로 해석하려 했습니다. 귀족과 대중이 사용하는 백제어가 달랐다고 하는 가설을 '백제 양층 언어설'이라고 합니다. 이 가설은 일찍이 언어학자 고노 로쿠로河野六郎에 의해 제창되었던 것인데, 그는 '부여계 백제어'(귀족어)와 '한계 백제어'(대중어)를 구분했습니다.[13]

'백제 귀족어'인 於羅瑕어라하의 왕호 접미사 〈瑕〉 *-ɣɛr [엘]은 고구려에서 왕 또는 존칭의 의미를 갖는 접사 〈加, 解〉 *kɛr [겔][14]과 같은 단어로 보이므로, '고구려어'와 '백제 귀족어'는 같은 계통의 언어처럼 보입니다. 반면 鞬吉支건길지의 〈鞬〉 *kɛn [겐]은 앞에서 보았듯이 현대 한국어 큰에 연관된 요소이므로, '백제 대중어'는 현대 한국어와 친연 관계에 있는 언어처럼 보입니다. 요컨대 백제 양층 언어설에 따르면, 백제의 지배층은 고구려인과 같이 '부여계' 언어를 구사했고, 피지배층은 신라인과 같이 '한계' 언어를 구사했다는 것이 됩니다. 그런데 과연 그럴까요?

결론부터 말하자면 부여계와 한계를 구분할 이유는 없습니다. 백제 귀족어와 백제 대중어를 구분할 필요도 없죠. 애초에 "왕"을 가리키는 호칭이 귀족과 대중 간에 갈렸다는 이유만으로 두 집단이 다른 언어를 사용했다고 단정하기에는 비약이 너무 큽니다. 그리고 부여계와 한계 언어를 구분하는 주된 근거였던 《삼국사기》 〈지리지〉의 지명 자료를 세심하게 바라보면, '고구려어' '백제어' '신라어'를 굳이 서로 다른 분류 체계로 나누어야 하는지 의문이 들게 됩니다.

고구려 지명

고구려의 지명에는 어째서인지 일본어처럼 보이는 요소가 많습니다. 언어학자 크리스토퍼 벡위드Christopher I. Beckwith는 아예 고구려어와 일본어를 친연 관계에 있는 언어로 보고, 일본·고구려어족 가설을 제안했습니다.[15] 하지만 '고구려어'는 일본어와 (적어도 미시적인 관점에서) 친연 관계에 있을 수 없습니다. 앞으로 이 책에서 살펴볼 한반도 북부의 언어 접촉의 결과로서 나타나는 거란어·여진어·만주어 속의 '고구려' 차용어는 명백하게 한국어족 어휘입니다. 고구려 지명 중에 일본어족 요소로 잘못 여겨졌던 일부 사례를 소개하면서 일본·고구려어족의 허구성을 짚어보겠습니다.

買忽一云水城

"매홀은 수성이라고도 한다."

述川郡一云省知買

"술천군은 성지매라고도 한다."

〈지리지〉4 한산주 漢山州

고구려 지명에서 買살 매는 "물" "하천"을 의미합니다. 지금까지 買의 중고 중국어 *meaX* [매]에 이끌려 일본어에서 "물"을 뜻하는 み [미]와 비교하는 연구가 많았습니다. 그런데 이 음절을 상고 중국어°에서

중고 중국어**로 변화하는 과정에서 볼 때, 〈買〉는 고대 한국어 *mɛr [멜]을 표기한 것으로 보는 것이 자연스럽고 억지로 일본어족 어휘를 끌어와 해석할 이유는 없습니다.[16] *mɛr [멜]은 서기 500년 전후로 〈勿〉 *mɔr [몰]로 변화한 뒤, 중세 한국어 ·믈 > 현대 한국어 물로 이어집니다. 과거 연구에서 고구려 지명소 〈買〉 *mɛr [멜]을 일본어족 요소로 해석한 것은 착시에 의한 오판입니다.

종종 일본어족 지명으로 여겨지는 또 하나의 고구려 지명 烏斯含 達오사함달은 신라 경덕왕에 의해 兎山토산 "토끼 산"으로 개명되었습니다. 達달은 "산"을 뜻하는 고구려 지명소로 잘 알려져 있기에, "토끼"에 해당하는 부분은 '오사함'이 됩니다. 이 때문에 거의 항상 일본어 うさ ぎ [우사기] "토끼"와 관련 지어져 왔습니다. 그러나 고대 일본어에서 "토끼"는 wosaᵑgî [오상기](동부 방언)이기 때문에 '오사함'과 음운대응 이 성립하기 어렵습니다. 斯는 현대 한국어 한자음에서 [사] 발음이 지만, 중세 이전에는 고대 한국어의 *sɜ [세] 혹은 *si [시] 발음을 나 타내는 데 사용되었기 때문입니다.

여기서 烏까마귀 오를 鳥새 조의 오사誤寫로 간주해 〈鳥斯含〉 *tɔsɜɣɛ- m[ɔrɛ] [도세게모레][17]로 읽게 되면, 중세 한국어에서 "토끼"를 뜻하 는 ·톳·긔와 비교할 수 있게 됩니다. 鳥 tewX [데우]는 본래 [ㄷ] 성모

- 서기전 1천 년경의 언어를 《시경詩經》과 해성諧聲을 통해 재구한 Old Chinese.
- •• 서기 601년에 편찬된 운서 《절운切韻》 체계를 기준으로 하는 Middle Chinese.

를 갖는 글자로, 중세 한국어 한자음에서도 [·됴]였습니다. 한자문화권에서는 필사 과정에서 오탈자가 흔하게 일어났습니다. 특히 烏까마귀오와 鳥새조는 중국 본토의 사료에서도 자주 혼동될 정도로 몹시 닮았습니다. '오사함'이 실제로 '조사함'이라면, 중세 한국어 ·톳·긔는 본래 ?돗긔와 같았을 것이며, 후대에 한자음 兎토끼토의 영향으로 오염*되어 'ㄷ'이 'ㅌ'으로 격음화한 것으로 보입니다.

마지막으로 〈지리지〉에 따르면, 고구려 지명 七重칠중현은 難隱別난은별이라고도 했는데, 이를 근거로 전통적인 연구에서 '고구려어'의 수사 "일곱"을 *nanin [나는]으로 판정했고, 일본어의 なな [나나] "일곱", 만주어의 𝓃𝓪𝒹𝒶𝓃 nadan [나단] "일곱"과 비교하는 것이 일반적이었습니다. 그런데 칠중현으로 비정되는 경기도 파주시 적성면 일대에 있는 늘목·늘무기·늘미깃고개·느리목과 같은 현대 전래 지명에 주목할 필요가 있습니다. 이들 전래 지명은 명백하게 七重칠중과 관련이 있는데, 그 이유는 전래 지명의 앞 요소인 늘·느리가 七일곱 칠에, 뒷요소인 목·무기·미기가 重무거울 중에 부합하기 때문입니다. 따라서 칠중현은 한국어족 고유 지명으로, 일본어 수사와의 비교에 활용될 수 없습니다.

이처럼 '고구려어'를 반영할 고구려의 지명은 한계 요소를 다분히 가지고 있습니다. 그럼에도 한반도 고지명에는 여진히 왜계 요소가

---

* 관련 의미를 가진 단어가 비슷한 소리를 가지게 되는 현상을 뜻하는 contamination의 번역어로, 가치중립적으로 사용되었다.

존재합니다. 중요한 것은, 이들은 고구려의 고토뿐 아니라 한반도 중부와 남부 전역에도 고루 분포합니다. 즉 한반도에서 왜계 지명 요소가 나타나는 현상은 종래의 부여계 언어와 한계 언어의 분포와 무관하다는 의미입니다. 따라서 부여계는 일본어족과 관계가 없습니다. '백제 귀족어'라는 허구의 언어도 일본어족과 무관합니다.

 '고구려어'를 통해 부여계라는 범주를 새로 만들 근거가 없다면, '백제어'를 귀족어와 대중어로 양분할 근거도 사라집니다. 그도 그럴 것이, 백제의 지명과 목간에서 드러난 수사는 '신라어'와 다를 것이 없기 때문입니다.

반도 왜어

한반도 고지명의 왜계 요소는 흔히 반도 왜어Peninsular Japonic●라고 명명된 한반도에 한때 존재했던 일본·류큐어족 언어의 흔적입니다. 언어학자 알렉산더 보빈Alexander Vovin은 늦으면 서기 7세기까지 한반도 남부에 잔존했을 것이라고 생각하지만,[18] 명확한 근거는 제시되지 않

● Peninsular Japonic의 엄밀한 번역어는 반도 일본어족 언어, 혹은 반도 일본·류큐어족 언어이지만, 편의상 언어학자 이토 히데토伊藤英人(2021)가 제안한 '대륙 왜어'와 절충해 '반도 왜어'라는 용어를 사용하겠다. 일반적으로 알려진 '반도 일본어'는 모호한 용어로 오해를 초래할 수 있으니 사용에 주의를 요한다.

있습니다. 언어학자 존 휘트먼John Whitman이 고고학적 연구를 토대로 논증했듯이, 일본·류큐어족 집단인 야요이인이 한반도를 통해 일본 열도로 이주했으므로, 반도 왜어(일본·류큐조어?)의 존재는 흔들림 없는 사실입니다. 가설이라고 부를 만한 사항은 '반도 왜어 집단이 언제까지 한반도에 존속했는가'이겠습니다.[19]

한반도에 존재했던 일본·류큐어족 언어, 이른바 반도 왜어의 증거는 지명입니다. 왜계 지명은 한때 한반도 중부와 남부에 걸쳐 경성드 못하게 분포했습니다. 현대까지 이어지는 지명 중에 왜계 지명의 영향을 받은 예시로 강화도江華島를 들 수 있습니다. 강화라는 지명은 한문(고전 중국어)만이 공식 언어로 인정되었던 과거에, 행정상의 편의를 위해 본래 고유어 지명이었던 것을 한자로 변환한 것입니다. 한반도 상의 대부분의 한자 지명이 이러합니다. 토박이들 사이에서 구전되어 온 강화의 전래 지명은 갑고지~갑곶입니다. 갑고지는《삼국사기》〈지리지〉에 甲比古次갑비고차로 나타나는 유서 깊은 지명입니다.

우선 강화의 한자 표기를 풀어봅시다. 江華강화는 "강 꽃"이라는 뜻입니다. 갑고지의 -고지가 華꽃 화에 대응됩니다. 전래 지명에서 곶~고지가 花꽃 화, 串곶 곶 등으로 한화되는 것은 전국적으로 매우 흔합니다. 그런데 갑-은 왜 江강 강에 대응될까요? 갑이 "강"의 의미로 한화된 것은 고대 일본어 kapa [가바] "강"에 대응하는 반도 왜어의 영향을 받은 것입니다.[20] 반도 왜어가 한반도에서 장기간 존속하며 일본 열도에서 사용된 일본어Japanese proper와 독립적인 언어로 진화했다면, 현대

일본어 かわ [가와] "강"과 くち [구치] "입"에 대응되는 반도 왜어 단어가 어말 모음이 탈락하면서 *kapkoč [갑고지] "하구"[21]와 같은 단어를 이룰 수 있었을 것입니다.

음운대응

이제 처음으로 돌아와, 일본어는 왜 '백제어'에서 유래할 수 없는지 간단히 논해봅시다. '백제어'가 정말로 일본어와 친연 관계에 있다면, 둘 사이에 많은 동원어●가 있어야 하고, 동원어 간에 규칙적인 음운대응이 관찰되어야 합니다. 다음은 선비·몽골어족[22]에 속해 친연 관계가 증명된 몽골어와 거란어 간의 동원어와 음운대응 예시입니다.[23]

서면書面 몽골어	거란어	의미
edüge	圣芬 ərəə [으러]	"이제"
següder	夲圡夊圣 səwrər [스우르르]	"그림자"
amidu	夵木 emer [에메르]	"살아 있다"
ide-	化 ir- [이르]	"먹다"

서면 몽골어와 거란어의 음운 대응

● 공통 조어로부터 분기해 직계 혈통으로 이어진 서로 다른 언어의 단어 집합.

몽골어 /d/ [ㄷ]에 거란어 /r/ [ㄹ]이 대응되는 것을 알 수 있습니다. 음운대응은 비교되는 두 언어 사이에서 총체적으로 존재해야 합니다. 몽골어와 거란어의 동원어에서 단모음은 아래와 같이 규칙적으로 대응됩니다.[24] 일부 예외가 존재하지만, 그중 대부분은 조건적이며 예측 가능하죠.

단모음 대응			
공통 조어	거란어	몽골어	중세 몽골어
*ə	ə	ə	e
*a	a	a	a
*u		u	ü
*ө	u	ө	ö
*ɔ	o	ɔ	u
*o		o	o
*i	i	i	i

선비·몽골어족 주요 언어의 단모음 대응

'백제어'와 일본어 사이에서 이런 대응 관계를 찾는 것은 무의미합니다. 둘 사이에는 미시적인 관점에서 동원어가 존재하기 않기 때문입니다. '백제어'는 본질적으로 '고구려어' '신라어'와 마찬가지로 고대 한국어입니다. 백제가 고대 일본에 미친 문화적 영향은 잘 알려진 그대로이며, 고대 일본어가 '백제어'로부터 많은 어휘를 차용한 것 또한 맞습니다. 하지만 차용어는 계통적 동원어가 될 수 없습니다. 동원어는 친족 언어들 사이에서 태생적으로 가지고 있는 단어들의 집합입니다. 하지만 차용어는 원래는 없던 단어를 어느 시점에 다른 언어에서 받아들이면서 발생합니다.

일본어에 '백제어'로부터 들어온 차용어가 있다고 해서 일본어를 '백제어'로 만들지는 않습니다. 현대 한국어에는 핸들, 이빠이, 꺾어라와 같이 다양한 층위의 어휘가 공존하지만, 핸들과 이빠이와 같이 근대 이후에 한국어에 들어온 것이 너무나 명백한 차용어들을 근거로, 한국어를 영어나 일본어의 친족 언어라고 주장한다면 황당할 것입니다. 한국어에 한자어가 많다고 해서 한국어가 중국어의 후예가 되는 것이 아닌 것처럼 말입니다.

마찬가지로 '고구려어'는 거란어와 여진어에 많은 단어를 수출했고, 상호 간에 영향을 주었을 것입니다. 그렇다고 해서 '고구려어'가 거란어나 여진어가 되거나 그 반대도 되지 않습니다. 그러하기에 친연 관계와 유연 관계를 구분하는 것, 고유어와 차용어를 구분하고 이해하는 과정은 몹시 필요합니다. 당연한 소리처럼 들리지만, 이것을 이해하지 못했기 때문에 한국어의 기원과 역사에 관한 많은 오해가 꾸준히 재생산되어 왔습니다.

4

한국어족이라는
카테고리

이 책에서 '고구려어' '백제어' '신라어' 등 일부 용어를 항상 홑따옴표
' '로 둘러싸는 이유는 그것들이 계통론적으로 유의미한 구분이 아니
기 때문입니다. 역사언어학에서 중시되는 계통론은 언어 간의 친연
관계, 즉 유전적 관계를 밝히는 연구 분야로, 진화생물학의 계통학과
상통합니다.

언어학자 막스 바인라이히 Max Weinreich 는 '언어는 군대를 가진 방
언'이라고 했습니다. 언어와 방언을 구별 짓는 데에는 실제로 정치적
인 상황이 크게 작용합니다. 삼국시대에 공존했던 고구려·백제·신라
는 별개의 국가로서 각각의 군대를 가졌으므로, 이들 국가의 언어를
'고구려어' '백제어' '신라어'로 구별하는 것은 유효해 보입니다. 그러
나 철저한 계통론적 관점에서는 군대의 유무는 아무 의미가 없습

니다.

이제는 삼국의 주요 언어를 부여계와 한계로 나눌 필요가 없다는 것을 압니다. 지금부터는 '고구려어' '백제어' '신라어'라는 임시 명칭 대신에 고대 한국어라는 용어만 사용하겠습니다.

이로써 친연 관계로 구성되는 언어의 계통에 대한 대략적인 그림이 그려졌으리라 믿습니다. 한반도를 중심으로 하는 언어 교류의 생생한 역사를 살펴보기 전에 시대별 한국어의 친연 관계에 관한 여러 오해를 다룬 이유는, 친연 관계와 유연 관계를 구분하는 것이 앞으로 전개될 내용의 이해를 위해서 꼭 필요했기 때문입니다. 어린 시절 친한 친구가 아무리 내게 준 영향이 많다고 해도, 친구는 친구일 뿐 내 부모는 바뀌지 않습니다.

드디어 외적인 언어 교류를 탐험할 시간입니다. 지금부터 한반도 이북과 이남, 즉 뭍으로 이어진 대륙과 끝없이 펼쳐진 바다를 건너 발생한 언어 접촉의 흔적을 살펴보면서, 한국어가 주변 언어와 주고받은 흥미로운 '영향'을 음미할 것입니다. 마지막으로 정리 차원에서 한국어의 계통을 정리한 수형도와 한국어의 시대 구분을 보여주는 연대표를 첨부합니다. 책을 읽으면서 시간 관념이 무뎌졌을 때, 이 페이지로 돌아와서 보면 도움이 될 것입니다.

한국어의 계통수

시대 구분		기간
한국조어		고조선 멸망 이전
고대 한국어	제1기	서기전 2~3세기
	제2기(전기)	서기 4~5세기
	제3기(후기)	서기 6~7세기
	제4기	서기 8~9세기
중세 한국어	전기	10~14세기
	후기	15~16세기
근대 한국어		17~19세기
현대 한국어		20세기~현재

한국어의 대략적인 시대 구분●

● 고대 한국어 시대 분류는 언어학자 윤희수의 관점을 따랐다.

響文泉

2

고대 한국어의 중심성

한반도 주변에는 다양한 세력이 존재해왔습니다. 한민족의 조상은 그들과 화친을 맺기도 했고, 교역을 하기도 했으며, 전쟁을 벌이기도 했습니다. 원하건 말건 주변 세력과의 접촉은 불가피한 것입니다. 고대 한반도를 중심으로 발생한 언어 접촉은 한국어사에서 가장 흥미로우면서도 베일에 싸인 고대 한국어의 난제를 해결할 중요한 실마리를 만들었습니다.

한국어족 언어는 북쪽으로는 만주 벌판을, 남쪽으로는 지금의 제주도까지 분포하며 다양한 언어와 접촉했습니다. 특히 군사적으로 강성했던 고구려의 언어와 문화적으로 정교했던 백제의 언어, 그리고 삼국을 통일한 신라의 언어는 주변 언어에 크고 작은 영향을 주었습니다. 이 장에서는 한반도를 중심으로 발생한 고대의 언어 접촉에 초점을 맞추어 한국어족의 중심성을 논합니다.

'한국어의 중심성'이라는 표현은 2022년에 작고한 언어학자 알렉산더 보빈이 생전 마지막에 제출한 여러 논문 중 한 편인 〈동북아시아 언어 접촉에서 한국어의 중심성에 대해On the Centrality of Korean in Language Contacts in Northeast Asia〉의 제목에서 따온 것입니다.

미소와
메주

일본 요리를 좋아하시나요? 저는 어렸을 때부터 스시와 사시미를 무척 좋아했습니다. 여름에는 인스턴트 식품으로 된 메밀 소바도 자주 먹었습니다. 저녁 길거리의 매대에서 파는 다코야키도 늘 그냥 지나치지 않았죠. 그런데 우리에게 친숙한 일본 요리는 일본인들이 일상적으로 먹는 음식이 아니라고 합니다. 일본인이라고 해도 매일 스시와 사시미를 먹을 수는 없을 것입니다. 한국인의 가정식에서 김치가 빠지는 일은 거의 없는데, 일본인에게 있어 김치 같은 음식은 무엇일까요?

일본 가정 요리를 생각하면, 저는 고민 없이 미소국을 떠올립니다. 학창 시절, 우연히 일본인 친구의 집을 방문한 적이 있는데, 집 안 풍경은 한국의 가정집에서는 보지 못한 낯선 분위기가 물씬 풍겼습니다. 아기자기한 사물들이 가구 위에 정갈하게 올려져 있는 모습과 샤워실과 화장실이 분리된 구조가 신기하게 다가왔습니다. 하지만 탁자 옆에 즉석 미소국 분말이 수십 팩이나 쌓여 있는 희한한 광경이 가장 인상 깊게 기억에 남았습니다. 끓인 물에 이 분말을 우리는 것만으로 든든한 미소국 한 그릇이 완성됩니다. 아무리 바쁘더라도 밥 때에 미소국을 먹어야 하는 일본인의 요구를 훌륭히 충족시켜주는 상품인 것입니다. 이러한데 어찌 미소국 외에 다른 음식을 일본인의 '소울 푸드'라고 부를 수 있을까요?

동아시아 지역에서 미소와 같이 콩을 발효시킨 식품은 쉽게 찾아볼 수 있습니다. 한반도에서는 전통적으로 콩으로 메주를 빚어 된장을 담그거나 삶은 콩을 볏짚으로 감싼 뒤 발효시켜 청국장을 만들어 먹었습니다. 중국의 조미료인 두반장과 첨면장, 마파두부의 필수 재료인 두시豆豉도 콩을 발효시켜 만든 조미료입니다. 일본의 콩 발효 식품으로는 끈적끈적한 낫토도 유명하지만, 한국인에게 가장 익숙한 식품은 아마도 된장과 비슷한 미소味噌일 것입니다.

된장과 미소는 비슷하면서 다릅니다. 우선 제조 방식에 차이가 있고, 발효할 때 쓰이는 누룩의 종류도 다르다고 합니다. 또 국을 끓였을 때의 색감과 질감도 미묘하게 다르죠. 그리고 또 무엇이 다를까요? 제게 된장과 미소의 차이가 무엇인가 하고 물어본다면, 저는 '둘의 이름이 다르다'고 답할 것입니다. '미소'라는 이름은 무척 흥미로운 역사를 가지고 있습니다.

된장은 콩으로 빚은 메주를 소금물에서 발효시켜 만듭니다. 이때 넣은 소금물은 나중에 간장이 되어 따로 분리하게 되므로, 간장을 분리하고 남은 결과물인 된장은 뻑뻑하고 됩니다. 따라서 된장의 어원은 말그대로 '된 장醬'입니다. 일본의 미소는 어떨까요? 미소는 한자로 味噌미증 또는 未醬미장이라고 적는데, 이는 한자의 음과 훈을 그럴듯하게 붙인 차자借字(다른 언어의 글자를 빌려 씀) 표기이므로 한자 하나하나의 의미로부터 어원을 찾을 수는 없습니다.

메주와 미소의 문증 시기

한 단어의 어원을 밝히려면, 우선 단어가 가리키는 대상의 유래를 이해해야 합니다. 된장과 미소는 콩을 발효시켜 만드는 식품입니다. 콩soybean, 즉 대두大豆는 선사시대에 이미 한반도를 포함한 중국 북부, 일본 지역에서 개량종이 재배되었다는 고고학적 증거가 발견되었습니다. 그렇기 때문에 한반도 일대에서 예로부터 된장과 같은 콩 발효 음식이 만들어져 온 것은 그리 놀라운 일이 아닙니다. 한반도의 장을 담그는 풍습은《삼국사기》와《해동역사海東繹史》등의 역사서에서 '豉메주 시'라는 식품의 형태로 언급되는데, 이것이 현재의 된장과 동일한 식품인지는 알 길이 없으나, 콩을 활용한 발효 음식이 늦어도 삼국시대부터 있어왔음은 분명해 보입니다.

된장을 담그는 데 쓰이는 메주와 일본 요리인 미소의 발음이 유사한 것은 우연이 아닙니다. 송나라 사람 손목이 12세기 초에 고려를 방문해 저술한 《계림유사》에서 메주에 해당하는 한국어족 단어가 처음으로 등장합니다.

醬曰密祖

"장은 密祖밀조라고 한다."

《계림유사》(12세기 초)

〈密祖〉 *micwo* [미조]는 "장"을 의미하는 12세기 한국어 단어를 당시의 중국 한자음을 빌려 표기한 것입니다. 한글 문헌에서 메주에 해당하는 단어가 처음 등장하는 시기는 16세기입니다. 중세 한국어를 반영하는 어린이를 위한 한자 사전 《훈몽자회 訓蒙字會》에는 며·주라는 형태가 나타나고, 이를 이어받은 며조·메조 등이 근대 한국어 문헌에서 나타납니다. 이들은 현대어 메주로 이어집니다.

그런데 일본어에서는 일찍이 8세기 문헌에서 이미 [미소]가 등장하고, [미소]의 발음을 나타낸 표기는 10세기에 처음 나타납니다. 한국어 문헌에서는 메주에 해당하는 단어가 12세기 초에 처음 등장하는 반면, 일본어 문헌에서는 간행 시기가 더 이른 문헌에서도 적잖이 발견됩니다.

未醬貳斛捌斗盛瓺[25]貳口

"미소 두 휘 여덟 말은 두 독에 담긴다."

정창원 문서《스루가국 정세장 駿河国正税帳》(서기 738년)

未醬楊氏漢語抄云高麗醬

〈美蘇今案辨色立成說同但本義未詳俗用味醬二字〉

"미소는《양씨한어초》에서 '고려장'이라고 한다.

美蘇미소는 지금 생각하면《변색입성》의 설과 같지만,

본래의 의미는 알 수 없고 세간에서는 味醬 두 글자를 쓴다."

《화명유취초和名類聚抄》권4(10세기경)

11세기 중엽의 중세 일본어 시집에는 미소를 노래하는 시도 있습니다. 헤이안 시대의 여류시인 이즈미 시키부和泉式部는 연인에게 미소를 선물했을 당시의 심정을 이렇게 표현했습니다.

二月許はかりみそを人かりやるとて	2월 즈음 그이에게 미소를 건네려 해
花はなにあへは みそつゆ計はかり 惜をしからぬ あかて春はるにも かはりにしかは	꽃을 만나면 내 몸 이슬만큼도 아깝지 않네 마음 아쉬운 채로 봄이 찾아왔으니

《이즈미 시키부 속집》권上(11세기 중엽)

여기서 제목의 みそ [미소] "미소"와 가사의 みそ [민소] "몸"은 발음이 닮았습니다. 따라서 이 시에는 자신의 몸에 빗댈 만큼 귀중한 미소를 연인에게 선물해도 조금도 아깝지 않다는 화자의 마음이 담겨 있습니다. 기록에 따르면, 먼 옛날 일본에서 미소는 서민이 맛보기 어려운 음식이었으며, 관리들이 선물로 주고받았을 만큼의 고급 식품이었다고 합니다.

이렇듯 문헌 기록만 보면 일본어의 [미소]가 한국어의 메주보다 앞선 것처럼 보입니다. 그러나 일본에서는 예로부터 미소의 기원을 한반도에서 찾으려 했습니다. 근대 일본에서 큰 영향력을 미친 문헌학자 모토오리 노리나가本居宣長의 수필에는 당대의 일본 학자가 [미소]의 어원을 어떻게 이해했는지 엿볼 수 있는 기록이 실려 있습니다.

> **近き世新井氏の說に、みそは、韓地の方言也、雞林類事に、**
>
> **漿曰密祖といへり、高麗醬ともあるを思ふに、此說然も有べし**
>
> "근래 아라이 하쿠세키新井白石 씨의 설에 따르면, 미소는 조선의 언어다. 《계림유사》에 따르면, (고려어로) "장漿"을 〈密祖〉 [미조]라 한다고 하니, (미소를) 고려장高麗醬이라고도 함을 생각하면, 이 설은 자못 그럴듯하다."
>
> 《다마카쓰마玉勝間》 권14(19세기 초)

이처럼 모토오리 노리나가는 에도 중기의 학자 아라이 하쿠세키가 주장한 '[미소]가 한국어로부터 유래한다는 설'을 답습해 옛 문헌을 통해 고증했습니다. 이러한 주장은 현대의 학계에서도 유효하게 제기되고 있습니다.

이로써 메주와 [미소]가 같은 단어에서 나왔다는 사실을 확인할 수 있습니다. 그런데 현대 한국어에서 메주와 된장이 가리키는 대상이 다르다는 소소한 의문이 남습니다. 하지만 미소는 늦어도 8세기 초에 이미 일본어에 정착한 단어였으며, 따라서 메주와 미소가 서로 다른 길을 걸어온 역사는 적어도 1,300년 정도 됩니다. 언어는 살아 움직이는 생명과 같아서 단어의 의미는 때때로 확장되거나 축소되고, 단어의 소리는 시간의 흐름에 따라 변화해 새로워집니다. 천 년이 넘는 시간이 두 단어의 의미 사이에 괴리를 자아낸 것입니다.

메주라는 단어가 넓은 바다를 건너 일본에까지 퍼져 나갔다는 사실은 물질문명의 교류가 얼마나 놀라운 힘을 지녔는지를 보여줍니다. 한 단어가 당시로서는 먼 바다를 건넌 셈인데, 육지로 이어진 곳으로는 더 쉽게 퍼져 나가지 않았을까요? 실은 한반도 이북에서 사용되던 여진·만주어에서 메주와 비슷한 단어를 찾아볼 수 있습니다.

여진·만주어 속의 메주

우연히도 한반도에서 제작된 만주어 문헌 속에 메주와 유사한 만주어 단어가 등장합니다.《청어노걸대淸語老乞大》는 조선 시대에 역관譯官을 양성하던 기관인 사역원司譯院에서 사용한 만주어 회화체 교재입니다. 고려 상인이 원나라에서 실제로 겪은 일화를 바탕으로 14세기에 중국어 회화체 교재《노걸대》가 만들어졌는데,《청어노걸대》는 이것을 18세기에 만주어로 번역·각색한 것입니다. 따라서 어느 정도의 실화를 바탕으로 한 원본《노걸대》와 달리,《청어노걸대》는 조선 상인이 청나라 상인과 함께 북경으로 가는 과정과 그곳에서 행상을 하며 겪은 허구의 일화로 각색되었습니다.

《청어노걸대》권2에는 조선과 청나라의 상인이 함께 여관에 묵는 장면이 나옵니다. 일행은 짐을 풀고 허기를 달래고자 고기를 사서 볶아 먹는데, 그때 넣은 조미료 중에는 ᠮᡳᠰᡠᠨ *misun* [미순] "장"이라는 장류도 있습니다.[26]

야리 버 무천 더 도라피 서러 마셔 우바샤머
   쵸라머 두린 우러허 망기
재 답순 미순 무커 풀기수 푸스리 쥬슌
어루 하친 하친 이 쟈카 버 섯허머 신다피

"고기를 가마에 붓고 쇠 국자로 뒤집어 볶아 반 정도 익으면, 다시 소금·된장·물·생강·산초·식초·파 등 갖가지 재료를 뿌려 넣고…"

《청어노걸대신석》권2 (1765년)

만주어에서 "적갈색"은 𑜞𑜞𑜞 *misun boco* [미순 보초] 혹은 𑜞𑜞𑜞 *misuru* [미수루]라고 하며, "맑은 간장"을 𑜞𑜞𑜞 𑜞𑜞𑜞 *genggiyen misun* [경연 미순]이라고 합니다. [미순] 또한 옛 한국어의 메주에서 유래한 단어입니다. [미순]은 관용 표현을 이루거나 파생 어휘가 생길 만큼 만주어에 자리 잡았기 때문에, 보다 이른 시기에 차용되었을 것으로 추정됩니다. 만주어의 선조 언어인 여진어는 만주어에 비해 기록을 풍부하게 남기지 못했습니다만, 다행히도 만주어 [미순]에 대응되는 여진어 단어는 기록되어 지금까지 전해집니다.

명나라 시대에 중국은 주변 민족의 언어를 학습하기 위한 교재와 어휘집인 《화이역어 華夷譯語》를 편찬했는데, 몽골어·여진어·티베트어·위구르어·산스크리트어·페르시아어 등의 언어 교재가 있었습니다. 중세 한국어 단어를 중국어 한자음으로 전사한 《조선관역어 朝鮮館譯語》도 《화이역어》의 일종입니다. 여진어 어휘집은 여진 문자 표기와 그 발음을 한자로 작성한 사이관 四夷館본과 여진 문자 표기가 없는 회동관 會同館본의 두 가지 판본이 있으며, 모두 명나라 시대에 편찬된 것입니다.[27]

사이관본에서는 "장醬"을 의미하는 여진어 단어로 㫜昗 *isgun* [이스군]을 제시합니다. 후손 언어인 만주어 𑜞𑜞𑜞 [미순]과 많이 다릅니다. 반면 회동관본에서는 "장"에 대해 당시 중국어 발음으로 여진어 〈迷速〉 *misu* [미수]를 표기해 제시합니다. 여진어 [미수]는 만주어 [미순]과 동원어입니다. 언어학자 기요세 기사부로 노리쿠라 淸瀨義三郞

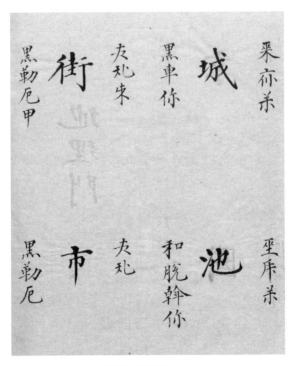

사이관본 《여진역어女眞譯語》

則府는 여진어 [이스군]과 [미수]의 불일치를 지역에 따른 방언 차이 혹은 시대 차이로 보았습니다. 그러나 만주어 [미순]과 여진어 [미수]는 현대 한국어 메주에 대응되는 한국어족 차용어이므로, [이스군]은 아예 다른 층위의 단어일 가능성이 있습니다. 즉 메주와 [이스군]은 거리가 멀어 비교되기 어렵습니다.

우리는 일본어의 [미소]와 여진어의 [미수]가 한국어족 차용어일 가능성을 확인했습니다. [ㅈ]이 차용 과정에서 [ㅅ]으로 변화할 수는 있어도, 그 반대는 일어나기 힘듭니다. [ㅅ]이 [ㅈ]보다 더 흔한 발음이기 때문입니다. 일본어에는 [ㅈ] 발음이 없었기 때문에 [미소]와 같이 차용된 것입니다. 여진어에는 [ㅈ] 발음이 있었지만 [ㅅ]으로 받아들였습니다. 왜 그럴까요? 근대 이전의 한국어에서 [ㅈ]은 영어의 *ts* 발음과 비슷했습니다. 반면 여진어의 [ㅈ]은 영어의 *ch* 발음과 비슷합니다. 이러한 차이에서 한국어의 [ㅈ]이 여진어에서 [ㅅ]으로 받아들여진 것으로 보입니다.

아마도 백제를 경유해 미소라는 식품과 단어를 차용했을 일본어와 고구려를 통해 [미수]를 차용했을 여진어를 통해, 우리는 백제의 언어와 고구려의 언어가 동질적이었거나 아주 가까웠다고 짐작할 수 있습니다. 일본어와 여진어에 차용어로서 존재하는 메주는 백제와 고구려에서 사용된 언어 간의 친연성을 보여주며, '백제어'와 '고구려어'가 한국어족에 속하는 고대 한국어였음을 증명하는 증거가 됩니다.

멧돼지와
염통

군생활 동안 된장국을 참 많이 먹었습니다. 가끔 급식으로 '미소장국' 이라는 허여멀겋고 밋밋한 된장국이 나왔는데, 그날엔 취사병도 결식 하고 PX에서 컵라면을 사 먹었습니다. 전역 후 사회에 나와서 먹은 된장찌개나 미소국과 어떻게 그렇게 맛의 차이가 있을 수 있는지 불가사의합니다. 하지만 군대에서는 밥을 남겨도 크게 죄책감이 들지 않았습니다. 부대마다 다르겠지만, 군대에서 생겨난 잔반은 주변 농가에 공급되기 때문입니다. 육군훈련소는 인근 농가와 계약해 급식 잔반을 돼지 먹이로 공급하고 있습니다. 제가 훈련소에 있던 시절, 급식에 나온 깻잎만은 따로 버리게 했는데, 듣기로는 돼지가 깻잎을 먹을 수 없어서 따로 배출하는 것이라고 합니다.

저는 전역 후 사실 관계를 알아보기 위해 돼지와 깻잎을 검색해보았더니, 돼지고기를 깻잎쌈에 싸 먹는 내용밖에 나오지 않아 당황한 적이 있습니다. 이처럼 우리에게 돼지는 생명체로서보다 식품으로서 친근하게 인식되고 있는 것 같습니다. 하지만 가축화되지 않은 돼지, 즉 멧돼지는 힘이 세며 사납고 특히 농가에 피해를 주는 것으로 악명이 높습니다.

매섭고 사나운 멧돼지도 여느 포유류와 마찬가지로 새끼 시절에는 귀엽습니다. 새끼 멧돼지의 등에 난 기다란 무늬는 참외나 타원형의 수박 위에 그려진 줄무늬를 연상시킵니다.

멧돼지 새끼와 참외

정말로 참외처럼 생겼습니다. 아예 '참외 짐승'이라고 불러보면 어떨까요? 황당해보이지만 고대 한국어에서는 실제로 멧돼지를 "참외 짐승"과 같이 불렀을 가능성이 있습니다.

그 증거로, 고대 일본어에서 "멧돼지"를 ゐ wi [위] 또는 ゐの乙しし winösisi [위너시시]라고 했습니다.[28] [시시]는 "고기" "짐승"을 뜻하므로, "멧돼지"를 의미하는 핵심 부분은 [위]라고 할 수 있습니다. 반면, 일본어파에 속하는 고대 일본어와 달리, 류큐어파 언어에서는 [위]에 대응되는 동원어가 존재하지 않습니다. 일본어파와 류큐어파는 일본·류큐조어라는 공통된 조상에서 분기되었음에도, "멧돼지"를 뜻하는 단어를 공유하지 않는 현상을 어떻게 설명해야 할까요? 이와 비슷한 현상이 나타나는 언어가 또 있습니다.

대륙으로 가봅시다. "멧돼지"는 탁발어에서 〈候〉 *qɔw [코우]로, 중세 몽골어에서 qaban [카반]으로 나타납니다.[29] 탁발어와 중세 몽골어는 선비·몽골어족에 속하는 같은 계통의 언어로, 거란어와 친연 관계에 있습니다.

선비어파는 몽골어파보다 먼저 어중 자음의 약화와 어말 모음의 탈락이 발생했습니다. 따라서 선비어파에 속하는 탁발어 [코우]와 몽골어파에 속하는 중세 몽골어 [카반]은 동원어인 것을 짐작할 수 있으며, 이를 통해 선비·몽골조어에서 *b [ㅂ]음이었던 것이 선비어파에서 *w [ㅜ]음으로 약화한 사실을 알 수 있습니다. 선비·몽골조어에 존재했던 단어가, 탁발어와 중세 몽골어로 각각 다른 형태로 이어져 온 것입니다.

하지만 이 단어는 탁발어와 함께 선비어파에 속하는 거란어에서 나

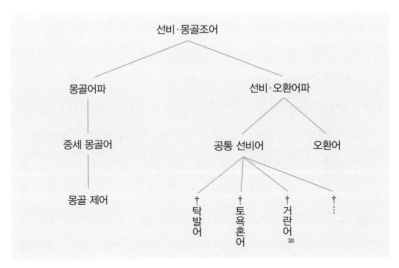

선비·몽골어족 계통수

타나지 않습니다. 거란어에서는 "멧돼지"를 炆 *uy* [우이]라고 합니다. 어딘가 익숙하지 않나요? 고대 일본어의 [위]와 거란어의 [우이]는 무척이나 닮았습니다. 그리고 각각의 언어와 친연 관계에 있는 다른 언어에서는 이 단어가 나타나지 않습니다. 이는 곧 [위]와 [우이]가 고유어가 아니라 차용어임을 시사하며, 실제로 고대 일본어와 거란어의 사용 지역은 모두 한반도와 가까워 고대 한국어와 언어 접촉이 일어나기 쉬운 지역이었습니다. "멧돼지"는 고구려와 백제가 각각 거란인과 고대 일본인의 농업 어휘에 미친 영향력을 시사합니다.

고대 일본어 [위] "멧돼지"와 거란어 [우이] "멧돼지"는 한국조어에서 오이속 식물을 가리키던 *ɔLi [오리]에서 기원할 것입니다. [ㄹ]음

이 약화하면서 *ɔi~ɔy [오이]와 같이 변화한 형태가 고대 일본어와 거란어로 차용된 것입니다. 이 단어는 현대 한국어의 오이로 이어집니다. 여담으로 참외의 외는 오이의 쌍형어doublet•입니다. 현대 한국어에는 "멧돼지"를 오이와 관련 짓는 언어 습관이 계승되지 않았지만, 그 흔적은 현대 일본어 イノシシ [이노시시] "멧돼지"에서 간접적으로나마 찾아볼 수 있습니다.

동식물과 관련된 한반도 주변의 한국어족 차용 사례를 몇 가지 더 알아봅시다. 여진어에는 〈念木竹〉 niyammuǰu [니얌무주] "무"라는 단어가 있는데, 여진어 niyama [니야마] "심장"에 *-muǰu [무주] "무"가 붙은 형태입니다. 후자는 여진어에서 단독으로 나타나지 않으며, 중세 한국어 무수 mwuzwu를 차용한 것으로 여겨집니다.[31] 현대 한국어 방언 무수·무우 등을 참고할 수 있습니다. 여기서 여진어 [니야마] "심장"도 한국어 차용어일 수 있습니다.

"심장"을 뜻하는 고유어 염통에서 염에 해당하는 전 중세 한국어는 *늃은 *nyomh으로 재구再構••됩니다. 본래 "심장"이었던 이 단어는 "핵심"으로 의미 확장을 겪으며 뿌리 채소인 '무'와 합성어를 이룰 수 있었을 것입니다. *늃은 역사언어학적으로 볼 때, 고대 한국어에서 *nɛmɔk [네목]이었을 것입니다. 그 근거는 고대 일본어 nemokörö

• 같은 어원의 단어로부터 유래했으나 한 언어에서 복수의 형태로 병존하는 단어쌍.
•• 같은 계통에 속하는 여러 언어를 비교함으로써 조어 체계를 복원하는 것.

[네모거러] "진심으로" "간절히"에 있습니다. 고대 한국어 [네목]에 부사격 조사 '으로'가 붙은 단어가 고대 일본어로 차용된 것입니다. 이 단어는 현대 일본어에서 "진심으로, 간절히"를 의미하는 *ねんごろ nengoro* [넨고로]의 형태로 이어집니다. "심장"에서 "마음"으로의 의미 파생은 세계적으로 아주 보편적인 현상입니다. 주변 언어로 확산된 차용어를 통해 한때 한국어에 존재했지만 지금은 사라진 파생 어휘를 재구성할 수 있습니다. 놀랍지 않나요?

동식물과 해부학 어휘가 차용된 배경에는 고대의 농업 기술과 종자의 교류와 관련이 있을 것입니다. 후술하겠지만 한국어에도 북방 민족의 언어로부터 받아들인 동식물과 식품 어휘가 다수 나타납니다. 본래 한반도에 존재하지 않았던 품종이나 요리를 수용하면서 그것을 가리키는 단어도 함께 들여온 것입니다. 이처럼 차용어의 존재는 집단 간 문화 교류의 살아 있는 증표입니다.

한반도와
불교 문화

고대 한국어는 인근 지역에서 일정의 영향력을 가지고 있었습니다. 콩을 발효시켜 만든 장이나 멧돼지와 같은 기초적인 단어 말고도 당시로서는 좀 더 중요한 단어들을 수출했습니다. 그 중심에는 삼국시대에 고대 한반도에 들어와 꽃피운 불교 문화가 있습니다.

백제는 서기 4세기 후반 침류왕枕流王 시대에 불교를 수용했습니다. 고구려 또한 조금 더 이른 소수림왕小獸林王 시대에 불교를 수용한 것으로 역사에 기록되어 있습니다. 고구려와 백제 그리고 신라는 불교의 수용을 통해 중앙집권적인 정치 이념을 형성해 왕권을 강화했고, 불교를 배척하고 유교를 숭상했던 조선이 건국되기 전까지 한반도 상의 국가들은 정교한 불교 문화를 발전시켜 나갔습니다.

백제가 일본에 불교를 전파한 사실은 유명합니다. 백제 불교가 일본으로 전래된 시기는 일반적으로 6세기 전반으로 여겨집니다. 고구려를 계승한 발해 또한 불교 문화권이었으며, 서기 926년에 거란이 발해를 멸망시키기 전에도 불교는 여전히 성행했습니다. 그렇다면 한반도 주변 언어에서 고대 한국어 유래의 불교 용어가 남아 있지 않을까요? 물론 불교 용어 자체가 불교의 발상지와 그 주변의 언어를 경유해 한반도에 유입되었을 가능성이 높기 때문에, 이들을 온전한 한국어 유래의 단어라고 부르는 것은 무리가 있습니다. 그러나 역사음운론적 관점에서 일본어와 여진어 속에 명백하게 고대 한국어를 경유해 유입된 불교 용어가 존재하는 것은 사실입니다.

부처

불교에서 깨달음을 얻은 자를 의미하는 '붓다'는 한국어에서 부처라고 합니다. 중세 한국어에서 부텨로 나타나는 이 단어의 어원은 한국어사 연구의 오랜 화젯거리 가운데 하나입니다. 우선 부텨를 한국어 내적으로 분석해봅시다. 앞에서 한국어 단어 큰의 역사를 예시로 설명했듯이, 고대 한국어에는 'ㅌ'과 같은 거센소리와 'ㄸ'과 같은 된소리가 원래 없었습니다. 이는 부텨의 'ㅌ'이 이차적인 기원을 갖는다는 의미입니다.

된소리는 중세 한국어의 자음군 'ㅅㄷ' 'ㅂㄷ' 'ㅅㅂ' 등에서 유래합니다.

이들은 한때 실제로 /st/ /pt/ /sp/와 같이 발음되었다가 근대 한국어 시기에 지금과 같은 된소리로 변화했습니다. 거센소리는 더 이른 시기에 형성되었습니다. 12세기 《계림유사》에서 〈黑根〉 ʔhukun [흐근] "큰"으로 나타나는 단어는 15세기의 ·큰에 대응됩니다. 마찬가지로 12세기의 〈轄打〉 ʔhoto- [흐두-] "(탈것에)타"는 15세기의 트-에 대응됩니다. 여담으로 〈核薩〉 ʔhusul [흐슬] "(글을)쓸"을 통해 'ㅆ'의 기원도 알 수 있습니다.[32] 12세기에 [ㅎ]과 인접한 예사소리가 모음탈락에 의해 합쳐지면서 15세기에는 거센소리로 나타납니다. 그러므로 중세 한국어 부터는 본래 3음절의 [ㅎ] 혹은 [ㄱ](일부 'ㅎ'은 'ㄱ'에서 유래)을 포함하는 형태에서 유래해야 합니다. 모음 표기를 제외하면 [ㅂㄷㄱ] 정도여야 한다는 의미입니다.

위와 같은 가정은 주변 언어와의 비교를 통해 또렷하게 드러납니다. 일본어에서 "부처"는 ほとけ hotoke [호토케]라고 하며, 고대 일본어 〈保止氣〉 potökë [보더게]에서 유래합니다. 만주어에서는 "부처"를 ᡶᡠᠴᡳᡥᡳ fucihi [푸치히]라고 하며, 이른 시기의 여진어에서는 *putiki [푸티키]였을 것으로 추정됩니다. 이들은 모두 한반도를 경유해 불교 문화를 수용하면서 고대 한국어 단어를 함께 차용한 결과입니다.

유력한 가설에 따르면, '부처'는 산스크리트어 बुद्ध buddhá [붓다]에서 유래한 단어에 고대 한국어에서 지배자를 의미하는 〈加, 皆〉 *kɛ [게] "왕"(본서에서 사용하는 고대 한국어 모델에서는 *kər)을 뒤에 붙인 형태에서 기원한다고 여겨집니다. 고대 위구르어 ⟶ pwrq'n [부르한] "부처"는 佛부처 불의 위구르어 한자음 *pwr* [부르]와 "왕"을 뜻하는 *q'n* [한]의 합성어로 해석되며, 고대 한국어 단어에도 마찬가지의 해석을 적용할 수 있다는 논리입니다. 고대 한국어 *potɛ̀kɛ [보드게] "부처"가 남쪽으로는 일본어에, 북쪽으로는 여진어에 전해지면서 각각의 형태로 변화했습니다.

		후기 신라어 〈佛體〉	//	중세 한국어 부텨	>	현대 한국어 부처
전기 고대 한국어 *potɛ̀kɛ [보드게]	→	여진어 *putiki [푸티키]			>	만주어 ᡶᡠᠴᡳᡥᡳ [푸치히]
	→	고대 일본어 〈保止氣〉[보더게]			>	현대 일본어 ほとけ [호토케]

[보드게]의 차용 과정

불교가 유입된 뒤에는 불법을 수행하기 위한 사찰을 지어야 합니다. 일본인에게는 불교를 수용하기 전부터 신사神社와 같은 신앙 공간이 있었지만, 불교 사찰과는 성격이 달랐습니다. 여진인은 일찍이 샤머니즘을 신앙했으며, 금나라 시대에 불교와 도교가 여진족 상류층에 유입된 이후에야 본격적으로 사묘寺廟가 건립되기 시작했습니다.[33]

일본어에서 "사찰"을 의미하는 てら [데라], 여진어에서 "사찰"을 의미하는 圡苺粜 *tairan [타이란]은 한국어족 차용어로 보는 견해가 일

백제 출신 장인이 지었다는 일본의 사찰 '아스카데라飛鳥寺'

반적입니다. 현대 한국어 절은 중세 한국어 ·뎔에서 유래하며, 일반적으로 고대 한국어 *뎌라를 재구해 차용어 [데라] [타이란]과 발음을 근접시킵니다.

[데라]와 [타이란]이 한국어에서 유래하는 차용어임은 명백합니다. 그러면 절의 어원은 무엇일까요? 일반적으로 산스크리트어에서 "토지, 영역"을 의미하는 क्षेत्र kṣetra [크셰트라]가 중고 중국어 刹 tsrhaet [챗] "사찰"로 차용되었다고 여겨집니다. 한반도 국가는 지리적으로 중국을 경유해 불교를 수용했을 것이기 때문에, 고대 한국어가 이 중국어 단어를 차용했을 것으로 여겨져 왔습니다.

하지만 이 어원설에는 적어도 두 가지 문제가 있습니다. 첫째는 [ㅊ] 발음으로 시작하는 중국어 단어가 고대 한국어에 차용되면서 [ㄷ] 발음으로 반영되는 것은 이상합니다. 서기 471년 혹은 531년에 주조된 것으로 여겨지는 이나리야마稻荷山 고분 철검의 명문에서, 刹 tsrhaet과 같은 성모를 갖는 差 tsrh-가 전 고대 일본어의 /s/(혹은 /ts/?) 발음을 나타낸 것으로 받아들여집니다. 이때 이나리야마 고분 철검에 사용된 한자음 층위는 고대 한반도에서 유래하는 것이며, 고대 한국어에 [ㅈ]과 같은 자음이 존재했다는 증거는 충분하므로, 고대 한국어 한자음에서도 刹의 성모 tsrh-가 [ㄷ]으로 받아들여졌다고 생각하기는 어렵습니다.

둘째는 고대 일본어의 음운변화와 관련이 있습니다. 역사 기록에 따르면, 일본은 백제를 통해 불교를 수용했습니다. 백제는 서기 4세기 말에 중국을 거쳐 도래한 인도인 승려 마라난타摩羅難陀를 통해 불교를 수용했습니다. 백제는 서기 6세기 초에 일본에 불교 문화를 전달했습니다. 그런데 서기 590년경, 일본어에서는 중모음 *e [에]와 *o [오]가 각각 고모음 *i* [이]와 *u* [우]로 상승하는 현상이 일어났습니다.[34] 이 변화가 발생한 이후에, 일본·류큐조어의 모음연속 *ai [아이]에서 기원하는 전 고대 일본어pre-Old Japanese 모음 *ɛ [애]가 연쇄 추이chain shift[35]의 발생에 따라 공란을 채우기 위해 *e [에]로 상승했고, 전 고대 일본어의 모음연속 *ua [와]가 *o [오]로 변화하면서 마찬가지로 공란을 채웠습니다. 이 일련의 음운 추이는 일본에 불교가 전래된 이후에 발생했기 때문에, 백제를 통해 유입된 불교 관련 단어들도 이 현상을 피할 수 없었습니다. 따라서 "절"이라는 단어가 처음 일본어에 차용되었을 6세기 초에는 ?*tɛra [데라]였어야 합니다.[36] [크셰트라]와 [챗]과는 확실히 거리가 있습니다.

전기 고대 한국어에서 "절"을 의미하는 단어는, 전여진어pre-Jurchen의 증거에 의하면 *taira [다이라], 고대 일본어의 증거에 따르면 *tɛra [데라]가 되겠지만, 전자는 고대 한국어의 허용 가능한 음소 배열인지 의문이고, 후자의 경우 한국어 내적으로는 문제가 없지만 여진어 증거를 설명하기 어렵습니다. 다만 여진어에 전설 중모음이 존재하지 않으므로, 고대 한국어의 *ɛ [에]가 전 여진어에서 *ai [아이]와 같은 이중모음으로 받아들여졌을 가능성이 있습니다. 차용어 자료를 통해 한국어 절의 어휘사를 복원하면 다음과 같습니다.

고대 한국어		중세 한국어		현대 한국어
전기	후기	과도기	후기	
*térà [데라]	> *tírà [디라]	> *tĭr [딜]	> tyél ·뎔	> 절

한국어 '절'의 역사

한국어 단어 절의 기원을 찾는 문제는 쉽게 풀리지 않고 있는데, 그 이유는 기본적으로 이 단어가 불교와 관련이 있다 보니 다른 언어에서 차용되었을 것이라는 전제가 깔려 있기 때문입니다. 이러한 전제 하에서는 인도와 중국 지역의 고대 언어에서 절의 원형을 찾아야만 합니다. 하지만 절이 본래 한국어족 고유어일 가능성을 배제해서는 안 됩니다. 만약 이 단어가 불교 도래 이전에도 한국어 속에 존재했다면, 불교의 유입과 함께 "불교 사찰"이라는 의미를 획득했을 수 있습니다. 예컨대 한나라 시대 이전의 중국어에서 寺절사의 의미는 "(불교) 사찰"이 아니라 "관청"이었기 때문에, 이러한 고유어의 의미 변화가 불교의 도래와 함께 고대 한국어에서도 마찬가지로 발생했을 수 있습니다.

이것으로 불교 문화의 전파와 함께 고대 한국어의 "부처"와 "절"이 북쪽으로는 여진어, 남쪽으로는 고대 일본어로 전달된 사례를 검토해 보았습니다. 고구려의 지배를 받았던 거란인의 언어는 고대 한국어와 오랜 기간 접촉했지만, 한국어족에서 유래한 불교 관련 단어가 나타나지 않습니다. 이는 거란인이 한반도가 아닌 대륙을 경유해 불교 문화를 수용했기 때문일 것입니다. 거란어에서 "부처"는 仐 *puu* [푸], "절"은 卝 *sii* [스]라고 하는데, 근고 중국어에서 유래합니다.

이로써 동북아시아 지역에서 불교 관련 용어의 국지적 전파의 중심에는 한반도가 있었음을 알 수 있습니다. 불교 유입 후 한반도 국가에서 싹튼 독자적인 불교 용어는 주변 세력에 영향을 주며 일본어와 여진어에 "부처"와 "절"을 의미하는 한국어족 차용어를 전했습니다.

고구려와
대륙

지금까지 한반도 이북과 이남 지역에 동시에 전해진 한국어족 단어들을 기준 삼아 한국어족의 중심성을 살펴보았습니다. 이처럼 고구려의 영향을 받은 한반도 이북 지역과 백제·신라의 영향을 받은 한반도 이남 지역의 비한국어족 언어에서 중복되는 차용어가 관찰되는 사실은 삼국시대의 고구려어·백제어·신라어가 모두 한국어족에 속하는 친연 관계에 있는 언어였다는 점을 강력하게 시사합니다.

지금까지는 고구려·백제·신라의 주요 언어가 모두 한국어족 언어였다는 점을 강조하기 위해 구태여 한반도 이북과 이남 지역의 주변 언어에 중복으로 수출된 차용어를 중심으로 전개해나갔습니다. 이제 삼국의 언어가 한국어족에 속한다는 사실은 충분히 납득되었을 것입니다. 주로 명사로 이루어진 개별 사례는 충분히 살펴보았으니, 이번에는 지리적 관점에서 접근해봅시다. 한반도 이북 지역에서 사용되었던 여러 언어의 어휘 층위를 유심히 분석해보면, 전근대 시기 한국어족 어휘의 확산은 생각보다 더 광범위하게 발생했음을 알 수 있습니다.

북방 민족의 언어

한반도 이북 지역의 대표적인 언어로는 물론 중국어가 있지만 여기서는 논외로 하고, 북방 중국사를 기준으로 생각했을 때 일단 거란어·여진어·몽골어·만주어가 떠오릅니다. 이들은 각각 북중국, 왕조에 따라서는 중국 전역을 통일했던 요遼·금金·원元·청淸 왕조의 지배 민족의 언어입니다. 한국사의 국가는 이들 왕조로부터 책봉을 받은 역사가 있으며, 이 시기에는 아마도 한국어족 언어가 북방 민족의 언어로부터 많은 어휘를 차용했을 것입니다. 하지만 북방 민족이 본격적으로 결합되어 북중국을 장악하기 이전에는 우선 언어적으로 중국어의 영향을 많이 받았으면서도, 요동 및 만주 지역은 고구려와 발해의 영향 하에서 한국어족의 영향도 받았습니다.

　북방 민족의 언어와 한국어 간의 인연은 길고 깊습니다. 선사시대에는 선비와 부여 사이의 접촉 가능성이 있고, 삼국시대에는 거란이 고구려에 복속되어 대항하기도 했습니다. 고구려 전성기의 동북부 영토는 말갈 세력권이었으며, 고구려 멸망 이후 세워진 발해는 아예 고구려 유민과 말갈족이 세운 다민족 국가였습니다. 발해와 적대 관계에 있던 거란은 발해를 멸망시키고 고려와 대립 및 교류를 이어갔습니다. 이른 시기의 중세 한국어는 금나라 시대에 강대해진 여진어와 접촉했으며, 곧이어 여몽전쟁에서 패배한 고려는 몽골의 지배를 받으며 언어적으로 상당한 영향을 받았습니다. 조선의 세종은 4군 6진 개척을 통해 전통적으로 여진어가 강세였던 한반도 동북 지방에 중세 한국어 화자를 이주시켰고, 병자호란 이후의 한국어는 만주어의 어휘를 차용했습니다.

한국어족 집단은 역사적으로 숙신·읍루·물길·말갈·여진·만주로 이어지는 한반도 인근의 퉁구스어족 세력 및 선비·거란·몽골 등의 선비·몽골어족 세력과 오랜 세월 상호 언어적 영향을 주고받는 관계에 있었습니다. 실제로는 역사에 기록되지 않았을 뿐, 더 다양한 어족 집단과 접촉했을 것입니다. 또 튀르크어족 어휘를 대거 차용한 선비·몽골어족 언어를 경유해 돌궐의 어휘도 받아들였을 것입니다.

과거에 한국어 역사언어학이 성숙하지 못했던 시기에는 한국어와 북방 민족의 언어 사이에서 발견되는 유연 관계를 친연 관계로 규정하는 오를 종종 범했는데, 때때로 한국어족을 알타이어족에 편입시키기는 근거로 이용되었습니다. 하지만 현재로서는 알타이어족과 같은 거시적인 어족 관계를 증명하는 것은 불가능하며, 한국어와 주변 북방 민족 언어에서 나타나는 유사한 어휘 대부분은 고대 이래의 접촉 및 교류, 대립에 의해 발생한 차용어로 밝혀졌습니다. 그보다 훨씬 과거로 소급될 수 있는 어휘 또한 지역적·문화적 단어로 여겨지기에 계통론적인 논거로 이용될 수 없습니다.

	중세 한국어	만주어
1	부·싀- *pozóy-* "(눈이) 부시다, 비치다"	ᡶᠣᠰᠣ *foso-* [포소] "해가 비추다, 해가 뜨다"
2	걷- *ket-* "걷다, 거두다"	ᡥᡝᡨᡝ *hete-* [허터] "말다, 감다"
3	둘·아 *tolGi-* "달리다"	ᡩᠣᡵᡳ *dori-* [도리] "뛰어오르다"
4	골- *kol-* "갈다"	ᡥᠠᠯᠠ *hala-* [할라] "고치다, 교환하다"
5	잡- *cap-* "잡다"	ᠵᠠᡶᠠ *jafa-* [자파] "잡다, 가지다"
6	·ᄠ- *ptó-* "(열매를) 따다"	ᡶᠠᡨᠠ *fata-* [파타] "(열매를) 따다, 꼬집다"
7	·ᄠ- *pthó-* "(악기를) 타다"	ᡶᡳᡨᡥᡝ *fithe-* [피트허] "탄주彈奏하다, 튕기다"
8	스·미- *sumúy-* "스미다"	ᠰᡳᠮᡝ *sime-* [시머] "스며들다, 침투하다"

만주어의 한국어족 차용어[37]

위 표는 만주어에서 발견되는 한국어족 차용어 가운데 동사 어간만을 일부 추린 것입니다. 'ㅂ'이 만주어 *f* [ㅍ]에 대응되고 중세 한국어의 -*y*가 만주어에서는 생략되는 등 차용어에서 발견되는 음운대응의 경향성이 돋보입니다. 중세 한국어의 아래아 ' · '가 대응되는 만주어 단어에서 o [오]·a [아]·e [어] 등으로 다양하게 반영된 것은 이들이 동원어가 아니라 차용어임을 시사합니다. 위 표에서 중세 한국어와 만주어를 비교했다고 해서, 중세 한국어 단어가 만주어로 차용되었다는 의미는 아닙니다. 적어도 15세기 중세 한국어보다 이른 시기의 한국어로부터, 잘 알려진 청나라 시대의 만주어보다 훨씬 이른 시기에 차용된 것으로 보입니다.

주로 활용되지 않는 체언(한국어에서는 명사, 대명사 등)이 차용되기 쉽고 어미를 덧붙여 활용하는 용언(한국어에서는 동사, 형용사 등)은 차용되기 어렵다고 여겨져 왔습니다. 때문에 위의 열거된 동사 어간을 근거로 한국어와 만주어가 계통적으로 유관하다, 즉 같은 조상을 공유한다고 주장되어 왔습니다. 하지만 실제로는 차용어로 밝혀지면서 용언이 반드시 차용되지 않는다는 것은 아님을 알 수 있었습니다. 스·믜- 의 경우, 일본어에도 染みる $simi$- "스며들다"라는 비슷한 동사가 있습니다. 이 역시 한국어족 차용어일 가능성이 있습니다.[38]

문화적 교류를 통해 수많은 차용어가 생기는 현대와 달리, 전근대 사회에서 주로 교역과 같은 물적 교류의 형태로 언어 접촉이 일어났다고 가정하면, 행위와 관계를 나타내는 동사보다 사물과 개체를 나타내는 명사가 더 차용되기 쉬운 경향이 있었을 것입니다. 달리 말하면, 한국어족 용언이 주변 언어에 차용된 사실은 한민족과 주변 민족 사이에 심화된 인적·문화적 교류가 활발했다는 방증이 됩니다.

거란어

여진·만주어보다 이른 시기에 한국어와 접촉했을 거란어에는 몇몇 기초적인 어휘가 한국어족 차용어로 나타납니다. 거란어는 북중국을 장악했던 요나라 지배층의 언어로, 한국어와 오랜 기간 동안 접촉했습니다. 요나라는 거란대자*와 거란소자**라는 두 가지 종류의 문자를 사용해 자국어를 표기했는데, 거란 문자로 작성된 문헌을 국외로, 특히 중국으로 반출하는 자는 사형에 처할 정도로 거란 문자의 취급을 엄격히 통제했기 때문에, 칭기즈 칸의 최측근이자 거란 문자를 아는 마지막 인물인 원나라의 야율초재耶律楚材를 끝으로 거란 문자는 사멸했습니다. 그러다가 약 백 년 전에서야 여진 문자로 여겨졌던 비문이 거란소자로 밝혀지면서 비로소 거란 문자가 연구될 수 있었습니다.

거란 문자의 해독과 거란어 연구는 중국과 일본 학계를 중심으로 진행되었으며, 특히 2010년대에 들어서 획기적인 발전을 이룩했습니다. 하지만 아직 완전히 해독되지는 못했습니다. 거란어는 요나라와 금나라 시대의 묘지명이 속속이 출토되면서 많은 텍스트를 확보할 수

---

* 요 태조 야율아보기(*Yeruuld Əbəg~Əbgəň?* [예룰드 으븍~읍근])가 서기 920년에 창제한 것으로 전해진다.

** 야율아보기의 동생인 야율질랄(*Yeruuld Derayar?* [예룰드 데라가르])이 위구르의 언어와 문자를 습득한 뒤에 서기 924년(또는 그 이듬해)에 창제한 것으로 전해진다. 거란소자는 거란어를 표기하는 수단으로 금나라 시대까지 사용되었으나, 1191년에 폐지되었다.

있었으나, 대역 자료가 적기 때문에 의미가 파악된 단어의 수는 텍스트의 양에 비해 매우 적습니다. 그런 관계로, 고대부터 한국어족과 접촉했을 거란어에서 한국어족 차용어로 비정된 단어의 수도 기대에 비해 많지 않습니다. 하지만 몇 안 되는 한국어족 차용어는 의미상 기초적이고 중요한 단어들입니다.

중세 한국어	거란어
일·훔 *ilhúm* "이름"	火仆 *iir* [이르] "이름, 칭호, 관위"[39]
·히 *bóy* "해年"	卉 *ay* [아이] "해年"
아·비 *apí* "아버지"	卉 *ay* [아이] "아버지"[40]
더·브·러 *tepúlé*[41] "더불어"	坊夾 *dǝwr* [드우르] "···와 (함께)"[42]

거란어의 한국어족 차용어

"이름" "해" "아버지"는 어느 문화권에서든 기초적이고 중요한 단어일 것입니다. 이처럼 근간적인 어휘가 한국어족 차용어라는 사실은 거란어 화자가 한국어족 화자인 고구려인에 의해 한때 지배를 받았던 역사를 증명합니다.

문법적으로 공동격의 역할을 수행하는 후치사 [드우르]가 한국어족 차용어라는 점은 놀랍습니다. 거란어에는 '···와' '···(이)랑'과 같은

공동격 어미가 없으며, 대신 扚夾 dəwr [드우르] "…와 함께"라는 후치
사를 사용합니다. 문법적 요소의 차용은 사물과 개체를 나타내는 명사
의 차용보다 훨씬 일어나기 어렵습니다. 그만큼 심화된 언어 접촉이
지속되어 발생했다는 의미입니다. 거란어를 포함한 선비어파 언어에
서 *b [ㅂ]음 > w [ㅜ]음으로 변화한 약화와 어말 모음이 일괄적으로
탈락한 통시적 변화를 고려했을 때, 아마도 차용 당시에는 *dəburV
[드부르] 혹은 이와 유사한 발음으로 받아들여졌을 것입니다.

  일견 차용어처럼 보이지만 미심쩍은 단어도 있습니다. "강, 하천"을
의미하는 거란어 乃 mur [무르], "날day"을 뜻하는 灬 ñer [녜르] 등은
한국어의 물, 날과 관련이 있어 보이지만, 해당 거란어 어휘에 대응되
는 몽골어파 동원어가 존재하므로, 아마도 아주 먼 과거에 유라시아
대륙에서 광범위하게 공유된 어휘이거나 우연의 일치일 수 있습니다.
[무르]와 [녜르] 외에도 일부 거란어와 한국어족 단어의 관련성을 발
음의 유사성을 근거로 제시하는 자료가 있지만, 단순히 발음이 비슷
하다고 해서 둘 사이에 동원 관계나 차용 관계가 증명되는 것은 아닙
니다.

거짓 동원어

예컨대 세계 최초로 일반 공개된 거란소자 사전을 편찬하고 국내 최

초로 거란 문자 해설서를 낸 김태경은 국내에서 거란학 및 거란어학에 대한 국내 관심을 끌어올리는 데 크게 기여했지만,《거란 문자: 천년의 역사, 백 년의 연구》에서 밝힌 몇몇 사건에서 사소하지만 무시할 수 없는 오류를 남겼습니다. 거란어 묘지명에는 "남은, 여분의"라는 뜻의 남성 형용사 � *pulugʷ* [풀룩]과 여성 형용사 业住非 *pülügʷ* [필뤽]이 문증됩니다.

거란어	朩土	关勺矢	夲勺	又幺东	坊化苂屶	屮众	仠	朩屶	业住非	燎
	jəw	*iig-ənd*	*tig*	*šǎğ-äy*	*čəwdəğ-əəň*	*gʷəər*	*yθθ*	*čəə-ň*	*pülügʷ*	*χoduɣʷ*
발음 (근사치)	[즈우	이근드	틱	섀이	츠우던	궈르	외	천	필뤽	호둑]
주석	周	易 -처격	왈	선 -대격	모으다 -과거. 女	집 (女)	반드시	하다 -비과거. 女	여분의 (女)	복 (女)
번역	"주역에 이르길 선을 쌓은 집에는 반드시 많은 복이 있다" "積善之家 必有餘慶"									

《우르두온 우무르耶律兀沒 묘지명》 제35행 발췌[43]

언어학자 아이신교로 울히춘愛新覺羅烏拉熙春은 [필뤽]을 중세 몽골어 *ilegü ~ ülegü < *hüle'ü* "여분의", 다우르어 *hulu* "여분의", 만주어 ~~fulu~~ *fulu* "많은, 넘치는"과 동원어로 보았습니다.[44] 이는 타당한 추론인데, 몽골어파는 몽골조어 시기에 이미 *p [ㅍ]음이 *h [ㅎ]음으로 변화했기 때문에 선비어파에 속하는 거란어의 *p* [ㅍ]는 중세 몽골어 *h* [ㅎ]에 규칙적으로 대응됩니다. 둘째로, 앞서 살펴본 고대 여진어

*putiki [푸티키] > ᠹᡠᠴᡳᡥᡳ *fucihi* [푸치히] "부처"의 차용 사례에서 이미 암시했듯이, 만주어 *f* [ㅍ]는 고대 여진어Old Jurchen *p [ㅍ]에서 변화한 것입니다. 따라서 거란어 *p* [ㅍ]는 동원어에서 만주어 *f* [ㅍ]에 규칙적으로 대응됩니다.

김태경은 앞의 저서에서 이것이 의미와 발음 면에서 한국어 불룩과 더 가깝다는 사견을 더했습니다. 하지만 동원어나 차용어를 비정하는 데 있어서 역사비교언어학의 관심 사항은 '비슷하게 들리는가'의 문제가 아니라 '정규적인 대응이 존재하는가'에 있습니다. 아이신교로의 동원 설정은 타당하고 흔들림 없는 근거 위에서 이루어진 것입니다. 이것을 기각하고 발음의 유사성만으로 한국어 불룩과 관련짓는다면, 역사언어학의 기초 전제가 무너지면서 학문이 아닌 단순한 발음 끼워 맞추기 놀이로 전락할 것입니다. 한국어 불룩의 의미가 거란어·몽골어·다우르어·만주어에서 나타나는 동원어에 비해 "여분의, 많은"에 더 가까운지도 의문입니다.

이 책의 사소한 한계에도 《거란 문자: 천 년의 역사, 백 년의 연구》는 거란 문자와 거란어에 관심이 있는 한국어 화자에게 훌륭한 입문서 및 자료집이 될 것입니다. 국내에서 거란어를 다루는 양질의 일반서는 이 책이 유일하며, 현재 거란문화연구소를 운영하고 있는 김태경의 향후 연구 및 저술 활동이 기대됩니다. 한 가지 아쉬운 점은, 책에서 사용된 추정음이 대단히 낡았다는 것입니다. 언어학자 오타케 마사미大竹昌巳에 의해 최초로 통계 기법을 통해 구체적이고 체계적인 거란소자 추정음이 제시된 지 여러 해가 지났으며, 2020년에는 오타케의 박사논문에서 거란어 자음과 모음 음소의 음운 소성 및 음성 실현, 요대遼代 중국어 음운까지 상세하게 연구되었습니다. 거란어 음운 연구의 비약적인 발전을 통해 거란어와 몽골어 간의 음운대응 규명 및 조어 재구, 거란어의 통시적 변화, 이표기와 오기를 판별하는 방법, 거란어 문법 연구 등 다양한 연구 내용이 전에 없을 정도로 정교해지고 있습니다. 기왕이면 정확하고 정교해진 최신 재구음을 활용했다면 좋았을 것입니다.

이상으로 만주어와 거란어 속의 한국어족 차용어를 통해 고구려가 한반도 이북 지역에 행사한 영향력을 간접적으로 확인할 수 있었습니다. 거란어 연구가 진척될수록 더 많은 한국어족 차용어가 발견될 것으로 예상됩니다. 이렇게 비정된 한국어족 차용어는 고대 한국어 연구에 매우 유용할 것입니다.

일본의
백제 문학 전통

앞에서 "강, 하천"을 의미하는 거란어 乃 mur [무르], "날"을 뜻하는 곳
ňer [녜르]와 한국어 물, 날 사이의 잠재적인 관련성을 언급했습니다.
여기에 "달"을 추가하면, 마치 선비·몽골어족과 한국어가 친연 관계
에 있는 것처럼 만들어주는 그럴싸한 그림이 나옵니다.

고대 한국어	중세 한국어	거란어	중세 몽골어
買 *mɛr "강"	·믈 múl	乃 mur "강"	müren "강"
?	·날 nál	곳 ňer "날"	naran "태양"
?	돌 tol	艾 sayr "달"	sara "달"

한국어와 선비·몽골어족 언어의 '물' '날' '달' 비교

언어학자 앤드류 시무네크Andrew Shimunek는 둘이 거란어 차용어거나 지역적으로 공유되는 단어areal word일 것이라고 했습니다. 그 근거는 12세기《계림유사》인데, 그곳에서 "해"의 중세 한국어는 〈姮〉[흥], "달"의 중세 한국어는 〈黑隘切〉* [희]라고 기록되어 있습니다.《계림유사》의 [흥]과 [희]는 현대 한국어의 해와 달과 크게 다르기 때문에, 후자를 선비·몽골어족 차용어로 본 것입니다. 하지만 일반적으로는 〈姮〉[흥]을 〈姮〉[달]의 오기로 간주하고, "해"와 "달"을 뜻하는 단어가 뒤바뀌어 기록된 것으로 이해합니다. 시무네크는 문헌 오류의 가능성을 무시한 채, 중세 한국어 ·날과 둘은 13세기 원 간섭기에 개신적인 접경지 중세 몽골어 방언에서 받아들인 차용어일 수 있다고 했습니다. 그런데 과연 그럴까요? 이 문제의 해답은 뜬금없게도 8세기에 편찬된 고대 일본어 시집《만엽집》에 나타난 백제식 문학 전통에서 찾을 수 있습니다.

백제식 문학 전통

《만엽집》은 일본의 전통적인 정형시인 와카和歌로 구성된 명백한 고

• 첫째 글자의 성모와 둘째 글자의 운모를 취해서 읽는 반절反切 표기다. 여기서는 黑흑의 성모 [ㅎ]과 隘애의 운모 [ㅣ]를 취해 [희]로 읽는다는 의미다.

대 일본어 자료입니다. 그러나 저술가 이영희가 1993년부터 《조선일보》에 연재한 칼럼 〈노래하는 역사〉에서 《만엽집》을 한국어로 해석할 수 있다는 주장을 펼치면서 한일 양국에서 반향을 일으켰습니다. 사실 그의 글은 언어학적 근거가 결여된 임기응변적인 곡해로 가득한 역사 왜곡의 산물입니다. 고대 일본어 텍스트를 고대 한국어로 날조하려는 악의적인 시도는, 일본 사회에서 고대 한국어를 '엉터리 학문' '역사 왜곡'의 키워드로 만드는 데 일조했습니다.

그런데 《만엽집》에 정말로 고대 한국어로 작사된 시가 실려 있다면 어떨까요? 고장 난 시계도 하루에 두 번은 맞듯이,* 현재까지 확인된 바로는 《만엽집》에는 시의 일부가 고대 한국어로 작성된 것으로 보이는 시가 단 한 수 존재합니다.

《만엽집》은 고대 일본어를 한자만을 사용해 표기했는데, 한자의 음과 훈을 빌려 표기했다는 점에서 한국어의 향찰鄕札 표기에 비견됩니다. 《만엽집》 권14와 권20의 아즈마 고대 일본어[45] 시와 일부 아이누어가 포함된 시를 제외하면, 《만엽집》은 모두 서부 고대 일본어로 작성된 텍스트입니다. 그런데 《만엽집》에 실린 시가 중에는 해독이 어려워 읽는 법이 아직 정해지지 않은 것들이 간혹 있는데, 그중에서 가장 유명한 것은 《만엽집》 권1 제9번 〈기이紀伊 온천에 나들이 가신 때

* 단, 24시간 표시 형식으로는 하루에 한 번밖에 맞지 않으므로 ½의 효과를 얻는다. 《만엽집》에는 수천 개의 시가 실려 있음을 기억하라.

누카타노오키미^{額田王}가 지은 노래^{幸于紀温泉之時額田王作歌}〉입니다. 서기 7세기에 누카타노오키미 공주가 작사한 것으로 알려진 이 시의 마지막 세 행은 고대 일본어로 문제없이 해독될 수 있습니다.

莫囂圓隣之大相七兄爪謁氣

吾瀬子之

射立爲兼

五可新何本

이 시는 현대에 일반적으로 다음과 같이 해독됩니다.

莫囂圓隣之大相七兄爪謁氣	[해독 불가]
わがせこが	나의 님께서
いたゝせりけむ	멈춰서 계셨다는
いつかしがもと	떡갈나무 아래서

다행히도 해독 불가 부분에 대한 단서가 아예 없는 것은 아닙니다. 13세기의 저명한 승려 센가쿠^{仙覺}가 편찬한《만엽집》의 가장 오래된 해설서《만엽집 주석^{萬葉集註釋}》은 권1 제9번의 올바른 독법을 전수하고 있습니다. 난독 문자열의 의미가 13세기까지는 온전히 전해지고 있었다는 뜻입니다.

ゆふつきの	저녁 달의
あふぎてとひし	올려보며 물었네
わがせこが	나의 님께서
いたゝせるかね	떠나가버렸구나
いつかあはなむ	언제 다시 만나리

난독 문자열 이후 부분이 지금의 잘 알려진 해석과 살짝 다른 것을 알수 있습니다만, 여기서는 중요한 문제가 아니니 자세한 언급은 삼가겠습니다. 우리의 관심사는 첫 두 줄에 있습니다. 지금까지 일본의 일본어학 연구자 가운데 13세기에 센가쿠가 남긴 독법에 의거해 난독 부분의 해독에 성공한 자는 없습니다.

해독되지 못한 "莫嚻圓隣之大相七兄爪謁氣"가 센가쿠의 주석대로 "저녁 달의 올려보며 물었네"의 의미가 맞다면, 고대 일본어로는 도저히 읽을 수 없는 문장이 됩니다. 이 문장은 일반적인 한문 문법으로 해독될 수 없기 때문에 중국어도 아닙니다. 당시 일본 열도에서 사용된 선주민의 언어인 아이누어도 아닙니다. 그렇다면 고대 일본어가 접촉했던 주변 언어 가운데 고전 중국어와 아이누어를 배제하면, 소거법으로 고대 한국어만이 남게 됩니다.

우선 "저녁 달의 올려보며 물었네"와 같은 이상한 번역부터 짚고 넘어가겠습니다. 원래 의도는 "저녁 달에 올려보며 물었네"가 맞을 것입니다. 한국어에서는 먼 옛날부터 지금에 이르기까지 속격조사 의와 처격조사 에가 혼동되기 쉬운 발음이었기 때문입니다. 속격조사를 처격조사로 치환해 다시 읽은 "저녁 달에 올려보며 물었네"는 문법적으로 문제가 없습니다. 이러한 속격조사와 처격조사의 혼동 현상은《만엽집》제9번의 난독 문자열이 고대 한국어 표기였음을 강하게 시사합니다.[46]

이영희의 〈노래하는 역사〉 두 번째 연재 칼럼[47]에서도《만엽집》제9번을 다루었으며, 그의 '고대 한국어' 해독이 제시되었습니다. 〈노래하는 역사〉에서 이 시는 센가쿠의 주석이 보여주는 서정적인 분위기는 온데간데없이 음란하고 저속한 음담패설로 변모했습니다. 이영희는 이 시에 사용된 '한국어'가 경상도 방언과 유사하다며 누카타노오키미 공주를 신라계 혹은 가야계 출신으로 추정했습니다. 물론 사실이 아닙니다.

우선 이영희가 제시한 〈노래하는 역사〉의 해독문은 그의 주장과 달리 고대 한국어가 아니며, 이 같은 해독은 고대 일본어 표기에 사용된 한자의 발음을 현대 한국어 한자음으로 읽거나 현대 경상도 방언을 억지로 끼워 맞추는 등 과학적이지 못한 임기응변에 불과합니다. 더군다나 마지막 세 행은 본래 일본어로 명쾌하게 해독 가능한 부분이기 때문에 억지스럽게 현대 경상도 방언을 끌어와서 가짜 '고대 한국어'로 만들 동기가 전혀 없습니다. 그의 해독에서 유일하게 바른 궤도에 오른 부분은 圓둥글 원을 한국어로 훈독해 둥글-과 연관 지은 것입니다.

이번엔 주류 학계의 시선에서 이 시를 바라봅시다. 언어학자 알렉산더 보빈은 2002년[48]과 2017년에 이 시의 난독 부분을 고대 한국어로 해독했습니다. 그의 시도는 이영희 씨보다 10년가량 늦지만,《만엽집》에서 찾아볼 수 있는 고대 한국어 요소를 학술적으로 다룬 최초의 의미 있는 시도라고 할 수 있습니다. 보빈은 스스로 판단한 몇 가지 오탈자를 바로잡고, 고대 한국어의 가설적인 추정음과 그것을 후기 중세 한국어에 투영한 일종의 '번역'을 제시했습니다.[49]

暮嚻圓隣之大相七兄爪湯氣

NACOkʌ-s tʌrari thi-ta-PO-n-[i]-isy-a=ca mut-ke

나조긋 드라리 티다본[이]이샤자 묻거 (필자에 의한 한글 변환)

"저녁 달을 쳐다보고 물었네"

보빈의 해석 역시 완벽과는 거리가 멀지만,[50] 지금까지 나온 해석 중에서는 가장 진실에 가깝습니다. 완벽한 해독은 고대 한반도에서 사용된 한자를 사용한 고대 한국어 표기 전통, 특히 언어학자 윤희수가 말하는 '백제식 표기법'이 규명되어야 비로소 가능할 것입니다.

《만엽집》의 표기법은 백제에서 사용되던 표기 관습을 수입한 것으로 여겨지며,[51] 《만엽집》 제9번에서 보이는 시의 첫 부분을 고대 한국어로 적은 것은 누카타노오키미가 고대 한국어에 대한 일가견이 있었음을 의미하므로, 그녀가 사용한 고대 한국어 표기는 당시에 한반도에서 실제로 사용되었던 고대 한국어 표기법을 반영한다고 보아야 합니다.

'달'의 고유성

여기서 "달"이 圓둥글 원으로 표현될 수 있다는 사실은, 중세 한국어에서 "달"과 "둥글다"는 각각 둘과 두·렵-으로 서로 발음이 유사하기 때문에, 이러한 발음의 유사성이 고대 한국어 시기에도 있었다는 가설을 세울 수 있습니다. 또 한반도 남부의 전래 지명에서 한화漢化 지명소 圓은 둘에 대응되며, "달"과 "둥글다"는 한국조어 시기부터 단어 가족word family이었을 가능성이 높습니다. 따라서 중세 한국어 둘이 원 간섭기에 몽골어 방언으로부터 차용되었다는 시무네크의 주장은 설득력을 잃게 됩니다.

고대 일본 사회에서 백제의 언어는 교양 있는 이가 배우는 외국어였을 것이므로, 고대 일본어와 고대 한국어를 섞어 시를 짓는 문학 전통이 있었을지도 모릅니다. 하지만 지금까지 확인된 고대 한국어가 유의미한 수준으로 섞인 시는 《만엽집》 제9번이 유일합니다. 백제에서 일본에 파견한 박사들이 일본에 문자를 전파하면서 백제의 언어적 요소 또한 자연스럽게 전파되었을 것입니다.

단적인 예로, "박사"를 뜻하는 일본어 단어 博士 [하카세]는 전형적인 고대 한국어 한자음을 반영하고 있습니다. 고대 한국어에는 폐쇄음으로 끝나는 음절이 없었을 것이므로, 중국에서 전해진 당시의 한자음 중에 -p, -t, -k로 끝나는 입성자에 잉여적인 모음을 첨가했을 것입니다. 따라서 博넓을 박은 *paka [바가]와 같이 수용되었을 것입니다. 더불어, 고대 한국어에는 [으] [어]와 같은 중설모음이 없었을 것으로 여겨집니다.[52] 따라서 당시 중국어에서 중설모음을 가진 士선비 사 dzriX [스]는 *sɛ [세]와 같이 수용되었을 것입니다. 따라서 고대 한국어 한자음으로 "박사"는 *pakasɛ [바가세]가 되며, 이것이 고대 일본어에 그대로 전해진 것입니다.

대륙에서 온
일본어족

지금까지는 한국사의 삼국시대 초중반의 시대에 발생한 언어 접촉에 따라, 고대 한국어의 단어가 주변 언어로 확산되어 전해진 현상을 살펴보았습니다. 당시에는 한반도의 한국어족 언어의 관점에서 볼 때 북쪽으로 여진어와 거란어 등의 유목 민족, 남쪽으로는 왜인들이 살았습니다. 현대에는 북쪽의 구성 민족이 크게 변화했지만 여전히 만주족의 후손들이 살고 있고, 한반도 동쪽에 위치한 일본 열도에는 일본인들이 살고 있습니다. 이 같은 민족과 언어의 분포가 처음부터 이러했던 것은 아닙니다. 선사시대의 한반도와 그 주변 지역의 언어 상황을 구두라는 단어에서 출발해 더듬어봅시다.

닭이 먼저냐 달걀이 먼저냐

한국어와 일본어는 미묘한 삼각관계, 삼십 분 무료 마사지 등 서로 발음이 비슷한 재미난 표현들이 대중적으로 잘 알려져 있습니다만, 이러한 유사성은 일반적으로 서로 공유하고 있는 한자어에 기인합니다. 그러나 구두, 가방 따위처럼 한자어가 아님에도 비슷한 단어를 공유하기도 합니다. 이 중 구두의 경우, 한국어 사전에서는 현대 일본어 くつ *kutsu* [구쓰]와 비교해 일본어에서 유래했다고 풀이하지만, 일부 일본어 사전에서는 오히려 [구쓰]가 한국어의 구두에서 유래한 단어라고 풀이합니다. 도대체 '닭이 먼저냐 달걀이 먼저냐'를 방불케 하는 이런 순환 고리는 왜 생겨난 것일까요?

국립국어원에서 펴내는 《표준국어대사전》에는 구두의 어원을 일본어 靴 [구쓰]로 명시하고 있습니다. 이와 같은 해석은 《고려대학교 한국어대사전》에서도 나타납니다. 한국어 사전에서 구두의 어원을 일본어에서 찾는 근거는 한국어와 일본어에서 "구두"가 갖는 문헌 용례의 역사가 크게 차이 난다는 점입니다. 일본어의 역사 문헌에서는 "구두"의 의미를 갖는 단어가 서기 8세기 문헌에서 이미 나타나며, 서기 934년에 편찬된 것으로 여겨지는 10권본 《화명유취초》에서 〈化乃久豆〉 *kanokutu* [가노구두]라는 발음이 확인되지만, 한국어 문헌에서는 20세기가 되어서야 처음으로 등장합니다.

靴唐令云烏皮靴赤皮靴음戈 字亦作鞾 化乃久豆**胡履也**

"靴신화는 당령唐令에 이르길, 검은 가죽신과 붉은 가죽신(소리는 戈,

글자는 鞾로도 적는다. [가노구두])으로 오랑캐의 신이다."

10권본《화명유취초》(934년)

가장 널리 받아들여지는 가설은 한국어의 구두가 임진왜란 이후 왜관을 통해, 혹은 일제시대에 일본어에서 받아들인 단어라는 것입니다. 일본어에서 [구두]는 늦어도 10세기부터 "신발"을 의미하는 단어로 사용되어 긴 역사를 가지고 있으나, 한국어 구두는 20세기부터 양화洋靴의 속어로 사용되는 용례만이 확인되어 역사가 아주 짧습니다. 20세기 전까지 한국어 문헌에서 구두라는 단어가 등장하지 않은 사실은 이 단어가 일본어에서 유래한 차용어라는 설에 설득력을 실어줍니다.

물론 이렇게 말할 수도 있을 것입니다. 구두라는 단어가 실린 한국어 역사 문헌이 불행히도 소실되었고, 20세기에 들어서야 겨우 처음으로 문헌에 기록된 것일 수 있습니다. 이러한 주장의 근거로 곧잘 제시되는 고전 몽골어 ᠭᠤᠲᠤᠯ [구투순] "구두, 신발"은 의미와 발음상의 유사성을 고려하면, 한국어와 일본어의 구두, [구쓰]와 관련이 있을 것입니다. 한국어가 몽골어의 영향을 크게 받은 시기는 고려 시대의 원 간섭기입니다. 한국어의 구두는 원 간섭기에 차용된 것일까요? 그러나 원 간섭기는 13세기부터 시작되지만 일본어에서는 10세기에 이미 [구두]라는 단어가 쓰였습니다. 지리적 상황을 고려하면, 이 단어가 몽골어족 → 한국어족 → 일본어족의 순서로 전파되어야 자연스러운데, 그렇다면 한국어가 이 단어를 수입한 시기는 원 간섭기보다 더 거슬러 올라가야 하는 문제가 생깁니다. 이 경우 발해 혹은 고구려 시대에, 몽골어와의 친연성이 증명된 거란어 혹은 선비어로부터 이 단어를 차용했다고 무리하게 가정해야만 합니다.

구두가 서기 8세기 이전에 선비어 혹은 거란어로부터 차용되어 이어져 온 단어라면, 20세기까지 단 한 차례도 이 단어가 문증되지 않는다는 점이 무척 부자연스럽습니다. 문헌 자료와 역사적 사실을 고려할 때, 한국어의 구두는 일제시대에, 혹은 임진왜란 중이나 왜관 무역을 통해 비교적 최근에 일본어로부터 받아들인 단어일 가능성이 매우 높습니다. 하지만 선비·몽골어족의 지리적 분포와 멀리 떨어진 일본어에는 어떻게 예로부터 이 단어가 존재한 것일까요? 이 물음을 바탕으로 일본·류큐어족의 이주사移住史를 살펴봅시다.

먼 옛날 일본·류큐어족 집단이 북중국 지역의 선비·몽골어족 집단과 지리적으로 맞닿아 있던 시기가 있었을 것입니다. 언어학자 앤드류 시무네크는 과거에 두 언어 집단이 지리적으로 가까웠기 때문에 "구두"를 차용할 수 있었다고 주장합니다.[53] 일본·류큐어족 집단은 중국 남부 지방에서 점점 북진해 산둥반도에서 바다를 건너 한반도 북부에 다다른 다음 현재의 일본 열도로 이주했기 때문입니다. 일본·류큐어족은 한때 선비·몽골어족과 직접적으로 접촉할 수 있었습니다.

대륙을 떠난 자와 남은 자

일본·류큐어족 집단과 북방 민족의 직접적인 접촉을 시사하는 어휘
는 "구두" 말고도 더 있습니다. "보리"를 만주어에서는 ᡠᠮᡠᡳᡳ *muji* [무
지]라고 하는데, 일본어에서는 麦 *mugi* [무기]라고 합니다. 두 단어
가 비슷한 발음을 갖는 것은 과연 단순한 우연일까요? 각각의 단어가
서로의 조어에서 어떤 발음을 가졌는지 알아보면 해답을 얻을 수 있
을 것입니다.

　고대 일본어에서 "보리"를 의미하는 *mugî* [뭉기](동부 방언)는 일
본·류큐조어 *moNki [몽기]로 거슬러올라갑니다. 만주어 [무지]는
퉁구스조어 *murgi [무르기]에서 기원합니다. 일본·류큐조어가 [무
르기]를 차용했을 때, 폐쇄음 *k [ㄱ] 앞에 나타난 *r [ㄹ] 음이 [ㄱ]에
동화된 비음 *ŋ [ㅇ]으로 수용되었다면, [무르기]와 [몽기]는 우연의
일치가 아닌 차용어 관계에 있을 가능성이 있습니다. [무르기] 또한
상고 중국어 來 *mə.rˤək [므륵] "밀의 한 종류"에서 유래할 것으로
여겨지므로,[54] [므륵] [무르기] [몽기]는 "보리, 밀"을 의미하는 방랑
어일 것입니다. 간혹 한국어 밀 (< 중세 한국어 ·밇)과의 관련성도 지
적됩니다.

　일본·류큐어족과 퉁구스어족 간의 접촉을 시사하는 잠재적인 증거
는 수사數詞에서도 나타납니다.

1 ひと *pitö* [비더]	3 み *mî* [미]	4 よ *yö* [여]
2 ふた *puta* [부다]	6 む *mu* [무]	8 や *ya* [야]

고대 일본어 "하나" "둘" "셋" "넷" "여섯" "여덟"

일본어 수사의 "둘" "여섯" "여덟"은 각각 "하나" "셋" "넷"의 두 배이며 모음교체ablaut를 통해 형성된 것으로 간주할 수 있습니다. 그러나 2의 배수가 아니어서 마찬가지의 방식으로 형성이 불가능한 "일곱"과 "아홉"은 퉁구스어족으로부터 차용된 요소일 가능성이 있습니다.

따라서 고대 일본어에서 "일곱"을 의미하는 *nana* [나나]는 퉁구스조어 *nada/n[55] [나단]과, 고대 일본어에서 "아홉"을 의미하는 *kökönö* [거거너]는 퉁구스조어 *xüyegü/n [휘여귄]과 관련이 있을 것입니다. 여담이지만 한국어의 "셋" "여섯"과 "넷" "여덟"의 관계 역시 흥미로운데, 이러한 수사의 구조적 패턴은 조어 시기의 수 체계를 재구하는 데 큰 실마리를 제공합니다.

이처럼 일본어 내부의 증거는 일본·류큐조어가 한때 대륙에 존재했음을 보여줍니다. 한반도 상에서 나타나는 고고학적 증거와 한국어 내부의 언어학적 증거 또한 이 가설을 지지합니다.

아요이인의 이주

언어학자 존 휘트먼은 고고학적 연구 성과를 적용해 동북아시아에서 논농사가 확산해나간 과정을 통해 일본·류큐어족 집단의 이주 경로를 선명히 드러냈습니다.[56] 고고학적 증거에 따르면, 한반도에는 세 차례의 농경 문화가 유입되었는데, 첫 두 차례는 조와 수수를 경작하는 원시 문화였습니다. 그러다가 일본·류큐어족 집단의 조상이 서기전 1500년경에 산둥반도에서 바다를 건너 한반도에 자리를 잡았습니다. 일본·류큐조어 집단은 한반도에 처음으로 쌀을 재배하는 체계적인 논농사를 들여왔고 민무늬(무문)토기 문화를 일궜습니다. 이들 가운데 더 멀리 남쪽으로 나아간 집단은 이르면 서기전 950년경에 이미 북부 규슈九州까지 진출해 논농사를 전파한 것으로 보입니다. 이들이 바로 현대 일본인의 두 가지 조상 중 하나인 야요이인입니다.

또한 고고학자 안승모는 서기전 3세기부터 한반도에서 쌀 농경지가 사라졌다가 서기 1세기가 되어서야 비로소 다시 쌀 농경지가 등장하는 농경 문화의 시대적 공백을 지적합니다.[57] 이 시기에 급격한 기후변화가 발생했다는 증거가 없으므로, 쌀 농경의 시대적 공백은 자연현상 외적인 원인, 즉 새로운 세력의 도래를 시사합니다. 마침 이 공백 시기는 서기전 3세기에 한국형 동검(세형 동검) 문화가 출현한 시기와 일치합니다. 한국형 동검은 요령형 동검(비파형 동검)에서 파생된 것으로, 안승모에 따르면 요령 문화는 둘로 나뉘어 한 집단은 한반도

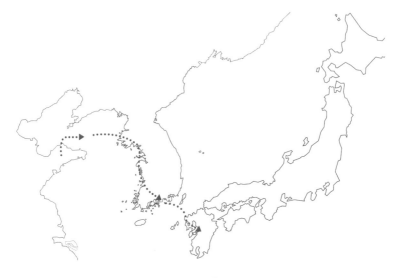

아요이인의 진출 경로

북부와 만주 지역에 남고, 다른 한 집단은 한국형 동검을 가지고 한반도 서부 연안의 금강 지역으로 이주했습니다.

한국형 동검 집단 역시 농경 문화를 가지고 있었으나, 요령 지역과 한반도 남부 지역의 기후 차이로 인해 수백 년간의 농경 문화 공백이 발생한 것으로 해석할 수 있습니다. 이렇게 등장한 새로운 세력이 바로 한국어족 화자 집단, 한국인의 조상입니다. 서기전 3세기에 한국어족 화자 집단이 한반도 남부까지 이주한 배경에는 고조선과 연나라 사이의 전쟁이 있을 것입니다. 요동반도를 중심으로 세력이 존재했던 고조선은 연나라와의 전쟁에서 패배하면서 한국어족 화자 집단은 한

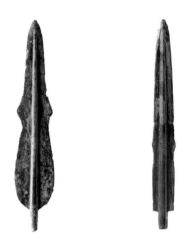

비파형 동검(좌)과 세형 동검(우)

반도로 내몰려 남하했습니다.

대신에 한국인의 조상은 기존의 일본어족 화자 집단에 대해 지배적 위치에 있었던 것으로 보입니다. 고구려·백제·신라의 지배층은 모두 한국어족 화자였기 때문입니다. 한반도에 남은 일본·류큐어족 화자는 학설에 따라, 늦으면 서기 7세기까지 한반도 중부와 남부에 걸쳐 존재하다가 일본 열도로 이주하거나 한민족에게 동화되었습니다. 이 과정에서 반도 왜어는 기층 언어로서 한국어족에 영향을 주었습니다. 오해를 막기 위해 사족을 더하자면, 일본인의 조상이 한국인의 조상에 의해 일본 열도로 밀려났다는 식의 해석은 적절하지 않습니다. 이미 서기전 950년경에 북규슈에 야요이인이 진출해 한반도 상의 일본·류큐어족 화자 집단과는 연속적이면서도 독립적인 집단을 꾸렸기 때문입니다.

그리고 명확히 알 수는 없으나, 뒤늦게 백제와 신라에 복속된 마한과 가야의 지배층은 일본·류큐어족 화자 집단으로 이루어진 세력일 가능성이 있습니다. 이는 전형적인 왜계 양식인 전방후원분이 전남과 경남 지역에서 발견되는 것과 관련이 있을 것입니다.

한국조어와 일본·류큐조어의 언어 접촉은 많은 흔적을 남겼습니다. 한국어족 집단은 주로 백제를 통해 일본어족* 집단에 기술·종교·

전남 함평 예덕리 신덕고분군의 전방후원분**(좌)과 오사카부 사카이시 다이센료大仙陵 고분(우).

* 이 책에서는 일본·류큐어족과 동의어로 사용된다.
** 조감하면 열쇠 구멍처럼 보이는 형태의 무덤으로, 일본 고분 시대에 활발하게 축조되었다.

문물에 관한 어휘를 수출했습니다. 반면, 한국어족 집단은 한반도의 선주민이 아닌 이주민이었으므로, 기존에 살던 곳과 자연환경과 기후가 달라 농경을 새로 배워야 했습니다. 그렇기 때문에 한국어에서는 자연 및 농업과 관련된 일본어족 차용어를 찾아볼 수 있습니다. "산"을 의미하는 중세 한국어 :묗는 일본어 もり [모리] "숲"과 비교됩니다. 《용비어천가龍飛御天歌》의 주석에는 함경남도 흥원군 북쪽 10리에 위치하는 ·피모·로 라는 산의 이름이 기록되어 있는데, 지명에서 고대 한국어 모·로를 보수적으로 유지한 사례입니다. 《일본서기》에 인용된 한반도 지명에서 〈牟禮〉 *mɔrɛ [모레]라는 단어가 나타나므로, "산"이라는 단어는 다음과 같은 변화 과정을 거쳤습니다.

전기 고대 한국어 *mɔrɛ [모레] > 고대 한국어 *mɔrɔ [모로]

> 중세 한국어 :묗 > 현대 한국어 메

한국어 '메'의 역사

《삼국사기》〈지리지〉(이하 〈지리지〉라고 함)에 나오는 한반도 중부 이북 지명에서는 "산"을 나타내는 지명소가 達달과 岬갑으로 나타나지만, 일본어족 집단과 접촉했을 중부 이남의 지명에서는 나타나지 않습니다. 따라서 :묗는 전기 고대 한국어 〈牟禮〉 *mɔrɛ [모레]에서 유래하며, 일본·류큐조어와의 접촉을 통해 받아들인 차용어일 수 있습니다. 이 단어는 현대 한국어에서도 이어져서 메아리와 멧돼지에서 볼 수 있는 메의 형태로 나타납니다.

그렇다면 한국어족에서 원래 "산"을 가리키는 말은 무엇이었을까요? 서기 5세기에 편찬된 중국의 사서 《후한서後漢書》에는 다음과 같은 기술이 있습니다.

東沃沮在高句驪蓋馬大山之東

"동옥저는 고구려 개마대산 동쪽에 있다."

《후한서》 권85 동옥저東沃沮조

自單單大領已東沃沮濊貊悉屬樂浪

"단단대령으로부터 동쪽으로 옥저, 예맥은 모두 낙랑에 속한다."

《후한서》 권85 예濊조

언어학자 윤희수는 중국 사료에 기록된 고조선 말의 지명인 개마대산蓋馬大山과 단단대령單單大領을 통해 고대 한국어에서 "산"을 가리켰던 고유어와 대응되는 현대어를 추정했습니다. 개마대산의 음역에 사용된 蓋 *kap*[58]은 〈지리지〉의 지명소 〈岬〉 [갑], 단단대령의 〈單單〉 *tan tan*은 〈지리지〉의 〈達〉 [달]로 이어집니다. 이들은 각각 현대 한국어의 가운데와 들로 이어진다고 합니다. 윤희수는 "가운데"는 "정점" "꼭대기"와 의미상 관련이 있으므로, 〈岬〉 [갑]은 "산꼭대기"를 의미한다고 추정합니다. 또 〈單單〉 〈達〉과 같은 형태가 발음상 후기 중세 한국어 드·룽 "들"에 대응하는 것으로 보이는 점을 중시하여, 그 원래 뜻이 반드시 평야를 뜻하는 것이 아니라 사람이 살지 않는 들판이나 산지를 모두 가리킬 수 있는 "야생wilderness"이었을 것이라고 추정합니다.[59]

다시 "구두"의 주제로 돌아와봅시다. 앞서 거론한 "멧돼지"는 거란어와 일본어에서 비슷하게 나타나는 단어가 현대 한국어에는 없었던 사례입니다. 하지만 거란어 [우이]와 고대 일본어 [위너시시]는 모두 고대 한국어에서 유래했습니다. "구두"는 비슷하지만 정반대의 상황입니다. 고대 일본어 [구두]는 선비·몽골어족에서 유래하며, 한국어에는 오랜 기간 동안 이 단어가 없었습니다. "구두"와 "멧돼지"는 한반도에서 공백을 가지면서 주변 언어에서 나타나는 공통점을 갖지만, 이처럼 상반된 연원을 가지고 있습니다. 유럽의 방언학자들이 말했듯, 모든 단어에는 각자의 역사가 있는 것입니다.

7

윷놀이로 보는
동물 어휘

지금까지 한반도를 중심으로 주변 언어가 차용한 한국어족 어휘를 집중적으로 살펴보았습니다. 하지만 일방적인 교류는 성립할 수 없습니다. 손바닥으로 벽을 민 만큼 벽도 손바닥을 밀듯이, 한국어족 언어는 영향을 준 주변 언어로부터 다양한 차용어를 받아들였습니다.

한국어족이 지금으로서 판단할 수 있는 가장 이른 시기에 받은 영향은 일본·류큐어족으로부터 받은 것입니다. 앞서 이미 다루었듯이, 한국어족은 일본어족으로부터 자연과 농경에 관한 어휘를 차용했습니다. 반면 일본어족은 한국어족으로부터 기술과 문명에 관한 어휘를 차용했습니다. 이처럼 언어 접촉에 의한 영향은 쌍방향으로 발생합니다만, 언어 접촉이 발생한 시기, 인구 집단의 위상 등에 따라 주고받는 어휘의 범주는 달라집니다.

동물 어휘

여기서는 동물과 관련된 어휘를 중심으로 차용 사례를 살펴보고자 합니다. 지역의 환경에 따라 서식하는 동물이 다르기 때문에, 하나의 언어 집단이 거주하는 지역에 서식하지 않는 동물의 명칭은 주로 바깥 지역의 언어에서 들여오게 됩니다. 따라서 동물 어휘는 매우 넓은 지역에서 공통적으로 나타나는 경우가 흔하므로 차용어라는 사실을 쉽게 알아챌 수 있습니다.

동식물과 관련된 어휘가 차용어가 아니라면 어족의 본 고향을 짐작하는 데도 유용하게 활용될 수 있습니다. A지역에만 서식하는 동물의 명칭이 B지역에서 사용되는 언어에서 관찰된다고 합시다. 그렇다면 B지역에서 사용되는 언어의 원향Urheimat●은 A지역에 있을 가능성이 있습니다. 태초에는 A지역에서 생활했으므로 해당 동물의 명칭이 일상적으로 사용되었을 것입니다. 그러나 모종의 이유로 B지역에 이주한 뒤부터는 단어가 가리키는 대상이 사라지게 됩니다. 대상이 사라지고 단어만이 남은 것입니다.

하지만 외부로부터 낯선 동물의 개념을 배운 뒤 다른 언어로부터 해당 어휘를 차용하거나 새로 단어를 만들어내는 경우도 있습니다.

● 원향은 영어로 homeland라고 하며, 조어가 후손 언어로 분리되기 전에 맨 처음 사용되었던 지역을 가리킨다. 그런 의미에서 한국어족의 가설적인 원향은 요동반도로 설정할 수 있다.

예컨대 한반도에는 코끼리가 자생하지 않지만 코끼리라는 단어가 존재합니다. 이것이 곧 한국어족 집단의 원향이 코끼리가 서식하는 아프리카나 동남아시아에 있음을 의미하지는 않습니다.

본론으로 들어가서 시대 순으로 한국어족이 차용한 동물 어휘를 알아봅시다. 매우 이른 시기에 한국어족이 차용했을 가능성이 있는 일본어족 어휘로는 "음머"하고 우는 소를 들 수 있겠습니다. 소는 중세 한국어에서 ·쇼였는데, 중세 한국어에서 '쇼'라는 음절은 고유어로서는 굉장히 부자연스러우므로, 차용어로 간주할 여지가 있습니다.[60] 소는 농경과 밀접한 관련이 있으므로, 일본·류큐조어 *usi-kua [우시과] "소-지소사"에서 *ua [와]음이 *o [오]음으로 변화[61]한 시점의 반도 왜어에서 차용했을 것으로 가정할 수 있습니다.

일본·류큐조어	반도 왜어? (전 고대 일본어?)		고대 한국어	중세 한국어
*usi-kua [우시과]	>	*usi-ko [우시고]	→ 어두 모음탈락	⁊*sikɔ [시고] ∨ ⁊*siɣɔ [시오]	>	·쇼

한국어 '소'의 가설적인 차용 과정

이미 농경 사회를 이루고 있던 한국어족 집단은 왜 새로 "소"라는 단어를 차용해야 했을까요? 정말로 차용어가 맞다고 해도, 그 자세한 동기는 알 수 없습니다. 아마도 본래 한반도 이북 지역에서 기르던 소와 한반도 남부에서 새롭게 접한 소는 품종이 달랐을지도 모릅니다. 아니면 한국어족 집단이 한반도 남부를 장악한 후 농업에 종사하는 집단은 주로 일본어족 화자였을 수 있습니다. 이 경우, 한국어에서 농업과 관련된 어휘는 일본어족 어휘로 교체되기 쉬웠을 것입니다. 다만 어디까지나 추측의 테를 벗어나지 못합니다.

'염소'의 비고유성

한국인에게 친숙한 윷놀이의 도·개·걸·윷·모는 각각 "돼지" "개" "양" "소" "말"을 의미한다고 알려져 있습니다. 이러한 인식을 신뢰한다면, "소"를 뜻하는 한국어족 고유어는 윷과 관련이 있어야 합니다. 윷은 중세 한국어에서 슛(*슟?)이었는데, 고유어로서는 ·쇼보다도 한국어스럽지 않은 음절입니다. 현대 방언형으로 숯·율·누끼 등 다양한 변종이 전국적으로 분포하므로 대단히 복잡한 음운사를 가졌을 것으로 짐작됩니다.

 일반적인 인식에서 도·개·모는 "돼지" "개" "말"에 해당하는데, 현대 한국어의 가축 어휘와 그럭저럭 비슷합니다. 윷의 상태를 가리키는 사위 이름이 가축명에서 유래한다는 설은 일견 타당해 보입니다. 그런데 "소"에 해당하는 윷과 더불어 "양"에 해당하는 걸은 현대 어휘와 닮지 않았습니다. 양을 염소로 바꾸어도 걸과 전혀 비교할 수 없습니다. 어쩌면 소와 마찬가지로 염(소) 또한 차용어라는 사실과 관련이 있을지 모릅니다.

중세 한국어에서 "염소"를 뜻하는 ·염은 종종 서면 몽골어 *imaɣa*(n) [이마간]과 비교됩니다.[62] 하지만 몽골어 i [이]와 'ㅕ'의 직접적인 비교는 어려우며, 중세 한국어의 일부 'ㅕ'는 전 중세 한국어 *e [에]에서 기원하므로,[63] 중세 한국어 ·염은 몽골어보다 거란어 소ㅈ *emaa* [에마] "양"에서 차용되었어야 자연스럽습니다.[64]

거란어	전 중세 한국어	중세 한국어	고대 한국어	반도 왜어?
소ㅈ *emaa* [에마] →	⁊*ema [에마] >	·염·쇼 <	⁊*siɣɔ [시오] ←	*usi-ko [우시고]

한국어 '염소'의 가설적인 역사

앞서 제시한 두 가지 차용설을 인정한다면, 현대 한국어 염소는 고유어적 요소가 없는 복합어가 됩니다. 그렇다면 "양"의 뜻을 갖는 고유어는 무엇이었을까요? 윷놀이의 도·개·걸·윷·모가 정말로 가축명이라면 "양"의 고유어는 걸 혹은 이와 근접한 것이어야 합니다. 후술하겠지만, 윷놀이의 사위 이름이 가축명에서 유래한다는 인식은 후대에 부회된 것이라는 주장이 있으며, 실제로는 관련이 없을 가능성이 있습니다.

윷놀이 사위 명칭

와카和歌와 같은 일본 고전 문학에는 희서戱書라는 말장난 요소가 존재하는데, 《만엽집》에는 윷놀이와 관련된 희서가 나타납니다. 권10 제1874번의 "三伏一向"은 *tuku* [두구], 권12 제2988번의 "一伏三起"와 권13 제3284번의 "一伏三向"은 *körö* [거러]라고 읽습니다. 권4 제743번 "諸伏"의 읽는 법은 여러 설[65]이 있지만, 각각 윷놀이의 도·걸·모와 상통합니다.

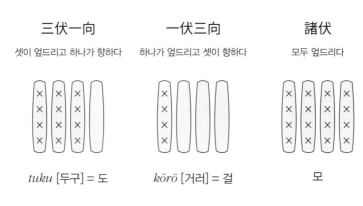

《만엽집》의 가리우치 희서와 윷놀이 사위의 비교

우선 고대 한반도와 일본 사회에 윷놀이가 행해졌고, 적어도 도·걸·모에 해당하는 용어가 한국어족 언어와 공통된다는 사실만으로 놀랍지만, 이것이 말장난의 소재로 자주 채용되었으니 더욱 신기하게 다가

옵니다. 일본의 윷놀이에 해당하는 놀이를 かりうち [가리우치]라고 합니다. 이 놀이의 기원은 불분명하지만, 한반도에서 선사시대 윷판 암각화가 다수 발견됩니다. 일본에서도 나라 시대의 가리우치판 유물이 출토되었는데, 백제를 통해 받아들인 것으로 보입니다.[66]

신기한 것은 중국 본토에서 행해진 저포樗蒲라는 놀이의 사위 이름 중에 도·개·걸과 닮은 것이 있다는 사실입니다. 중국의 저포는 서역에서 유래한 것으로 알려졌는데, 한반도와 일본의 것보다 훨씬 복잡한 채의 조합으로 말을 움직일 수 있었습니다.[67] 따라서 윷의 상태를 가리키는 호칭의 종류도 더 많았는데, 그중 일부가 윷놀이의 것과 유사합니다. 민속학자 이일영은 도·개·걸·윷·모를 가축명으로 해석하는 것은 고증이 결여되어 있다고 하며, 저포의 일종인 윷놀이의 사위 이름을 저포의 사위 이름과 연계해 비교합니다. 이일영은 윷놀이의 도·개·걸이 저포의 禿독·開개·撅궐에서 유래한다고 했습니다.[68] 이를 중국의 저포, 한국의 윷놀이, 일본의 가리우치의 사위 이름과 단순 비교하면 다음과 같습니다.*

---

* 사위 이름만 단순 비교한 것이며, 저포와 윷놀이는 사용하는 채의 개수와 놀이 규칙이 다르므로 사위의 구성은 무시했다.

중국 저포	한국 윷놀이	일본 가리우치
禿독	도<$^{?*}$돌	つく *tuku*[두구]
開개	개	?
撅궐	걸	ころ *körö*[거러]

저포·윷놀이·가리우치의 사위 명칭 비교

저포 자체가 서역에서 전래된 놀이이기 때문에 사위 이름을 중국어로 해석할 수는 없습니다.

윷놀이 사위 명칭을 동물로 해석하는 인식이 잘못되었다면, 비교적 실존하는 단어와 닮은 도(돼지)·개·모(소 울음소리)를 통해 가축명과의 연결 고리를 만든 뒤, 한국어로 풀이하기 어려운 걸은 아마도 羯 [갈] 즉 "거세한 양"으로, 윷은 이질적인 음절이므로 "소"로 꿰맞춘 것이 됩니다. 반대로 동물 이름으로 해석하는 인식이 올바르다면, 윷과 걸은 어쩌면 한국어가 잃어버린 "소"와 "양"의 고유어일지도 모릅니다. 정확한 연원이 윷놀이의 기원과 한국어의 역사에 대한 연구가 진척되는 대로 밝혀질 것으로 기대합니다.

8

한국어가
받은 단어

한국어가 북방 민족 언어로부터 받아들인 차용어 대다수는 동물, 특히 마소와 사냥매, 식품으로서의 고기와 관련되어 있습니다. 검은 털을 가진 가라말, 사냥용으로 길들여진 송골매와 보라매, 야산의 맹수 스라소니는 모두 북방 민족의 언어에서 차용한 단어입니다. 입에서 '살살 녹는' 업진살과 가축의 피로 만드는 선지와 순대, 임금님 수라상 등 음식과 관련된 어휘도 있습니다. 주로 소에게 끌게 하는 달구지, 직업에 붙는 −치, 친척 사돈, 상고 머리, 의복의 일종인 철릭 등도 북방 민족의 언어에서 유래합니다.[69] 특히 송골, 스라소니, 수라 등은 유라시아 대륙 전역에 걸친 언어에서 관찰되는 방랑어Wanderwort입니다.

방랑어

방랑어는 어족과 무관하게 아주 넓은 지리적 분포를 갖는 단어를 말합니다. 유명한 방랑어는 숫자 "만"입니다. 여진어에서 숫자 "만"을 의미하는 方 *tumen [투먼]은 만주어 ᡨᡠᠮᡝᠨ tumen [투먼]으로 이어집니다. 서기 9세기에 사멸된 인도유럽어족의 토하라어에서 이와 비슷한 단어가 발견됩니다. 숫자 "만"은 토하라어에서 tmāṃ으로, 쿠차어에서는 t(u)māne의 형태로 나타납니다. 지리적으로 멀리 떨어진 만주 지역과 타림 분지에서 쓰이던 서로 다른 어족의 언어에서 같은 단어가 나타난 것입니다.

토하라어에서 "만"을 뜻하는 단어는 지금 화폐 단위로 쓰이는 페르시아어 تومان [투만]에서 유래하며, 이 역시 튀르크어족 언어를 거쳐 차용된 것입니다. 동유럽에서 쓰이는 우랄어족 언어인 헝가리어 tömény [퇴멘]도 "만"을 의미하고, 돌궐어로 기록된 오르혼 비문 속에는 숫자 "만"을 뜻하는 𐱅𐰇𐰢𐰤 [튀맨]이 나타나며, 몽골어에는 칭기즈 칸의 군사 편성 제도에서 병사 만 명으로 이루어진 부대를 ᠲᠦᠮᠡᠨ tümen [투멘]이라는 단위로 세었습니다. 기마 유목 민족의 사회에서 수량을 만 단위로 조직화하기 위해 사용한 십진법 단위에서 유래하는 이 단어는 유목민의 이동과 함께 유라시아 전체로 전파되었습니다.

한국어에서는 한반도 최북단의 두만강이라는 지명에서 이 단어가 나타납니다. 국어학자 김완진은 중세 한국어에서 숫자 "천"을 의미하

는 ·즈·믄이 이들 방랑어의 일원일 수 있다고 했습니다.[70] "만"을 의미
하는 방랑어는 흉노어, 선비·몽골어족, 튀르크어족, 우랄어족, 인도·
이란어파, 심지어 한국어족에 걸쳐 넓은 분포를 갖습니다. 여담으로
고구려의 관직명 막리지莫離支의 〈莫〉 *maka [마가]는 궁극적으로 인
도 · 유럽어족 어근에서 기원하여 유라시아를 가로지르는 방랑어의
일원일 수 있습니다. 이 단어는 인도·이란어파 언어를 경유해 선비·
몽골조어에 전해진 뒤 먼 동쪽의 고구려에 도착한 것입니다. 방랑어
인 이 단어는 "크다"를 의미하며, 《마하반야바라밀다심경》의 마하摩訶
가 바로 이 단어입니다.

심마니들의 은어

북방 민족과의 언어 접촉을 논할 때 심마니들의 은어를 빼놓을 수 없
습니다. 심마니는 활동을 은폐하거나 비밀을 엄수해야 하는 직업 특
성상 방대한 은어를 발달시켜왔습니다. 또한 입산하기 전에 산삼을
많이 채취할 수 있도록, 또 맹수로부터 피해를 입지 않도록 산신에게
제사를 지내는가 하면, 입산 전에 꾼 꿈을 풀이해 길흉을 점치는 습관
도 있었습니다. 또한 은어를 발전시킨 심마니들은 주로 한반도 북부
의 언어 접촉 지역에서 활동했습니다. 심마니들의 은어는 폐쇄적인
활동, 산신 숭배의 샤머니즘 습속, 그리고 지리적으로 언어 접촉이 일

어나기 쉬운 지역이었다는 점에서 발전할 수 있었습니다.

심마니들의 은어는 20세기 초 언어학자 오구라 신페이小倉進平에 의해 발굴되었고, 그 뒤로 국내 학자들에 의해 여태까지 100여 단어가 넘는 은어가 수집되었습니다. 이를테면, 심마니들의 은어로 "산삼"을 부리시리 혹은 심메라고 부르며, "해"를 비취, "달"을 센취라고 합니다. 고유어를 파생시키거나 변형시켜 만든 것처럼 보이는 것이 많습니다. 심마니들의 은어로 "떡"을 시더기, 시더구라고 한 것은, "떡"이 중세 한국어에서 ·썩이었기 때문에, 은어에서 고어를 보수적으로 유지한 것으로 보입니다. 또한 하늘에서 내리는 "눈"을 히어기, 헤기라고 한 것은, 눈이 하얀색이므로 어간 희-를 파생시켜 만든 것임을 짐작하게 합니다.

그러나 일부 은어는 명백하게 여진·만주어로부터 차용되었습니다. 심마니들의 은어에서 "불"을 토하리, "물"을 우케, "숟가락"을 살피, "눈"을 야사, "소금"을 탑쉬, "곰"을 너페, "쥐"를 송쿠, "물고기"를 얘리라고 일컫는 것은 여진·만주어의 한반도 주변 방언에서 유래합니다.

의미	심마니들의 은어	만주어
"불"	토하리	tuwa [퇘]
"물"	우케	muke [무커]
"숟가락"	살피	saifi [사이피]
"눈[眼]"	야사	yasa [야사]
"소금"	탑쉬	dapsun [답순]

"곰"	너페	🐾 *lefu* [러푸]
"쥐"	송쿠	🐾 *singgeri* [싱어리]
"물고기"	얘리	🐾 *yaru* [야루] "곤들매기"

여진·만주어에서 유래하는 심마니의 은어

쓰시마 방언

일제시대 이전에도 한국어는 일본어로부터 크고 작은 영향을 받으며 변모했는데, 특히 임진왜란은 한국어를 영구적으로 변화시켰으며, 왜란 이후에 조일 관계가 회복된 뒤에 설치된 왜관을 중심으로 개시開市 무역과 밀무역이 성행하면서 더 많은 언어 접촉이 발생했습니다. 냄비와 담배 같은 단어들은 이 시기의 일본어에서 차용된 것으로 여겨집니다. 가장 흥미를 끄는 것은 조선과 일본 사이의 중개 무역으로 생계를 이어간 쓰시마 사람들을 통한 언어 접촉 사례입니다.

한반도에서 가장 가까운 일본 땅인 쓰시마対馬는 한자음을 그대로 읽어 '대마도對馬島'라는 명칭으로 잘 알려져 있으며, 한국인이 많이 찾는 일본 관광지입니다. 고대에는 한반도와 일본을 잇는 교통의 요충지였기 때문에 한국사에서도 존재감을 드러내는 곳입니다.

일본의 역사서《고사기古事記》에 따르면, 일본 신화의 남매신 이자나기와 이자나미의 나라낳이国産み와 섬낳이島産み를 통해 태어난 여덟

개의 땅 '오야시마大八洲' 가운데 여섯 번째로 태어난 쓰시마津島는 '아메노사데요리히메天之狹手依比賣'라는 이름으로 신격화되어, 오래전부터 일본 기록에서 주요한 지방으로 등장했습니다.

그런데 한국 측 기록에는 대마도가 과거에 조선의 영토였다는 기록이 여러 차례 등장합니다. 조선이 왜구 문제로 골머리를 앓자, 왜구를 정벌하기 위한 정당성을 부여하기 위해 세종 대의 문신 어변갑魚變甲이 지은 〈정대마도교서征對馬島敎書〉에는 다음과 같이 적혀 있습니다.

> **對馬爲島，本是我國之地，但以阻僻隘陋，聽爲倭奴所據。**
>
> "대마도는 본디 우리나라 땅인데, 궁벽하게 비좁고 누추하므로,
>
> 왜놈이 거류하게 둔 것이다."
>
> 《세종실록世宗實錄》권4(1419년)

성종 대에 펴낸 지리지 《동국여지승람東國輿地勝覽》에는 다음과 같은 기술이 있습니다.

> **對馬州，舊隷我雞林，未知何時爲倭人所據。**
>
> "대마도는 옛날에 우리 계림에 예속했는데,
>
> 언제 왜인이 거류하게 되었는지 모르겠다."
>
> 《신증동국여지승람新增東國輿地勝覽》권23(1530년)

또한 '조선에서 대마도까지 한 나절이면 다다를 수 있으니, 일본보다 조선에 가까운 대마도는 조선의 지방이다'라는 주장도 나오게 되었습니다. 일본 기록에 의하면, 쓰시마는 신대神代 시대(일본 형성의 초기 시대)부터 일본의 세력권으로 등장합니다. 그런데 왜 조선 초·중기에 들어서 대마도가 본래 조선의 영지가 아니었을지 의심하게 된 걸까요? 오구라 신페이는 이것이 조선과 대마도 간의 경제 관계에서 기인한다고 했습니다.

조선 시대의 대마도 사람들은 조선 본토와 밀접하게 교류하고 있었으며, 조선통신사가 일본을 방문했을 때에 대마도 출신 수행인들이 통신사를 보조했을 뿐 아니라 통역 업무까지 맡았습니다. 그러나 그렇다고 해서 쓰시마 방언이 한국어와 유사했다는 것은 아닙니다. 쓰시마 방언은 일본어 방언에 불과합니다. 단지 조선과의 교역을 통해 생계를 이어가야 하는 지리적 특성상, 한국어를 구사할 수 있는 사람이 대마도에는 적잖이 있었습니다. 옛 쓰시마 방언에는 한국어로부터 받아들였을 것으로 보이는 흥미로운 단어가 많이 나타납니다. 쓰시마 방언이 반영된 일본 측 통신사 기록《집서集書》에는 조선 팔도의 지명이 다음과 같이 기록되어 있습니다.

한국어	경기	충청	경상	전라
쓰시마 방언	けぐい [켕구이]	ちぐせぐ [징구셍구]	けぐしやぐ [켕구샹구]	ちゆるら [주루라]

한국어	강원	황해	함경	평안
쓰시마 방언	かがん [강간]	はぐはい [항구하이]	はむけぐ [하무겡구]	ぺあん [베안]

《집서》에 나타나는 조선 팔도의 명칭

이들은 한자 표기를 거치지 않고 한국어 발음을 직접 차용한 것이기 때문에, 조선 팔도의 지명을 일본 한자음으로 읽은 것과는 확연한 차이를 보입니다. 경기도를 けぐい [겡구이]로 받아들인 것은 당시 京畿경기를 경긔라고 발음했던 중세 한국어 한자음이 반영된 것입니다. 한국어의 'ㅇ 받침'을 /ŋg/ [ㅇㄱ]로 받아들인 점 또한 참으로 흥미롭습니다. 대마도에서 조선에게 물자를 요청해 받는 것을 의미하는 くせぎ [구셍기] 혹은 くせぐ [구셍구]는 한국어 구청求請에서 'ㅇ 받침'을 /ŋg/로 대응시킨 사례입니다. 그러나 "방파제"를 뜻하는 한국어 션창船滄은 せんさき [셴사기] 혹은 せんさく [셴사구]로 나타나며 せんさん [셴산]이라는 표기도 보여, 한국어의 'ㅇ 받침'이 반드시 /ŋg/로 대응되지는 않았습니다.

쓰시마 방언에서 물건을 지는 데 쓰는 도구를 しけ [시계]라고 했는데, 한국어 지게에서 온 말입니다. 의외의 단어로, 한국인의 밥상에서 빠지지 않는 김치가 옛날 쓰시마 방언에 유입되어 사용되었던 사실을 문헌으로부터 확인할 수 있는데, 조선 사역원에서 교재로 사용된 일본어 어휘집《왜어유해倭語類解》에는 다음 항목이 실려 있습니다.

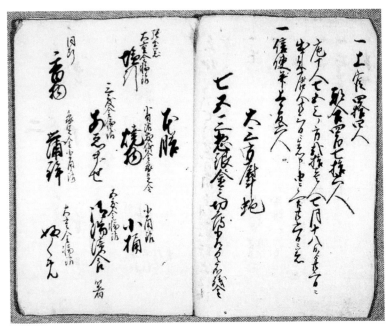

《조선인내조어대판어치주헌립지차제朝鮮人來朝於大坂御馳走獻立之次第》(1682년) 조선통신사 향응 식단

葅 팀치조 ◯ 기미스이

여기서 팀치는 김치의 고어 딤치와 같고, 기미스이는 김치의 고어 김최
를 일본어에서 차용한 형태입니다. 김치의 명칭이 외국어로 전래된
최초의 사례로 알려져 있습니다.[71] 한국어의 'ㅈ' 'ㅊ'이 대마도 방언
/s/ [ㅅ]에 대응되는 것은 충청을 ちぐせぐ [징구셍구], 지게를 しけ
[시게]로 받아들인 것에서도 확인할 수 있습니다. 《왜어유해》를 기반
으로 일본에서는 《화어유해 和語類解》와 《일어유해 日語類解》가 편찬되었

는데, 오직 대마도의 일본어 통역관에 의해 만들어진《화어유해》에서만 기미스이가 그대로 남았고,《일어유해》에서는 "담금" "절임"을 의미하는 두게모노로 바뀌었습니다. 실제로 조선통신사에 대접하기 위한 일본 측의 향응 요리 기록서에는 야채 절임을 가리키는 きみすい [기미스이]라는 단어가 등장합니다.

이 외에도 한국어 영감(녕감)을 차용한 ねんがみ [넹가미], 바위를 차용한 はに [하예], 작거나 하찮은 것을 가리키는 ちよっこめい [좃고메이] 등은 조일 교통의 요충지였던 쓰시마에서 한국어와 일본어가 활발히 접촉했던 역사적 사실을 여실히 보여줍니다.

반대로 쓰시마 방언에서 한국어로 유입된 단어도 있는데, 바로 조선통신사 조엄趙曬을 통해 대마도에서 조선으로 종자가 유입되었다고 알려진 고구마가 그러합니다. 사실 고구마라는 품종 자체는 더 이른 시기에 중국으로부터 직접 유입되었을 가능성도 제기되고 있지만, 고구마라는 말은 쓰시마 방언 孝行芋 [고코이모]에서 온 것입니다. 조엄이 통신사로서 일본에 다녀오면서 집필한 저서에는 다음과 같은 기술이 실려 있습니다.

島中有草根可食者，名曰甘藷，或謂孝子麻倭音古貴爲麻。
"섬에는 먹을 수 있는 풀뿌리가 있는데,
이름은 감저 혹은 효자마라고 하며, 왜어로는 고귀위마라고 한다."

《해사일기 海槎日記》(18세기)

여기서 효자마孝子麻는 [고코마]라고 읽으며, 다른 서적에는 고고이문古古伊文라는 표기도 있습니다. 일본어에서는 감자와 토란 등을 イモ [이모]라는 한 단어로 총칭하는데, 이것이 한국어에 유입될 때에는 한국어에서 맛과의 식물과 그 뿌리를 가리키는 마라는 단어에 이끌려 마의 일종인 것처럼 보이는 고그마로 받아들여졌습니다.[72] 조선 후기의 실학자 정약용이 지은《물명고物名攷》에서는 고금아라는 표기가 나타납니다. 이것이 현대 한국어의 고구마로 이어집니다.

이외에도 두 차례에 걸친 왜란과 왜관 무역을 통해 겨다 "나막신", 냄비, 담배 등의 단어가 한국어에 차용되었습니다. 한국어의 주격조사 …가는 임진왜란을 기준으로 한국어 문헌에서 등장하기 시작하므로, 일본어에서 유래했을 가능성이 높습니다.[73] 주격조사처럼 현대 한국어에서 사용 빈도가 매우 높은 문법 요소가 기원적으로 한국어적 요소가 아니라는 것이 놀랍습니다. 언어 접촉은 물적 자원과 인적 자원의 교류뿐만 아니라 전쟁과 침략의 형태로도 발생할 수 있습니다. 한일합방에 의해 한국어에 발생한 대규모의 영구적 변화는 4장에서 다루겠습니다.

중세 한국어 지명을 접한 일본인

일본 히로시마 소재 다이간지大願寺의 승려 손카이尊海는 1539년에

《일체경一切經》을 얻기 위해 조선을 찾아왔습니다. 그리고 일본에서 가장 오래된 '조선 기행문'인 《존해도해일기尊海渡海日記》를 남겼습니다. 이 기행문에는 중세 한국어 발음을 가나 문자로 표기한 사례가 많아, 당시의 일본어 화자가 중세 한국어를 어떻게 인식했는지 엿볼 수 있습니다.[74]

가장 많은 것은 지명입니다. 부산포釜山浦는 フサンカイ [후산카이], 동래東萊는 トクネギ [도쿠녱기~동구녱기], 언양彦陽은 ヲイニヤギ [오이냥기], 단양丹陽은 タイニヤギ [다이냥기], 대탄大灘은 アネリ [아네리], 두모포豆毛浦는 ツムスカイ [즈무스카이]로 나타납니다. 동래를 [도쿠녱기] 혹은 [동구녱기]라고 기록한 것은 동래 영감令監을 줄여부른 '동령東令'에서 유래합니다. 중세 한국어 받침 'ㆁ'을 당시 일본어의 /ᵑg/ 발음으로 받아들인 것은 쓰시마 방언의 한국어 차용어의 모습과 같습니다.

大灘대탄은 고유어 지명·한여·흘을 한자로 표기한 것으로, 당시의 일본어에서는 [ㅎ] 발음이 없었기 때문에 탈락하여 [아녜리]로 기록되었습니다. 釜山浦부산포와 豆毛浦두모포는 고유어 ·개를 浦개 포로 적은 표기입니다. [후산카이]와 [즈무스카이]라는 표기는 당시 이들을 부산개, 두못개로 발음했음을 보여줍니다.

또 중세 한국어에서 "손님을 향응하는 일"을 의미하는 단어 겿기를 ケシキ [계시키]로 옮겼습니다. [즈무스카이]와 [계시키]라는 표기는, 현재 [두몯깨] [겯끼]로 발음하는 것과 달리, 당시 중세 한국어 남부 방언에서 'ㅅ' 받침을 /s/로 발음했음을 시사합니다. "잔치" 혹은 "접대"를 의미하는 이바·디는 당시 일본어에 イハチ [이화치] 및 ユハチ [유화치]의 형태로 정착했으나 현대에는 더 이상 쓰이지 않습니다.

한국어와 일본어 간의 언어 접촉은 조선과 대마도 간의 교역과 승려들의 불교 문화 교류처럼 평화로운 방식으로만 행해진 것은 아니었습니다. 손카이가 조선을 방문하고 얼마 뒤, 일본 측 문헌에서 부산포와 동래를 의미하는 [후산카이]와 [도쿠녱기]가 다시 등장하는데, 임진왜란 시기에 일본군이 부산포와 동래 등지에 왜성을 쌓았기 때문입니다. 웅천熊川왜성을 こもかい [고모카이], 김해金海 죽도왜성을 きんむい [긴무이], 기장機張왜성을 くちゃん [구찬]이라고 하는 등, 각 지명을 일본어식으로 받아들여 읽은 것으로 나타납니다. 각각 *:곰·기, 김:히, 긔댱에서 유래합니다.

반면 한국어는 전란의 여파로 문법 요소까지 차용하기에 이릅니다. 한국어의 주격조사 …가는 임진왜란을 기점으로 본격적으로 출현하기 시작하는데, 한국어의 주격조사는 본래 중세 한국어 시기까지 …이밖에 없었으므로, …가는 일본어의 주격조사 …が [가]를 임진왜란 전후 시기에 차용한 결과일 가능성이 높습니다.

9

전근대의
외국어 교육

앞서 소개한 전근대 동아시아 사회에서 발생한 언어 교류는 필연적인 물자와 인적 교류를 바탕으로 자연스럽게 이루어진 산물이었습니다. 그런데 정치적인 관점에서 다른 집단과의 교류를 더욱 심화하고 관계를 유지하기 위해서는 각지에서 온 상인들이 벌이는 즉흥적인 소통보다는 좀 더 교양 있고 세련된 외국어 구사 능력이 요구됩니다. 그렇다면 현대와 같이 사전과 번역기가 없던 시절에는 외국어를 도대체 어떻게 배웠을까요?

현대 대한민국 사회는 영어를 기본 소양으로 여겨 초등교육부터 의무적으로 배우기 시작하며, 심지어는 영어 유치원이나 영어 어린이집까지 등장하는 상황입니다. 성인이 되어서는 많은 취업준비생이 TOEFL, TOEIC 등의 각종 영어 자격증을 취득하고자 분투합니다. 개

혁 · 개방 이후에 중국이 급속도로 성장하면서 중국어 학습의 수요도
크게 증가했습니다. 일본어 학습자는 예로부터 꾸준히 많았습니다.
그러나 유아기의 결정적 시기critical period를 지난 시점의 외국어 학습
은 막대한 시간과 노력을 요구하며, 그로 인해 완벽한 제2언어 구사
를 목표로 하는 학습자 대부분에게 언어 학습은 좌절감을 안겨줍니
다. 특히 완전한 성인이 된 후에 외국어를 학습할 경우, 아무리 많은
시간과 노력을 쏟아붓더라도 다다를 수 있는 실력에는 아무래도 한계
가 있습니다.

　외국어를 배운다는 것은 여태 경험해보지 못한 다른 문화를 통째로
흡수하려는 것과 같습니다. 외국어를 숙달하려면 당연히 막대한 시간
과 노력이 소모됩니다. 그렇기에 최대한 수고를 덜 들이고 효과적으
로 교육하기 위한 교육학 연구도 많으며, 이러한 성과를 반영한 교재
와 학습 자료는 실제로 외국어 교육을 과거보다 수월하게 만들었습니
다. 전근대 사회에도 외국어 학습 교재는 있었습니다. 지금처럼 체계
적인 사전이나 언어학적 연구가 미비했던 과거에는 도대체 어떤 교재
를 보고 외국어를 어떻게 공부했을까요?

사역원

조선 조정에는 외교 업무에서 요구되는 통·번역 작업과 외국어 교육

을 전담하는 기관인 사역원司譯院이 있었습니다. 조선의 대외 전략은 큰 나라를 섬기고 이웃 나라와 화친하는 '사대교린事大交隣'이었기에, 외국어 교육은 중대한 국책 사업이었습니다. '사대'란 소국이 대국, 즉 조공을 받는 나라를 섬기는 것이고, '교린'이란 책봉을 받는 나라끼리 교류하는 것을 의미합니다.[75] 사역원에서는 사대를 위해 중국어를 교육했고 이를 한학漢學이라 했으며, 교린을 위해 몽골어·일본어·여진어를 교육했고 이를 각각 몽학蒙學·왜학倭學·여진학女眞學이라고 했습니다. 여진학은 병자호란을 거친 뒤 1667년에 만주어를 학습하는 청학淸學으로 개편되었습니다.[76]

사역원에서 양성된 역관은 사신 접대·세관 업무·무역 중개·현지 통역 등의 실무적인 일을 맡았습니다. 중국으로 가는 연행사燕行使와 일본으로 가는 통신사通信使에는 당연히 역관이 동행하며 통역 업무를 담당했고, 조선 시대의 유일한 외국인 무역 거점이었던 왜관에도 역관이 상주해 크고 작은 문제에 대응했습니다. 이처럼 과거에도 숙련된 외국어 구사자의 수요는 당연히 존재했습니다. 대국(명, 훗날에는 청)을 섬기고 이웃 나라와 친교하는 사대교린이 기본 원칙이었던 조선의 외교 전략에서, 대외 임무를 수행하는 사역원에서는 외국어를 구사하는 역관들을 철저하고 다양하게 양성할 필요가 있었습니다.

사역원의 유래는 고려 시대까지 거슬러 올라갈 수 있습니다. 13세기에 몽골에 의해 남송南宋이 멸망하고 몽골제국의 원元이 중원을 장악하자, 중국의 언어 사정에도 큰 지각변동이 일기 시작했습니다. 이

때 도읍을 지금의 베이징 일대인 유연幽燕 지방으로 옮기게 되는데, 요나라 시대에는 거란인, 금나라 시대에는 여진인과 같은 이민족의 지배하에 놓이면서 중국 남방에 비해 언어가 급진적으로 변화한 곳이었습니다. 원나라 시대에는 중세 몽골어의 영향을 크게 받으면서 중국의 북방과 남방의 언어는 점차 괴리되어갔습니다. 이민족 언어의 영향을 받으며 발전한 원나라의 공용어를 '한아漢兒 언어'라고 합니다.

이 때문에 원나라가 중국을 지배하고 고려에 본격적으로 영향력을 행사하기 시작했을 때, 고려 조정이 가진 기존 자원으로는 원나라와의 원활한 의사소통이 어려워지기에 이르렀습니다. 외국어 교육의 필요성을 절감한 고려 조정은 1276년에 통문관通文館을 설치해 원나라와의 교섭에 필요한 한아 언어를 교육하기 시작했습니다. 한아 언어 교육을 위해 마련된 통문관은 조선 시대에 사역원으로 개칭되면서 외국어 전반을 교육하고 담당하는 부서로 발전했습니다.

조선 태종 때 몽골어를 교육하는 몽학 훈도관이 설치되었고, 이후에 왜학 훈도관도 설치되었습니다. 세종 때에 여진학 훈도관도 설치되어 조선 초기에 이미 한학·몽학·왜학·여진학으로 구성되는 사역원 4학 체제가 완성되었습니다. 17세기 병자호란 이후에 여진학이 만주학으로 개편되기는 했지만, 큰 틀에서는 조선 말까지 이 4학 체제가 그대로 이어졌습니다.

사역원은 외국어 통·번역 업무 외에 외국어 교육 업무 또한 담당했기 때문에, 역관이 되기 전의 생도들이 그곳에서 외국어를 배웠습니다. 사역원에서는 개별 언어에 전문적인 지식을 가진 훈도가 생도들을 지도하고 교육했습니다. 또한 교재 없이는 체계적인 학습 환경을 마련하기 어렵기 때문에 사역원에서는 언어별로 다양한 교재를 구비해 생도들로 하여금 참고서로 삼도록 했습니다. 그렇다면 사역원의 생도들은 무슨 교재를 공부하며 외국어를 습득했을까요?

사역원의 외국어 학습서는 회화체로 작성된 문장으로 가득한 회화서, 색인으로 간단히 펼쳐 보기 좋은 단어장, 역관 시험을 치르는 데 필요한 참고서 등 용도에 따라 나뉘어 편찬되었습니다.

《노걸대》

한학서로는 사서오경의 사서 종류 및 실용 회화서인 《노걸대老乞大》와 《박통사朴通事》가 주로 활용되었습니다. 이 중 고려 시대에 처음 간행된 것으로 여겨지는 《노걸대》는 고려인 상인이 원나라의 도읍에 다녀오면서 겪는 일을 회화체로 엮은 교재로, 구어체를 충실하게 반영한 덕분에 교역과 협상 분야에서 큰 도움이 되는 지식을 익히는 데 적합했습니다. 원나라 시기의 한아 언어를 충실히 반영한 원본 《노걸대》는 다음의 상징적인 회화체 문장으로 시작합니다.

伴當恁從那裏來？

俺從高麗王京來。

如今那裏去？

俺往大都去。

"노형들께서는 어디에서 오십니까?

우리는 고려 왕경에서 오는 길입니다.

지금은 어디로 가십니까?

우리는 대도로 갑니다."

《노걸대》권1(14세기)

14세기 관화(북방 중국어)를 반영한 운서 《중원음운中原音韻》에 따라 재구된 乞大걸대의 발음은 /kʰi.tai/ [키다이]로, 요나라 시대에 북중국을 통치한 '거란'을 한자로 적은 것입니다. 이것이 훗날 중국과 중국인을 가리키는 통칭이 되었습니다. 과거 유럽에서 중국을 지칭하던 명칭 Cathay [캐세이]도 거란어로 '거란'을 뜻하는 여성단수형 형용사 𘬤𘰲 ..ii [⋯이]*에서 유래합니다. 따라서 '걸대'는 중국인을 의미하며, '노老'는 호칭이나 동식물 앞에 붙이는 접두사이므로, '노걸대'를 현대 한국어로 의역하면 "중국인 형씨" 정도가 되겠습니다.

* 𘬤의 음가는 확정되지 않았으나, 대체로 qida [키다], qita [키타], qid [키드] 등으로 재구된다.

《노걸대》는 시대의 흐름에 따라 변화하는 북방 중국어(관화)의 실체를 정확히 반영하기 위해 수백 년간 몇 차례나 개수改修 및 중간重刊을 되풀이했습니다. 즉 빠르게 변모하는 언어를 시대에 맞게 여러 번 개정판을 냈다는 뜻입니다. 1483년에 중국인 갈귀葛貴가 원본의 언어와 크게 달라진 명대의 관화를 반영하기 위해 수정했고, 이를 바탕으로 조선의 어문학자 최세진崔世珍이 1510년대에 중세 한국어 번역과 중국어 발음을 훈민정음으로 주석한 언해본《번역노걸대飜譯老乞大》를 저술했으며, 이 판본은 중국어뿐 아니라 15세기 말의 한국어 구어체를 생생하게 보여줍니다. 1670년에는 17세기 당시의 중국어와 근대 한국어를 반영한《노걸대언해老乞大諺解》가 간행되었고, 1761년에는 《노걸대신석老乞大新釋》이 간행되어 변화한 청대 관화를 반영했습니다. 1795년에는《노걸대신석》을 아어雅語(고상하고 우아한 느낌이 나는 말)로 고친 《중간노걸대重刊老乞大》가 간행되었는데, 이 판본은 구어적인 면모가 적게 나타납니다.

《노걸대》의 가치는 바로 시대에 따라 변화한 관화와 한국어의 모습을 반영하고 있다는 점에 있으며, 고려 시대의 원대 관화부터 18세기 말의 청대 관화까지의 변화를 일목요연하게 볼 수 있다는 점에서 그 학술적 가치는 실로 대단하다고 할 수 있습니다. 원대 관화와 명대 관화를 반영한 두 판본을 비교하면, 중국어가 수백 년 만에 어떻게 변화했는지 그 차이를 실감할 수 있습니다.

원대 관화	명대 관화
伴當恁從那裏來 俺從高麗王京來 如今那裏去 俺往大都去 **원본 《노걸대》**(14세기)	大哥你從那裏來 我從高麗王京來 如今那裏去 我往北京去 **《번역노걸대》**(15세기)
청대 관화	한국어 번역
阿哥你打那裏來 我從朝鮮王京來 這回兒那裏去 我往北京去 **《노걸대신석》**(18세기)	"노형들께서는 어디에서 오십니까? 우리는 고려 왕경에서 오는 길입니다. 지금은 어디로 가십니까? 우리는 북경으로 갑니다."[77]

《노걸대》의 시대별 변천

그뿐만 아니라 《노걸대》는 몽골어, 만주어, 그리고 현전하지는 않지만 일본어로도 번역해, 흡사 전근대 동양의 '로제타석'*이라고 불러도 무방할 정도로 학술 연구에 큰 도움을 주고 있습니다.

몽학서로는 몽골어로 번역된 중국 사서와 《왕가한王可汗》《하적후라賀赤厚羅》《거리라巨里羅》 등의 몽골 훈몽서로 구성되어 있었습니다. 이들 초기 몽학서는 위올진偉兀眞이라고 불린 몽골·위구르 문자와 첩

• 이집트 나일강 서쪽 로제타 지류에 있는 도시 라시드에서 발견된 다언어 비석으로, 고대 이집트어 해독을 가능케 했다.

아월진帖兒月眞이라고 불린 파스파 문자로 작성되었으나, 이렇게 작성된 교재들은 시대가 지남에 따라 구닥다리가 되어 쓰이지 않게 되었습니다. 특히 원나라가 망하고 명 태조에 의해 파스파 문자가 철저하게 폐절되면서, 조선에서도 파스파 문자 교육이 기피되기 시작했습니다. 후세에 이어진 몽골·위구르 문자로 작성된 몽학삼서《몽어노걸대蒙語老乞大》《첩해몽어捷解蒙語》《몽어유해蒙語類解》를 중심으로 몽골어 교육이 진행되었습니다.《몽어노걸대》는 한아 언어로 작성된《노걸대》를 18세기 당시의 몽골어로 번역하고, 그 발음과 번역을 훈민정음으로 표기한 회화체 교재입니다.《몽어유해》는 단어집으로, 범주에 따라 찾아볼 수 있게 만들어져 모르는 단어를 편리하게 찾아볼 수 있습니다.

이커 아바개 치 하나사 이러버
큰 묘아 네 어듸셔 온다

비 죠한 왕 깅 어쳐 이러버
내 朝鮮 王京셔 왓노라

오도 하나 어치너
卽今 어듸 가는다

ᠪᠢ ᠪᠦᠭᠦᠳᠡᠭᠡᠷ ᠢᠶᠡᠨ / ᠣᠳᠣ ᠵᠠᠮ᠎ᠠᠴᠢ

비 버거징 연 쥭 어치뮈

내 北京으로 向ᄒ야 가노라

《몽어노걸대》 권1(18세기)

이처럼 사역원의 교재는 시대에 따라 구성이 변화하고 새로 간행되거
나 개수되는 등, 언어의 변화를 인지하고 그것을 반영하기 위해 주의
를 기울였습니다. 언어의 변화가 반영되지 않은 낡은 교재로 학습한
역관의 외국어 구사 능력이 떨어지면서 실무에 차질이 빚어졌기 때문
입니다. 조선 시대에 원나라는 이미 멸망했으나 북원 쪽에 적지 않은
몽골족이 남아 있었기 때문에 그들과의 교섭을 위해 몽골어 교육은
유지되었습니다. 특히 임진왜란과 병자호란을 거치며 명으로부터 몽
골인 병사가 많이 파병되어 몽골어 교육의 수요가 증가했습니다. 이
것이 18세기 중반까지 몽골어 교재를 새로 간행하거나 개수한 주된
원인입니다.

사학의 변천

사역원의 어학 교재는 언어의 변화뿐만 아니라 복잡해지는 대외 관계
에도 대응하면서 변모해갔습니다. 특히 임진왜란과 병자호란을 겪으
며 왜학과 여진학에는 큰 변화가 일었습니다. 왜학서로는 15세기 말

에 문자 학습서인《이로파伊路波》가 간행되었습니다. 한학과 몽학과 마찬가지로《왜어노걸대倭語老乞大》가 이미 존재했으나, 임진왜란과 정유재란 이후 무너진 조일 관계를 다시 세우기 위해 파견된 조선통신사의 업무를 보조하던 왜학 역관의 임무에는 적합하지 않은 성격의 교재였습니다. 임진왜란 때 포로로 잡혀갔다가 돌아온 강우성康遇聖은 왜관 생활과 17세기 초반에 조선통신사를 수행해 세 차례 일본을 다녀온 경험을 살려 일본에서 겪은 일을 대화체로 풀어 적은 교재《첩해신어捷解新語》를 집필했습니다. 왜학서는 몽학서의 경우와 달리 상업과 교역보다 외교와 정치의 관점에서 집필된 것을 알 수 있습니다. 단어집인《왜어유해》도 애용되었습니다. 조선 말에는 조선어와 일본어 회화체 학습서인《인어대방隣語大方》이 조선과 일본 양국에서 활용되었습니다.

여진학은 이미 멸망한 금나라의 언어를 가르치는 학문이었기 때문에, 한학이나 왜학과 같이 외교를 목적으로 하는 교육이 아니라, 교역시 상품 흥정이나 행상 회화 등에 치중되어 학습되었습니다. 여진학서는 현재 단 한 권도 전하지 않아 자세히 밝혀진 바가 없습니다. 따라서 조선 초기에 쓰인 여진학서의 여진어가 어떤 문자로 표기되었는지조차 알려져 있지 않습니다. 금나라 시기에 쓰였던 한자 파생 문자인 여진 문자였을 수도 있고, 언어학자 정광의 주장처럼 초기 몽학서와 마찬가지로 위구르 문자로 작성되었을 수도 있습니다.[78] 그러나 현재로서는 그 진위 여부를 밝힐 수 없습니다. 여진학은 병자호란 이후 중요도가 올라가면서 청학으로 개편되어 사역원에서는 만주어 학습에 힘을 기울이기 시작했습니다.

여진학에서 청학으로의 개편은 순탄치 않았습니다. 만주어는 여진어의 후계 언어지만 완전히 같지는 않았습니다. 사역원의 여진학서는 낡아서 당시 만주어와 일치하지 않는 부분이 많았고, 외란을 자주 겪으면서 여진학서 상당수가 흩어지거나 소실되는 등 청학을 정립시키는 초기 단계에는 많은 부분에서 난항을 겪었습니다. 그러다가 병자호란 때 잡혀갔다가 돌아온 조선인 포로 '동환자東還者'로 하여금 중국어로 된 《노걸대》를 만주어로 번역하게 했습니다. 그러나 포로 생활을 하며 배운 만주어는 완벽과는 거리가 멀었습니다. 이렇게 17세기 말에 완성된 만주어 교재 《신번노걸대新飜老乞大》는 번역의 질이 조잡하고 엉성했으며, 미숙함에서 오는 크고 작은 오류를 피할 수 없었습니다. 그러다가 18세기에 역관 김진하金振夏는 함흥에 청학 역학으로 가 있던 시절에 닝우타(영고탑) 출신의 만주인 서기에게 의뢰해 《신번노걸대》를 개수하게 했습니다. 이를 《청어노걸대신석淸語老乞大新釋》이라고 하며, 《몽어노걸대》와 마찬가지로 만주 문자로 원문을 적은 뒤 그 발음과 번역을 훈민정음으로 주석했습니다.

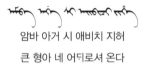

암바 아거 시 애비치 지허
큰 형아 네 어듸로셔 온다

비 챠한 왕 깅 치 지허

내 朝鮮 王京으로셔 왓노라

터 압시 거넘비

이제 어듸로 가는다

비 거문 허쳔 이 바루 거넘비

내 皇城으로 向ᄒᆞ여 가노라

《청어노걸대》 권1(18세기)

《노걸대》를 비롯한 사역원의 구어체 외국어 학습서는 당시 각국의 생활상과 풍습, 외교, 경제 등의 다양한 현실을 엿볼 수 있게 해주기에 흥미롭습니다. 그러나 전란과 시대의 풍파를 겪으며 일부 소중한 문헌들이 지금까지 온전히 이어지지 못한 것, 특히 여진학서가 현전하지 않는 점, 조선 시대에는 이미 거란어가 쓰이지 않게 되어 거란학이 연구되지 않은 점, 《왜어노걸대》가 전하지 않는 점은 조선의 언어교육사에서 참으로 안타깝고 아쉬운 일입니다.

조선 시대의 어학

사역원에서 행해진 외국어 교육 방식은 일반적으로 문어체로 작성된 교재를 암송하는 것, 즉 달달 외우는 것이었습니다. 그러나 문어체를 아무리 습득해봤자 실무에서 요구되는 세련된 답변은 오로지 구어체의 학습과 오랜 경험을 통해서만 얻을 수 있는 능력입니다. 그렇기 때문에 사역원에서는 구어체 교재를 더 많이 간행하기 시작했습니다. 17세기 이후 전란으로 많은 교재가 소실되자, 4학 역관들의 통역 능력은 저하되기 시작했습니다. 이에 대한 대책으로 사역원은 서로 얼굴을 마주 보고 외국어로만 대화해야 하는 우어청偶語廳을 설치해 역관들의 말하기 능력의 향상을 꾀했습니다.

언어는 유아기의 결정적 시기에 가장 습득하기 수월하고, 오랫동안 한 언어를 사용하지 않으면 자연스레 실력이 떨어지게 됩니다. 따라서 현대의 영어 유치원과 비슷하게, 유아기 때부터 역관 교육을 시작하는 조기 교육이 중시되었고, 벼슬이 올라도 계속해서 역관 시험을 보아야 하기에 반복 학습이 요구되었습니다.

이처럼 사역원의 외국어 교육 방식은 어렸을 때부터 공부를 시작하는 것, 잊지 않도록 반복해서 복습하는 것, 문어체와 구어체로 작성된 교재를 달달 외우는 것, 그리고 그렇게 습득한 외국어로 서로 대화해 보는 것과 같이 현대와 비교했을 때 극적인 차별점이 있는 비결이 있었던 것은 아닙니다. 역관이 외국어에 통달하기 위해서 요구된 것은 학습 능력과 끈기였습니다. 일설에, 외국어를 익히는 가장 효과적인 방법은 외국어 책을 통째로 외워버리는 것이라고 합니다. 가장 무식하면서도 가장 효과적인 학습법이 조선에서 행해졌던 것입니다.

하지만 이런 지루한 방식도 당시로서는 유난한 것이 아니었습니다. 어렸을 때부터 서당에서 사서오경을 달달 외우는 것이 출세의 길이었던 조선 시대에는, 반복적인 암송·암기가 최고의 학습법이었습니다. 지금과 같이 체계적인 문법서와 쉽게 풀이한 참고서들이 넘쳐나는 시대에 살고 있는 우리는 의지와 노력만 있다면 조선 시대의 역관 뺨치는 수준으로 외국어를 잘 구사할 수 있습니다. 하지만 외국어 습득에서 가장 어려운 부분이야말로 바로 의지와 노력일 것입니다.

響文泉

3

고유명의 세계

독자적인 문자언어 체계를 갖추지 못한 고대 언어의 문헌 자료에서 가장 두드러지게 그 언어의 고유성을 나타내는 것은 인명·지명·관직명 등의 고유명입니다. 고대 한반도 국가들을 예시로 들면, 고전 중국어인 한문을 행정 언어로 삼아 공식 기록과 역사를 남겼습니다. 이것이 의미하는 바는, 설령 기록을 남긴 이가 구어에서는 고대 한국어를 구사했다고 하더라도, 문헌상에 나타나는 언어는 한문이기 때문에 고대 한국어에 대한 정보를 제공하지 못한다는 것입니다. 그런데 고대 한국어에서 고유하게 사용되었던 사람의 이름·땅의 이름·관직의 칭호 등은 한문으로 번역될 수 없었고, 이들은 주로 차자 표기, 즉 한자의 발음을 빌려서 적는 형태로 문헌 기록에 남았습니다. 때문에 고대 한국어의 비밀을 밝히는 데 고유명이 갖는 가치는 대단합니다. 고유명의 중요성은 비단 고대 한국어 연구에만 국한되는 이야기가 아닙니다.

봄에는 자줏빛 참꽃이 만개하여 아름다운 대구 12경의 하나인 비슬산琵瑟山은, 지명의 한자 표기로부터 '산의 형세가 거문고를 타는 신선의 모습'이라고 흔히 묘사되는데, 이는 전형적인 민간 어원으로, 실제로는 비슬산이라는 지명의 유래는 거문고와 관련이 없습니다. 비슬산의 다른 이름인 포산苞山은 이 지명의 정확한 어원을 알려줍니다. 苞쌀포는 "(감)싸다"라는 의미를 갖는데, 중세 한국어 시기에는 ·ᄡᆞ-라고 했습니다. 이를 통해 비슬琵瑟이 "(감)싸다"를 의미하는 후기 고대 한국어의 동사 활용형 *pis-(ɔr) [비솔]에서 유래한다는 사실을 이끌어낼 수 있습니다.

비슬산이라는 고유명으로부터 알 수 있는 것은 더 있습니다. 본래 일본의 국자國字*로 여겨져 왔던 鮑 "전복"이 경주 월지 출토의 목간에서 발견되면서, 실은 신라의 국자였다는 사실이 밝혀졌습니다.[79] 이것이 신라 혹은 고대 한반도 국가에서 만들어진 국자라면, 鮑 "전복"의 조자 원리는 고대 한국어를 반영하고 있을 것이라고 추정할 수 있습니다. 비슬산을 통해 얻은 후기 고대 한국어 어간 *pis- [비ㅅ] "(감)싸다"는, 제주 방언에서 "전복"을 의미하는 빗과 《계림유사》에 기록된 전기 중세 한국어 〈必〉 ʔpis [빗] "전복"과 부합하므로, 이 글자는 형부形符인 虫 "벌레"와 성부聲符인 包 "(감)싸다"로 구성된 형성자로 해석할 수 있습니다. 鮑 "전복"은 실제로 고대 한국어 화자의 입장에서 만들어진 한반도 국가의 국자인 것입니다.

이는 고대 한국어 연구에서 고유명이 가진 잠재력을 보여주는 하나의 예시에 불과합니다. 지금부터 고대 한국어 고유명에 관한 최신 연구 성과에 기반해, 서서히 펼쳐지고 있는 고대 한국어의 새 지평으로 초대합니다.

●　한자문화권에서 공통으로 사용되는 글자가 아닌, 특정 국가에서 만들어져 그 지역에서만 쓰이는 글자.

1

이사지왕의
정체

역사학의 난제에서 역사언어학의 역할은 중요합니다. 모든 사료가 한문으로 기록된 한국 고대사의 특성상, 한국사에서 활약한 수많은 인물과 지역의 고유명은 한자를 빌려 표기되었습니다. 하지만 고대 한국어 음운과 고대 한국어 한자음의 층위에 관한 이해가 부족한 현상황에서, 한자 표기의 발음을 근거로 한 역사학 연구는 '발음 장난' '끼워 맞추기' 정도로 여겨지기도 합니다. 한자음을 근거로 한 고대사 연구에서 종종 설득력이 떨어지는 논증이 행해지는 데는 다음과 같은 이유가 있다고 봅니다.

1. 복잡한 중국어 음운사 연구를 무시한 채, 중요한 정보가 생략되어 목록화된 상고 중국어와 중고 중국어의 재구음을 깊은 고찰 없이

대입했다.

2. 먼 과거의 한자 표기를 현대음으로 읽거나 고대 한국어 한자음의 다층성을 무시한 채 시대착오적으로 접근했다.

역사언어학적 재료를 학술적으로 의미 있는 방식으로 활용하지 못한 것입니다. 하지만 역사학 연구에서 역사언어학적 접근법은 여전히 유효하며 중요합니다. 체계적인 연구를 통해 밝혀진 역사언어학적 증거를 통해 흩어진 퍼즐을 치밀하게 재구성했을 때, 비로소 발음의 유사성을 의미 있게 활용할 수 있습니다.

금관총의 피장자는 누구인가

역사학·고고학의 관점에서 금관총의 피장자가 누구인지 아직까지 논란의 여지없이 규명된 바가 없습니다. 그러다가 일제시대에 금관총이 발굴되고 92년이 지난 2013년, 금관총 출토 환두대도에서 아마도 피장자의 이름일 네 글자 명문 尒斯智王이사지왕이 발견되었습니다.[80] 부장품에 새겨진 이름이 반드시 피장자를 가리킨다는 보장은 없지만, 서기 5세기경의 고분에서 드물게 이름이 발굴된 사례입니다.* 이제

• 백제 왕 중에서는 서기 6세기 초반의 무령왕릉 지석에 〈斯麻(王)〉 *sεma [세마] "섬"이 새

선명하게 드러난 **尒斯智王**이사지왕 명문

'이사지왕'을 이미 알려진 역대 신라 왕에 비정할 수 있다면, 금관총의 주인, 아니면 적어도 부장품의 주인이 누구인지 드러날 것입니다.

고고학자 김창호는 尒너 이를 너로 훈독해 尒斯智王이사지왕을 넛지왕으로 눌지訥祗 마립간과 동일 인물로 추측했고, 금관총을 서기 458년의 눌지왕릉으로 보았습니다.[81] 역사학자 최철영은 이사지왕은 신라 왕이 아니며, 우산국 정복으로 유명한 신라의 장군 이사부異斯夫의 이표기로 단정했습니다.[82] 문화재 전문 기자 이기환은 이사지왕에서 이

겨져 있어 피장자의 정체가 드러난 바 있다.

를 지시대명사로 해석해 "This is 사지왕"으로 보았고, 소지 마립간의 이표기로 추정했습니다.[83]

그러나 이들은 언어학자가 아니므로 각각의 주장은 모두 크고 작은 오류를 포함합니다. 김창호의 주장은 尒녀 ᅵ를 훈독하는 것을 허용한다고 하더라도, 尒斯이사와 訥눌의 대응에서 문제가 발생합니다. 모음의 성질도 그러하지만, 자음에 있어서도 [ㅅ]과 [ㄹ](혹은 [ㄷ]?)의 차이는 사소하게 넘길 수 있는 문제가 아닙니다. 최철영의 주장은, 중고중국어에서 尒 nyeX [녜]와 異 yiH [이으]가 크게 다른 발음이었지만, 현대 한국어 한자음에서는 동일하게 이로 나타나는 착시 현상을 극복하지 못한 사례입니다.

각계에서 제시된 다양한 학설에도 불구하고, 이사지왕을 자비慈悲 마립간의 다른 표기로 논증한 공간公刊 연구는 아직 없습니다. 하지만 역사언어학적 관점에서 볼 때, 이사지왕은 자비 마립간이어야 합니다.

이사지왕의 비정

우선 尒斯智王이사지왕에서 고유명에 해당하는 부분은 〈尒斯〉 *nɜsɜ [네세]입니다. 王왕은 당연히 "왕"을 의미하며, 고대 한국어 〈智〉 *-tɜr [뎰]은 존칭 접사로 잘 알려져 있습니다. 고대 한국어 어휘는 대부분 지명 자료에서 얻어지는데, 〈지리지〉의 지명에는 "자비롭다, 너그럽

다"의 의미를 가지면서 *nɛsɛ [네세]와 발음이 유사한 어휘가 나타납
니다.[84]

慈仁縣，本奴斯火縣，景德王改名，今因之。

"자인현은 본래 노사화현이다. 경덕왕이 개명했다. 지금도 이를 따른다."

〈지리지〉1 장산군獐山郡

이 지명은 지금의 경상북도 경산시 자인면으로 이어집니다. 경덕왕
시대에 본래 〈奴斯火〉 *ȝosɛ-pɔr [노세볼]이었던 지명이 "자비롭고
인자하다"는 뜻의 慈仁자인으로 개명되었습니다. 〈火·伐〉은 "벌(판)"을
의미하므로, 본래의 지명에서 "자비롭고 인자하다"에 해당하는 부분
은 〈奴斯〉 *nɔsɛ [노세]라고 추정할 수 있습니다. 고대 한국어에서 [노
세]가 "자비롭다, 너그럽다"를 의미한다는 근거는 더 있습니다.

儒城縣，本百濟奴斯只縣，景德王改名，今因之。

"유성현은 본래 백제 노사지현이다. 경덕왕이 개명했다. 지금도 이를 따른다."

〈지리지〉3 비풍군比豊郡

이 지명은 지금의 대전광역시 유성구로 이어집니다. [노세게]에서
*kɛ [게]는 "성"을 의미하므로,[85] 유성儒城의 儒선비 유 nyu [느오]는 표
음자로 볼 수 있습니다. 그러나 儒라는 글자에는 "부드럽다, 온화하

다"라는 의미도 있기 때문에, 어쩌면 고대 한국어 [노세] "자비롭다, 너그럽다"의 의미에 비추어 이 글자가 선택되었을 수도 있습니다.[86]

두 개의 고대 한반도 지명으로부터 [노세] "자비롭다"를 얻을 수 있었지만, 이사지왕의 [네세] "자비롭다"와 첫 음절의 모음이 다르다는 문제가 있습니다. 그러나 언어학자 윤희수가 설득력 있게 논증했듯이, 고대 한국어는 서기 500년경을 기점으로 모음체계의 변화가 있었고, 이때 일부 $^*\varepsilon$ [에]는 $^*i$ [이]와, 일부 $^*\varepsilon$ [에]는 $^*\mathfrak{o}$ [오]와 합류했습니다.● 윤희수는 평행적인 변화를 겪은 고대 한반도 지명을 제시해 $^*\varepsilon$ [에] > $^*\mathfrak{o}$ [오]의 변화가 허상이 아니라는 점을 강조합니다.

介同兮縣，今未詳。

"이동혜현은 지금은 알 수 없다."

軍威縣，本奴同覓縣 一云如豆覓，景德王改名，今因之。

"군위현은 본래 노동멱현(여두멱이라고도 한다)이다. 경덕왕이 개명했다.

지금도 이를 따른다."

〈지리지〉1 숭선군 嵩善郡

《삼국사기》〈지리지〉 권34에 나타나는 상주의 속현은 세어보면 총

● 그 원인과 조건은 현재로서는 불명확한데, 두 종류의 변화를 겪은 $^*\varepsilon$ [에]가 정말로 같은 모음이었는지도 불투명하다. 이 책에서 제시하는 고대 한국어의 표기와 괄호 속의 한글 발음 표기는 임시적이고 단순화된 정보만을 포함한다는 점을 명심해야 한다.

31개가 있는데,《삼국사기》권9 경덕왕 16년 12월(서기 758년) 12월
기사에는 상주에 10군 30현이 있다고 기록되어 있습니다. 1차 사료
를 참고했을 권9 〈신라본기〉의 기술을 신뢰한다면, 〈지리지〉에 한 개
현이 잉여로 들어간 오류가 있는 것입니다. 언어학자 윤희수는 권
34에서 '알 수 없다'고 한 이동혜현을 발음의 일치를 근거로 바로 뒤
따르는 노동멱현의 이표기로 올바르게 교정하여 고증했습니다.[87] 이
동혜와 여두멱은 이른 시기의 표기로 *nɛtəmɛ-kɛ [네도메게]를 나타
내고, 노동멱은 서기 500년경에 발생한 *ɛ [에] > *ɔ [오]의 변화 이후
에 성립된 표기입니다. 이사지왕과 노사화현, 노사지현에서 나타나는
바로 그 글자들입니다.

이로부터 알 수 있는 사실은, "자비롭다, 너그럽다"라는 의미의 고
대 한국어 *nɛsɛ [네세]와 *nɔsɛ [노세]는 같은 단어의 통시적 변종이
며, 이사지왕의 의미는 자비 마립간과 일치한다는 것입니다. 따라서
금관총 출토 환두대도에 새겨진 명문 尒斯智王이사지왕은 자비 마립간
을 가리킵니다.

2

이사금의
진짜 의미

고대 한반도 지명 자료를 활용한 이사지왕과 자비 마립간의 비정을 통해 전기 고대 한국어 *nɛsɛ [네세]가 "자비롭다, 너그럽다"를 의미한 다는 것을 밝혔습니다. [네세]를 통해 알 수 있는 것은 여기서 끝이 아 닙니다. 자비 마립간으로 밝혀진 이사지왕 및 자인현과 유성현의 고지 명은 신라 왕호 '이사금'의 의미를 해석하는 데 중요한 열쇠가 됩니다.

'이사금'의 전설

신라의 왕호는 시대별로 거서간居西干 · 차차웅次次雄 · 이사금尼師今 · 마 립간麻立干 · 왕王 등 여러 차례 변화했는데, 이 중 거서간은 신라의 시조인 혁거세赫居世 거서간에게만, 차차웅은 남해南解 차차웅에게만 부여되었기 때문에 논외로 하겠습니다.《삼국사기》에는 '이사금'의 어원과 관련된 전설이 실려 있습니다.

初南解薨，儒理當立，以大輔脫解素有德望，推讓其位。脫解曰，

「神器大寶，非庸人所堪。吾聞聖智人多齒，試以餠噬之」，

儒理齒理多，乃與左右奉立之，號尼師今。

처음 남해왕南解王이 세상을 떠나자 유리儒理가 당연히 왕이 되어야 했는데,

대보大輔인 탈해脫解가 평소 덕망이 있어서 왕위를 그에게 양보하고자 했다.

탈해가 말하기를, "신성한 기물은 큰 보배라서 보통 사람은 감당할 수 없는

것입니다. 제가 듣기에 성스럽고 지혜로운 사람은 이가 많다고 하니 떡을

깨물어서 누가 이가 많은지를 알아봅시다"라고 했다. 유리의 잇금[齒理]이

많은 것으로 나타나니, 이에 좌우 신하들과 더불어 왕으로 받들었고,

이사금尼師今이라고 불렀다.

《삼국사기》〈신라본기〉1 유리이사금[88]

이어서 신라 중대의 역사가인 김대문金大問의 설을 인용하면서, '이사금'의 어원은 잇금[齒理]이라고 했습니다. 그럴싸해 보이지만 전형적인 민간 어원의 특징을 갖춘 설화입니다. 이러한 민간 어원이 출현한 배경에는 이사금에 대한 어원 의식이 상실된 데 있습니다. 민간 어원은 역사적 사실에 대해 흥미로운 화젯거리를 부여하지만, 진실이 아닌

경우가 대부분입니다.

왜 이사금의 어원을 잇금으로 풀이하는 민간 어원이 발생했을까요? 신라의 역사가 김대문이 활동했던 서기 7~8세기는 이사금이라는 왕호가 처음 사용된 지 약 700년이 경과한 시대입니다. 이는 조선의 건국(1392년)부터 한일합방(1910년)까지의 기간보다도 훨씬 깁니다. 현대 한국어 화자가 조선 초기의 한국어를 이해할 수 없듯이, 역사가 김대문도 신라 왕조 극초기에 만들어진 왕호의 의미를 제대로 파악하지 못했나 봅니다.

앞서 금관총 환두대도의 명문과 고대 한반도 지명 자료를 통해 얻은 전기 고대 한국어 *nɛsɛ [네세] "자비롭다, 너그럽다"는 이사금의 어원으로서* 최적의 조건을 갖추고 있습니다. '이사금'은 [네세] "자비롭다"와 *kɛmV [게ㅁ] "지배자"로 구성된 합성어입니다.[89] [게ㅁ]는 현대 일본어의 きみ [기미] "임금"과 관련이 있습니다. 고대 한국어에서 "지배자"를 뜻하는 고유어는 *kɛr [겔]이므로, [게ㅁ]는 반도 왜어에서 차용한 것으로 보입니다.[90]

원래 '이사금'은 "자비로운 지배자"라는 뜻이었지만, 앞서 설명한 [네세] > [노세] "자비롭다"의 음운변화에 따라 이러한 어원 의식이 상실되었고, 대신에 발음이 같은 "이의 금"을 통해 '이사금'의 의미를

---

* 이사금尼師今은 두음법칙을 무시하면 니사금으로, 앞 요소〈尼師〉의 중고 중국어 발음은 *nrij srij* [니시]다.

설명하려고 한 것입니다.[91] 한편 일부 학자는 이사금을 현대 한국어의 임금과 관련 짓곤 하는데, 'ㅅ'이 'ㅁ'으로 변화할 개연성이나 동기가 전혀 없으므로 둘은 별개의 단어로 보는 것이 옳습니다.

비록 삼국시대의 역사서를 인용했다고 해도, 고려 시대에 작성된 《삼국사기》《삼국유사》 등의 역사서는 역사 인물과 지역의 고유명을 당시 모습 그대로 온전하게 전달하지 못합니다. 반면 비문碑文은 그것이 세워진 당시의 표기 관습대로 기록한 고유명을 있는 그대로 보여 줍니다. 비문이 갖는 언어학적 가치는 대단합니다. 국내 자료에서는 비문에서만 나타나는 신라 왕호가 있는데,《광개토왕비》*(서기 414년)와 《울진 봉평리 신라비》(서기 524년 추정)에서 문증되는 신라 왕호 '매금寐錦'입니다. '매금'은 학자 대부분이 '마립간'의 이칭으로 간주합니다. 하지만 중국어 음운사의 흐름에서 볼 때 '매금'은 '이사금'의 이표기일 수밖에 없습니다.

'매금'은 왜 '이사금'인가

우선 '매금'과 '이사금'에서 "지배자"를 나타내는 부분인 錦비단 금과 今

* 정식 명칭은 《국강상광개토경평안호태왕비 國岡上廣開土境平安好太王碑》다. 해외에서는 주로 《호태왕비》라는 약칭을 사용하지만, 대한민국에서 주로 사용되는 《광개토대왕릉비》와 타협해 《광개토왕비》라는 약칭을 사용하겠다.

이제 금은, 중고 중국어에서 성조를 빼면 *kim* [김]으로 발음이 완전히 같습니다. 반면 '마립간'의 干방패 간과는 모음도 다르고 운미韻尾도 서로 -*m* [ㅁ]과 -*n* [ㄴ]으로 달라서 비교되기 어렵습니다. 또한 매금의 첫 글자인 寐잘 매는 후한 시대의 중국어에서 *mis [미스]였으므로,[92] 이러한 발음을 유지한 중국어 방언으로부터 한자음을 수입한 고대 한국어에서 *mɛsɛ [메세] "자비롭다"는 〈寐〉로 표기될 수 있었습니다.

이제 〈寐錦〉 *mɛsɛ-kɛmV [메세게ㅁ]와 〈尼師今〉 *nɛsɛ-kɛmV [네세게ㅁ]가 첫 자음만이 다르고 나머지 부분은 동일한 이표기라는 사실을 알았습니다. 동시대의 한자음 중에서는 *nis [니스]라는 발음을 가진 二와 貳처럼 고대 한국어의 *nɛsɛ [네세]에 더 가까운 좋은 선택지가 있었음에도 寐 *mis [미스]를 사용한 배경으로 아무래도 고대 한국어의 방언 차이를 상정할 수 있습니다. 이러한 [ㄴ]음과 [ㅁ]음의 교체는 한반도 남부의 고대 도시국가였던 〈任那〉 *nɛmVna [네ㅁ나] "임나"가 고대 일본어에서 *mîmana* [미마나]로 나타난다는 점,[93] 명백하게 서로 관련이 있을 현대 한국어의 수사 넷과 마흔 등에서 찾아볼 수 있습니다.[94]

3

대륙과 대양을
건넌 신라

신라의 제20대 왕인 자비 마립간과 신라 초기의 왕호 이사금에 대해서 논했으니, 이제 신라 그 자체의 이야기를 해봅시다. 신라는 단일 왕조로서 천 년 가까이 존속했다고 믿어지고 있고, 문화적으로 전성기를 누린 통일신라 시기에는 다양한 외부 세력과 교류하면서 전근대의 한국사에서는 전에 없을 정도로 국제적인 국가로 발전했습니다. 그러다 보니 자연스럽게 '신라'라는 국호도 팔방으로 전해졌는데, 흥미롭게도 그 전파 경로가 육상인지 해상인지에 따라 외부 언어에 다르게 반영되었습니다. 우선 해상 경로로 전해진 사례를 살펴봅시다.

해상에서 본 신라

《만엽집》에는 견신라사遣新羅使가 지은 노래가 실려 있습니다. 견신라 사는 잘 알려진 일본의 견당사遣唐使처럼, 일본에서 신라로 파견한 사신단입니다. 서기 736년(덴표天平 8년)에 나니와難波에서 출항한 견신라사단이 갖가지 곤란을 겪으며 신라에 도착했으나, 신라에서는 사신으로 받아들이지 않고 푸대접을 했습니다. 이들은 이듬해 일본에 귀국해 신라가 사신으로 받아주지 않았다고 보고했습니다.[95] 항해 과정에서 불행히도 폭풍우를 만나 며칠 동안 표류하다가 겨우 이키섬壱岐島에 다다랐으나 이키노 야카마로雪宅滿는 귀병鬼病에 걸려 죽게 됩니다. 일행인 무토베노 사바마로六人部鯖麻呂는 병사한 야카마로를 애도해 아래의 노래를 지었습니다.

新羅奇敝可	신라로 갈까
伊敝尓可加反流	집으로 돌아갈까
由吉能之麻	이키섬에서
由加牟多登伎毛	어떻게 가야 할지
於毛比可祢都母	갈피를 못 잡겠네

《만엽집》 권15 제3696번

험난한 길을 떠나는 견신라사가 지은 고향을 그리워하는 노래와 소중한 이를 잃은 슬픔의 노래에는, 당연히도 '신라'에 관한 언급이 많습니다. 《만엽집》 권15 제3696번에서 "신라"는 〈新羅奇〉 *siraki* [시라긔]로 나타납니다. 여기서 *ki* [긔]는 "성"을 의미하는 한국어족 지명소 *kɛ [게]의 차용어입니다. 고대 한국어에서 신라의 왕성王城을 가리켜 부르는 *sila-ki [실라기] < *sɛla-kɛ [셸라게] "신라 성"이라는 용법이 있었는지도 모릅니다.

한반도와 아주 가까운 일본에서 견신라사를 파견하는 것은 어찌 보면 당연한 일이고, 그들이 지은 노래에서 '신라'의 언급을 찾는 건 어려운 일이 아닙니다. 극적인 조우, 미지의 세계에 대한 호기심은 늘 의아한 곳에서 옵니다. 이슬람 황금시대에 접어들면서 드높은 위상을 얻은 중세 아랍어 문헌에서는 [실라]라는 '군도'가 다양한 문헌에서 여러 차례 등장합니다.

음사	호칭	출전	연대
السيلا [앗실라]	군도	《중국과 인도 소식》	851
الشيلا [앗실라]	국	《제도로 및 제왕국지》	885
السلى [앗실라]	국	《황금 초원과 보석광》	10세기 중엽
السيلى [앗실라]		《경고와 감독》	10세기 중엽

السلاهى [앗실라히]	군도	《피조물의 기적과 존재물의 기이》	13세기 중엽
شيلا [실라]		《제국 유적과 인류 소식》	1275
السيلى [앗실라]		《제국 안내 목록》	1321
سلا [실라]	군도	《대륙과 대양의 경이에 관한 시대적 정선》	14세기 초
السيلى [앗실라]	군도	《문학 예술의 최종 목적》	14세기 초

중세 아랍 문헌에 나타나는 신라[96]

광범위한 해상 무역을 펼친 페르시아에도 신라의 국호가 전해졌습니다. 이란국립박물관장을 역임했던 역사학자 다르유시 아크바르자데Daryoosh Akbarzadeh가 페르시아의 대서사시에서 극적으로 발견한 신라·페르시아 해상 교류의 증거는 한국을 떠들썩하게 했습니다. 설화상의 인물인 아비틴 왕자가 중국을 거쳐 신라로 망명한 내용을 담고 있는 영웅 서사시 《쿠시나메كوش‌نامه》에는 بسيلا bsyl' [베실라]라는 섬나라가 등장하는데, [베실라]의 왕 طيهور ṭyhwr [태후르], 왕자 كرم k'rm [카람], 공주 فرنگ fr'rng [프라랑]이 주요 인물로 등장합니다.

중세 아랍 문헌에서 [실라]는 일본으로 추정되는 극동의 섬나라 واق واق w'q w'q [와크와크]와 함께 군도로 묘사되기에, 동양학자 레노M. Reinaud는 저서 《여행 안내서Relation des Voyages》(1845)에서 [실라]를 일본으로 추정하기도 했습니다.[97] 하지만 서역에서 한반도가 '반

베실라에 도착한 아비틴

도'로 인식된 역사는 길지 않습니다. 서양에서 한반도가 처음으로 정확하게 반도의 모습으로 묘사된 지도는 1655년에 이탈리아인 예수회 신부 마르티노 마르티니Martino Martini에 의해 제작된《신중국지도총람Novus Atlas Sinensis》입니다.[98] 중국에 체류하며 선교와 연구 활동을 진행했던 그는 이 지도에서 처음으로 조선을 반도 국가로 정확하게 표현해 서구 사회에 소개했습니다. 그 이전까지는 육로를 통해 한반도에 접근하기 어려웠던 관계로, 서역에서 한반도는 줄곧 섬나라로 여겨져 왔습니다.

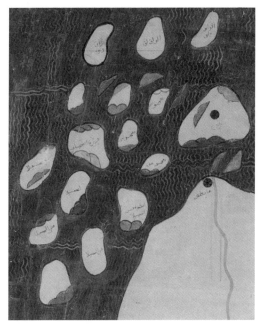

알 이드리시의 지도에 나타나는 와크와크(위쪽 군도)와 앗실라(아래쪽 군도)

[앗실라]와 [베실라]는 신라의 국호가 서역으로 전파된 실례입니다. 하지만 그 전파 경로는 흐릿합니다. 지리학자 이븐 쿠르다지바ابن خرداذبه의 《제도로 및 제왕국지كتاب المسالك والممالك》(서기 9세기)에는,

> "중국의 맨끝 깐수의 맞은편에는 많은 산과 왕(국)들이 있는데, 그곳이 바로 신라국이다. 이 나라에는 금이 많으며 무슬림들이 일단 들어가면 그곳의 훌륭함 때문에 정착하고야 만다. 이 나라 다음에는 무엇이 있는지 알지 못한다."

라고 되어 있으며, 역사가이자 지리학자인 알 마스오디المسعودي는 저서 《황금 초원과 보석광مروج الذهب ومعادن الجوهر》(서기 10세기)에서,

> "바다를 따라 중국 다음에는 신라국과 그에 속한 도서를 제외하고는 알려졌거나 기술된 왕국이란 없다. 그곳에 간 이라크 사람이나 다른 나라 사람은, 공기가 맑고 물이 좋고 토지가 비옥해 또 자원이 풍부하고 보석이 일품이기 때문에, 극히 소수의 사람을 제외하고는 그곳을 떠나지 않았다."

라고 했습니다.[99] 이처럼 이슬람권 문헌에서 등장하는 신라는 대부분 황금이 풍부한 이상향으로 묘사됩니다.[100] 중동 지역에서 신라가 이상향이 된 배경에는 복합적인 이유가 있겠지만, 수메르 창조 신화에서

'해가 뜨는 곳' '생명의 땅' '순수의 땅'으로 묘사되며 '염수와 담수가 만나는 땅'으로 알려진 딜문Dilmun에서 유래하는 낙원을 동쪽의 먼 섬으로 인식하던 중동 지역의 기저 신화가 존재했고, 동쪽 끝의 섬나라로 알려졌던 앗실라는 이러한 낙원의 조건에 완전히 부합했습니다. 딜문은 구리·산호·진주 등의 귀금속과 보석의 생산지이기도 했습니다. 이러한 것들이 앗실라가 황금의 섬나라가 된 배경이었을지 모릅니다.

특히 신라와 아랍 무역은 7세기가 되어야 본격적으로 시작되는데, 이때는 이슬람제국 초기 시절이었고, 여전히 인두세人頭稅*를 내는 다신교도가 많이 있었으며, 이슬람도 충분히 전통으로 정착하지 못해서 기저 신화가 잘 남아 있었습니다. 한술 더 뜨면, 신라와 교역했던 중동의 상인들은, 이러한 기저 신화를 바탕으로 신라에서 구입한 교역품을 본국에서 더욱 고가에 거래하기 위해 신라를 의도적으로 섬으로 묘사했을 가능성도 있습니다. 한반도가 원나라 시대에 국제무역에서 사실상 힘을 못 쓰게 된 이래, '먼 동쪽의 황금 섬'이라는 이미지는 신라에서 일본으로 옮겨 갔고, 이 결과 '황금의 섬 지팡구'라는 인식이 생겨난 것일 수 있습니다.[101]

신라에 대한 이슬람권의 이상향적인 인식은 신라 멸망 이후에도 오

---

* 이슬람교의 문맥에서 인두세란, 이슬람 왕국에서 비무슬림 시민을 대상으로 부과한 세금으로, 지즈야ﺟزية라고도 한다. 비무슬림 시민은 인두세를 납부하는 대신 신앙과 생활의 자유를 보장받았으며, 이슬람교로 개종하면 면세되었다.

랜 기간 전승되었으며, 이는 서아시아와 신라 사이의 교류가 어느 시점부터 정기적이고 지속적이지 않게 되었음을 방증합니다. 실제로 서아시아의 한반도 국가에 대한 정보는 13세기 몽골제국의 훌라구가 서아시아에 일 칸국을 세운 뒤에 비로소 갱신됩니다.[102] 《삼국유사》에 기록된 통일신라 시대 인물 처용處容은 중동 출신으로 여겨지기도 합니다.

해상 경로를 통해 고대 일본어와 서역의 언어에 전해진 신라 국호는 두 음절의 모음이 일정하게 [이] [아]와 가깝게 나타나며, 전반적으로 발음이 '신라'와 흡사하다는 특징을 갖습니다. 이는 신라와 외부간의 해상 교류는 직접적으로 이루어졌음을 시사합니다. 반면 육상 경로를 통해 북방 민족의 언어에 전해진 신라의 국호는 다소 난해한 양상을 보입니다.

육상에서 본 신라

현대 몽골어에서 "한국"을 Солонгос [솔롱거스]라고 부르는데, 원나라 시대부터 이어져 온 이름입니다. 칭기즈 칸의 일대기를 중핵으로 몽골인의 전승 역사와 후계자인 오고타이의 치세 도중까지를 실은 역사서의 한자 전사본 《원조비사元朝秘史》는 "고려"를 〈莎郎中合思〉 solangyas [솔랑가스]라고 기록하고 있습니다. 프란치스코회 선교자

이자 탐험가인 빌럼 판 루브룩Willem van Rubroeck●이 1253년에 프랑스 국왕 루이 9세의 명을 받아 떠난 선교 여행에서 몽골제국의 수도인 카라코룸 왕궁을 방문한 뒤 작성한 보고서에는, 그가 왕궁에서 본 민족들의 이름이 나열되어 있는데, Solanga [솔랑가]와 Muc [무크]라는 민족명이 등장합니다.[103] 루브룩이 몽골제국의 왕궁에서 직접 듣고 기록한 [솔랑가]는 "고려"를 의미하는 몽골어입니다.

국내에서는 몽골어의 [솔롱거스]가 "무지개"를 뜻하는 단어와 비슷하다는 이유로, 몽골어 속의 한국 국호는 알록달록한 색동저고리에서 유래한다고 소개되기도 합니다. 하지만 현대 몽골어에서 солонго [솔롱] "무지개"와 [솔롱거스] "한국"의 발음이 비슷한 것은 단순한 우연일 가능성이 높습니다.

'신라'는 고대 일본어와 중세 아랍어, 페르시아어에서 모두 *sila* [실라]에 가까운 발음으로 차용되었습니다. 이는 고대 한국어 표기 〈新羅〉 *sila [실라]와도 잘 부합합니다. 그런데 몽골어에서는 첫째 모음과 둘째 모음이 모두 [오]나 [우]와 같은 원순모음입니다. 이 현상의 원인은 몽골어가 "신라"에서 유래한 고유명을 한국어로부터 직접적으로 받아들인 것이 아니라, 거란어와 여진어를 거쳐 간접적으로 획득했기 때문입니다. 북중국을 지배했던 요나라, 금나라에 이어 중국 전

● 당시 네덜란드어 화자들의 서명 전통에 따른 라틴어 인명은 굴리엘무스 데 루브루퀴스 Gulielmus de Rubruquis다. 네덜란드의 신학자 에라스무스Erasmus도 라틴어 이름을 사용했다. 네덜란드인의 라틴어 인명으로 서명하는 전통은 17세기까지 이어진다.

체를 장악한 몽골제국의 원나라는 많은 면에서 요나라와 금나라의 통치 체계를 계승했습니다.

훗날 몽골제국의 황제 칭기즈 칸이 되는 테무진은, 1194년에 타타르를 무찌르고 금 장종章宗으로부터 〈札兀惕中忽乬里〉 ja'ud-quri [자우드 쿠리]라는 칭호를 하사받습니다. 대부분은 이를 "백인대장百人隊長"으로 해석하지만, 언어학자 아이신교로 울히춘이 논증했듯이, [자우드 쿠리]는 "여러 외족外族을 통괄하는 수령"으로 해석해야 자연스럽습니다.[104] 대단한 전공을 세운 테무진이 받은 칭호가 고작 '백인대장'일 리도 없을뿐더러, 이미 2,600명의 병사를 거느리던 시점에서도 [자우드 쿠리]라는 칭호를 사용했습니다.

페르시아어로 작성된 몽골제국의 역사서 《집사集史: جامع التواریخ》에는 여진인을 거란인·서하인·고려인 등 여러 민족과 나열하고, 이들이 거주하는 지역을 [자우드]라고 통칭합니다. 즉 [자우드]는 이민족을 의미하며 거란어에서 유래합니다. 거란어에서는 "한漢족"을 帀余女 jawyor [자우구르](남성형) 혹은 帀余火 jawyoy [자우구이](여성형)라고 했는데, 요나라와 대립하던 송나라●의 황실 성씨 趙조 [자우]에 "나라"를 뜻하는 几女 gur [구르] 혹은 几火 guy [구이]를 더한 것입니다. 즉 거란어로 "한족" "중국"을 뜻하는 [자우구르]의 어원은 "조씨 나라"인 셈

● 남송은 북송 황실 혈통 가운데 유일하게 금나라에 포로로 끌려가지 않은 조구趙構가 남송 고종으로 즉위함으로써 조趙씨의 혈통을 이었다.

입니다. 이 단어는 본래 "한족"만을 가리키다가 금나라 시대에 복수 접미사 -d [드]를 붙여 [자우드]가 되었고, "한족을 포함한 여러 이민족"으로 의미 확장이 발생했습니다.

[자우드 쿠리]를 통해 거란어 단어가 여진어로, 몽골어로 시대에 따라 계승되며 변모하는 과정을 볼 수 있었습니다. [솔랑가스]에 대해서도 이와 평행적으로 해석할 수 있습니다. 앞서 [솔랑가스]의 첫 모음이 모두 [오]와 같은 원순모음인 점을 지적했는데, 이렇게 만든 주범은 거란어입니다. "고려", 때때로 "발해"를 가리켰던 거란어 ᠨᡳᠡᠡᠣ šoloğʊr [숄루르]는 모든 모음이 원순모음입니다. 거란어는 후속하는 모음이 원순모음이면 첫 번째 모음도 원순모음으로 동화되는 현상이 나타납니다.[105] 따라서 거란어가 "고려"를 뜻하는 단어를 처음 획득한 당시에는 ?*šilagʊr [실라구르] 혹은 이에 가까운 발음이었을 것입니다.[106]

[숄루르]는 금나라 시대의 여진어에 㡰伎 *solgor [솔고르][107]의 형태로 차용되었고, 명나라 시대에 〈瑣戈〉 solgo [솔고] > 〈素羅幹〉 sulo'o [술오]로 변화한 다음, 이것이 중세 몽골어에 [솔랑가]와 같이 전해진 것으로 보입니다만, 직접 차용은 아닌 것 같습니다. 여진·만주어와 함께 퉁구스어족에 속하는 우데게어에서 "···에 사는 사람"을 의미하는 접미사 -ŋkA [응가]가 확인되는데,[108] 당시 중국 동북 지방에서 사용되던 퉁구스어족 언어에서 가설적인 민족명 ?sola [솔라]에 이 접미사가 붙은 호칭이 사용되고 있었을 것입니다. 중세 몽골어는 기

록되지 않은 미상의 언어에서 ʔsola-ŋkA [솔랑가]를 차용한 것입니다. 따라서 거란어 [슐루르]와 여진어 [솔고르]의 관계가 비교적 명확한 데 반해, 중세 몽골어 [솔랑가]는 간접적으로만 관계가 있어 보입니다.

[자우구르]와 [자우드]의 관계와 마찬가지로, 거란어에서 여진어, 여진어에서 중세 몽골어로 직접적이건 간접적이건 차용되는 과정에서 어휘 형태의 변모가 발생했습니다. 참고로 여진어를 계승한 만주어에서는 "한국"을 ᠰᠣᠯᡥᠣ solho [솔호]라고 합니다.

이로써 육상 경로로 전해진 북방 민족 언어 속의 "한국"은 '신라'의 국호에서 유래하며, 이는 신라가, 특히 통일신라 시기에 문화적으로 전성기를 누린 데 원인이 있습니다. "고려"를 가리키는 거란어 단어 [슐루르]는 본래 신라에서 온 것입니다. 10세기 초에는 '신라'의 국호에서 유래한 [슐루르]를 발해를 가리키는 데 함께 사용했습니다. 이는 거란인이 압록강 유역을 '신라'계 민족의 고지로 간주했음을 보여줍니다. 이러한 인식이 가능했던 이유는 신라가 한반도 국가 중에서는 가장 오랫동안 존속했고, 삼국통일을 이룩한 뒤에도 약 270년간 한반도를 통치했으므로, '신라'는 한반도를 포함한 주변 민족을 모두 대표해 머나먼 서역까지 전파된 것입니다.[109]

게다가 거란어에서 발생한 음운변화를 계기로, 북방 민족의 언어에서 "한국"을 뜻하는 단어는 모두 원순모음을 가지게 되었습니다. 여진어와 중세 몽골어가 "한국"을 뜻하는 단어를 거란어를 통해 간접적으로 받아들였다는 증거가 됩니다. [솔롱거스]의 차용 과정이 명백하게 드러난 지금, 몽골어에서 "한국"과 "무지개"의 발음이 비슷한 것은 단순한 우연임이 확실해졌습니다.

튀르크어족 가운데 가장 이른 시기에 문자 기록을 남긴 돌궐어에도 '신라'라는 국호가 전해졌습니다. 최고最古의 돌궐어 사료인 오르혼 계곡 비문에는 ᠶᠧᠶᠾᠯ *čölgl* [칠ㄱㄹ]이라는 문자열이 등장합니다. 돌궐 문자는 모음을 명확하게 표기하지 않기 때문에 고유명사의 해독은 어렵습니다. 문맥상 민족명의 나열임이 명백함에도, 과거에는 종종 일반명사로 해석하려는 시도가 있었습니다. 또 비문에서는 민족이 자리 잡은 위치를 반영해 동쪽에서 서쪽으로 소용돌이 치는 꼴로 순차적으로 나열했으므로, ᠶᠧᠶᠾᠯ *čölgl* [칠ㄱㄹ]은 명백하게 한반도에 위치한 민족, 그중에서도 '신라'로 비정됩니다. 다음은 비문 속 문제의 구절입니다.

᚜ᚘᚘᛂᚱᚴᛄ:ᚗᚴᛄ:ᚼᛄ:ᚼᛞᛍᚴᚼ:ᚪᛝᚴᚖ:ᚶᚧᚶᛄ:ᛑᛝᚷᚖ:ᛒᛢᚾᚠᚧᚖ:ᚼᚼᚵ:ᛏᛏᛐ:ᛑᚴᚶᚽᛐ:ᛑᚴᚧᚥᛑ:
ᛂᚧᚪᚴᛂᚧ:ᛂᚧᛑᚧᚴᛐᚥ:ᚾᛏᛂᚿ:ᛗᛝᛐᛐ:ᛑᚴᛐᛐ:ᛐᛌᚯᛐ:ᚶᚧᚴᛐ:ᚽᚧᚶᚽᚷᚖᚧ:ᚕᛄᚪᛂᚴᛏ

"조상하는 자, 애도하는 자, 동녘 해가 나는 쪽부터 고구려, 신라,
타브가치, 토번, 페르시아, 비잔틴, 키르기즈, 쿠리칸, 타타르, 거란,
해奚족에 걸친 백성이 와서 애도했노라, 조상했노라."
오르혼 계곡 빌게 카간 비문 동면東面 제4행

신라 국호의 특징

지금까지 나온 '신라'에서 유래한 고유명을 주변 언어에서 차용한 결과를 정리해보면 다음과 같습니다.

해상 경로		육상 경로	
페르시아어	*bslyl'* [베실라]	돌궐어	*čölögil*[110] [칠뢰길]
중세 아랍어	*'l-syl'* [앗실라]	거란어	*šɷlɷǧɷr* [슐루르]
고대 일본어	*sirakï* [시라기]	여진어	**solgor* [솔고르]
		중세 몽골어	*solangya* [솔랑가]
		만주어	*solho* [솔호]

해상과 육상 경로로 전해진 신라 고유명의 비교

고대 한반도 지명에서 나타나는 도시를 의미하는 두 가지 지명소 **kɛ [게], **kɔrɔ [고로]가 차용어에 반영되어 있습니다. 이는 신라의 국명이 도시명에서 유래함을 시사합니다. 예컨대 신라와 백제 지역의 지명에서 흔히 보이는 [게]는 고대 일본어의 [시라기]에 반영되어 있습니다. 일본과 바다를 맞댄 백제 혹은 신라로부터 이 단어를 직접적으로 수용했기 때문으로 보입니다. 또한 13세기 아랍 문헌에 나타나는 الـسـلاهـى [앗실라히]에서 [히]가 "도시"를 의미하는 고대 한국어 *kɛ [게]의 흔적일 수 있지만, [앗실라히]의 첫 등장 시기가 다소 늦다는 점에서 가능성만을 제기해두고자 합니다.

육상 경로를 통해 전해진 돌궐어·거란어·여진어·중세 몽골어·만주어 속의 '신라'는 모두 [고로]와 유사한 한국어족 요소가 박혀 있습니다. [고로]는 고구려 지명에서 흔히 볼 수 있는 지명소로, 〈지리지〉에서는 〈忽〉 *-yɔr [올]로 나타나고, 현대 한국어 지명에서 −골·−굴·−올·−울로 이어진다고 여겨집니다.

溝瘻者句麗名城也

"구루란 고구려 사람이 "성"을 일컫는 말이다."

《위지》〈동이전〉

−골·−굴·−올·−울은 경기도 가평군의 먹골沐洞, 강원도 철원군의 누에울蠶谷 등 여기에 나열하는 것이 무의미할 정도로 전국적으로 매우 흔하게 분포합니다. 지리적으로 고구려를 통해 전달되었기 때문에 이러한 양상이 나타나는 것입니다. 이처럼 같은 단어라도 차용되는 과정과 매개에 따라 결과물이 달라지며, 특징적인 변이를 주목해 추적하다 보면 차용어의 전파 과정을 해명할 수 있습니다.

4

서울과
슈리

대한민국의 심장이자 수도인 서울은 인구가 거의 천만에 달하는 세계적인 도시로, 영어로는 Seoul [솔], 중국어로는 首爾 [서우얼], 일본어로는 ソウル [소우루]라고 합니다. 이 지명은 오랜 역사를 지닌 일반명사에서 기원합니다. 서울은 "수도"를 의미하는 일반명사이자 동시에 서울특별시를 의미하는 고유명사인 것입니다. 15세기 중세 한국어 문헌에서는 :셔볼과 :셔욼의 두 가지 형태로 나타납니다.

:셔볼 도조·기 ·드러 :님·그·미 ·나·갯·더시·니
"서울(당 장안)에 도둑이 들어 임금(당 희종)이 나가 있으시더니"
《용·비어천가》제49장(1447년)

悠悠照遠寒　悄悄憶京華

悠悠·히 :곳 ·먼듸비·취·옛ᄂᆞ·니 슬·피 :셔울·흘 ᄉᆞ랑·ᄒᆞ노·라

"유유히 먼 변방을 비추고 있으니, 나는 슬피 서울(당 장안)을 생각한다"

《두시언해杜詩諺解》15:52ㄴ (1481년)

백제와 신라의 수도인 所夫里소부리와 徐羅伐서라벌이 문헌상에 등장하는 서울의 가장 옛 형태라는 설이 있습니다. 이처럼 서울은 고대 한국어까지 거슬러 올라갈 수 있는 오랜 역사를 가졌습니다. 위의 예문에서 :셔볼과 :셔울이 "당 장안"을 가리키듯이, 원래는 "수도"를 의미하는 일반명사였습니다. 그런데 의아하게도 이 단어가 한반도에서 멀리 떨어진 곳에서 지금의 대한민국 서울처럼 고유명사로 사용된 사례를 찾을 수 있습니다.

류큐 왕국의 슈리

슈리首里는 류큐琉球 왕국의 왕도였습니다. 지금도 일본 오키나와현 나하시에는 이 지명이 들어간 웅장한 성이 남아 있습니다. 슈리성은 오키나와의 대표적인 고적 명승지입니다.

일본 오키나와현 나하시 소재의 슈리성 정전

그런데 이 しより [슈리]라는 지명은 한국어 서울의 옛 형태에서 기원합니다. 한국어 유래의 단어가 머나먼 남쪽 바다의 왕국에서 지명으로 정착한 구체적인 배경은 알 수 없습니다. 우연히도 이 서울이라는 일반명사는 대한민국의 수립과 함께 고유명사로 탈바꿈해, 류큐 왕국의 [슈리]와 평행적인 고유명사가 되었습니다.

又　志よ里も里くすく

"슈리 무리 구스쿠"

《오모로소시おもろさうし》 권1 제1장(16세기)

대한민국의 서울과 류큐 왕국의 슈리

[슈리]는 옛 발음으로, 현대 오키나와어에서는 スイ [스이]라고 합니다. 참고로 오키나와어 속에서 찾아볼 수 있는 한국계 단어로는 "심장" "간" "내장"을 의미하는 あよ [아유]가 있고, 또 한국어 유래의 단어로 의심되는 "성城"을 의미하는 ぐすく [구스쿠]가 있습니다. [아유]는 중세 시대의 오키나와어를 반영한 류큐 왕국 시대의 가요집인 《오모로소시》에서 문증되며, 이는 한국어에서 아귀 애·애간장과 같은 형

태로 화석화되어 남아 있는 "내장"을 의미하는 애의 옛 형태로부터
기원합니다.[111]

又　あよ、ちよく、げに、あれ

"참으로 마음을 굳게 먹어라"

《오모로소시》권1 제33장(16세기)

ぐすく [구스쿠]의 경우, 한국어에서 무속 의식을 의미하는 굿과 장
소를 의미하는 곳의 합성어로 여겨지기도 합니다. 이처럼 고대 오키
나와어에서 나타나는 한국어족 어휘의 존재는 두 언어 간의 역사적
접촉을 시사합니다.

서울과 서라벌

서울의 역사는 신라 국호의 역사와 밀접한 관계에 있습니다. 신라는
자국의 국호 발음이 시대에 따라 변화함에 따라서 표기를 여러 차례
갱신했습니다. 언어학자 윤희수에 따르면, 진국辰國, 진한辰韓, 진왕辰王
등에서 보이는 辰은 한국조어에서 "동쪽"을 의미하며, 기록된 것 중에
서는 신라 국호의 가장 오래된 형태입니다.

　辰으로 표기되던 고유명은 나중에 발음이 변화해 〈斯盧〉 *sɛla [셀

라]로 표기되기 시작했는데, 이것이 잘 알려진 신라의 전신 사로국입니다. 서기 5세기 지증왕智證王 대에는 국호를 〈新羅〉*sila [실라]로 바꾸었습니다.[112] 《삼국사기》는 새 국호를 "덕업을 날로 새로이 하고 사방을 망라한다"는 뜻의 德業日新 網羅四方 덕업일신 망라사방에서 따왔다고 설명합니다. 이것은 국호의 표기 변경에 정당성을 부여하기 위해 꿰맞춘 것으로, 실제로는 신라어에서 모음 *ɛ [에]가 *i [이]로 상승하는 음운 변화에 따라 [셀라]가 [실라]로 변화한 것을 반영하기 위해 좋은 뜻의 글자를 써서 국호의 공식 표기를 쇄신한 것입니다.

시간이 더 흘러 고려 시대에 편찬된 《삼국사기》에서는 지금의 경주 일대를 詞腦野사뇌야라고 했으며, 또 향악의 일종을 가리키는 思內樂 사내악이라는 표기도 나타납니다. 이러한 표기를 고려했을 때, 후기 신라어에서 *l [ㄹ]이 *n [ㄴ]으로 변화했고, 따라서 신라를 가리키던 말이 *sila [실라]에서 또 한 차례 변화해 *sinɔ [시노]가 되었음을 시사합니다.[113]

〈斯盧〉*sɛla [셀라] (3세기) > 〈新羅〉*sila [실라] (5세기)

> 〈詞腦〉*sinɔ [시노] (8세기)

"동쪽" "서라벌" "신라"를 의미하는 고대 한국어 단어의 역사

언어학자 윤희수는 이러한 신라 고유명 표기가 언어 변화에 따라 갱신되어 가는 과정을 통해 신라와 왜 사이에서 발생한 외교 분쟁인 '왕

성국 사건'의 발생 원인을 제시합니다. 일본 측 기록에 따르면, 신라는 서기 734년에 일본에 보낸 국서에 스스로를 '왕성국王城國'이라고 칭했고, 이에 반발한 일본은 신라의 사신을 돌려보냈습니다. 신라는 왜 갑자기 자신의 국호를 버리고 '왕성국'을 자칭했을까요?

신라는 앞서 설명했듯이 [셸라]에서 [실라]로 변화한 국호를 반영하기 위해 新羅신라라는 국호를 제정했습니다. [실라]는 현대인에게도 굉장히 익숙한 고유명입니다. 그러나 詞腦사뇌라는 표기에서 알 수 있듯이, [실라]는 또 한 차례 [시노]로 변화했습니다. 신라 입장에서는 국호의 표기를 다시 변경하기에는 新羅신라가 이미 국제적으로 정착했으므로, 새로운 국호를 정하는 데 부담이 있었을 것입니다. 또한 신라의 국호가 신라의 왕도王都 '서라벌'을 가리키는 말과 같았기 때문에 신라는 곧 "왕도의 나라"가 되며, 그에 따라 서기 8세기에 갑자기 '왕성국'이라는 국호를 사용한 것으로 보입니다.[114] 신라의 국호가 도시명에서 유래한다면, 앞서 육상과 해상 경로로 전파된 신라의 국호에서 "성" "도시"를 의미하는 한국어족 요소가 나타나는 현상도 자연스럽게 해석됩니다.

서울과 사비성

앞서 설명한 '신라어'가 현대 한국어의 직접적인 조상이 될 수 없는 이유와 마찬가지로, 서울이라는 단어의 직접적인 조상은 '서라벌'이 될 수 없습니다. 물론 둘은 어원적으로 같은 요소로 이루어진 동원어일 가능성이 있습니다만, 후기 신라어가 현대 한국어로 곧바로 이어지지 않으므로 서울과 '서라벌'의 직계성은 부정됩니다. 서울은 백제의 마지막 도읍인 사비泗沘에서 유래할 것입니다. 언어학자 윤희수가 설득력 있게 주장했듯이, 백제의 사비 천도 이후 완전히 새롭게 고안된 백제식 표기 체계에서, 삼수변〈氵〉은 고대 한국어의 *-r을 나타내는 것으로 보이며,[115] 따라서〈泗沘〉는 *sirpir [실빌]의 표기로 이해할 수 있습니다.

'사비'는 오늘날의 충청남도 부여군으로 비정되며, 백제의 사비 천도 이전의 표기와 신라에 의한 표기에서는 소부리所夫里로 나타납니다. 문헌학적으로나 언어학적으로나 所夫里 *sɛrpɛrɛ [셀베레]●는 [실빌]보다 오래된 형태를 반영한 표기로 볼 수 있습니다.[116] '소부리'라는 지명의 앞 요소인 *sɛr [셀]의 의미는 알 수 없습니다만, '서라벌'의 경우와 같은 "동쪽"은 아니라고 생각합니다. 우선 편의상 소부리와 사비의 유음을 *r로 표기했지만, 고대 한국어는 *l과 *r을 구분한 것으로 여겨지기 때문에, 둘 중 어느 것을 취해야 할지는 불분명합니다.

'서라벌'의 경우 *l을 취하는 것이 확실한데, 중세 아랍어와 페르시아어에 차용된 신라의 국호, 거란어에 차용된 [슐루르]를 통해 이미

●   고대 한국어에 중설모음이 없다는 가정하에서 이루어진 잠정적인 재구다.

앞에서 다룬 바 있습니다. 그런데 백제식 표기법에서 삼수변 〈氵〉이 나타내는 음가가 *-r인지 *-l인지 확정 지을 수 없는 것은 둘째 치고, 충청남도 부여군으로 비정되는 사비성은 백제의 입장에서 상대적인 동쪽으로 보기 어려우므로, 일단은 신라의 '서라벌'과 동원 관계에 있지 않은 지명으로 결론 짓고자 합니다.

뒷요소인 *pɛrɛ [베레]는 《위지》〈동이전〉의 '마한馬韓 소국명'에서 흔하게 나타나는 〈卑離〉 *pɛrɛ [베레]와 같은 것으로, "벌"을 의미하는 단어의 전형적인 백제식 표기에 해당합니다. 신라식 표기에서는 〈伐〉 *pər [벨], 후기에는 〈火〉 *pɔr [볼]로 나타납니다. 현대어의 벌에 해당하는 단어입니다.

[실빌]이 서울로 이어지는 역사적 변화 과정을 추적하는 것은, 고대 한국어에 대한 현재의 낮은 이해도로써는 어려운 일입니다. 가장 개연성 있는 가설[117]은 고대 한국어의 *ɛ [에]가 서기 500년경에 *i [이]로 상승하면서, 연쇄 추이chain shift가 발생해 일차적인 *i [이]는 과도기적으로 더 높은 *ʲi [구개음화된 이]로 밀려났고, 이것이 약모음화해 쌍아래아 '∴' *yo를 거친 다음 후기 중세 한국어의 'ㅕ'로 이어지게 되었다는 것입니다. 이 관점을 취하면, 전기 중세 한국어의 密祖 [미조] "메주"가 후기 중세 한국어에서 며·주로 나타나는 이유로, 그것이 과도기적으로 *mʲico [구개음화된 미조]였을 가능성을 생각해볼 수 있습니다.

다른 가설은, 개연성은 떨어지지만, 지금까지 이 책에서 잠정적으로 *ɛ [에]로 표기되었던 고대 한국어의 모음이 실제로는 /ʲɛ/ [구개음화된 에]와 같은 발음이었고, 이것이 상승해 *ⁱi [구개음화된 이]가 된 뒤, 그 이후는 앞선 가설과 마찬가지의 변화를 겪은 것으로 보는 것입니다. 이 가설의 장점은 내적 한국조어proto-Korean-internal에서 재구되는 모음 *e [에]가 중세 한국어 'ㅕ'의 기원이라는 기존 학설에 그대로 이식할 수 있다는 점입니다. 어느 가설을 따르건, [실빌]의 변화 과정은 대략적으로 다음 표와 같이 정리됩니다.

고대 한국어		중세 한국어		현대 한국어
전기	후기	과도기	후기	
*sɛrpɛrɛ [셀베레]	> *sirpir [실빌]	*sⁱipir[118] [시빌]	> syĕWùl :셔불	> 서울

한국어 '서울'의 역사

5

한민족의
자칭

한민족은 스스로를 한민족이라고 부르지만 韓한은 한자입니다. 한민족이 스스로를 일컫는 고유어 호칭은 왜 존재하지 않는 걸까요?

삼한

한韓이라는 호칭은 위진남북조 시대의 중국인이 고대 한국어 발음을 듣고 만들어낸 표기이기 때문에, 한민족 고유의 호칭임에도 고유어 같은 느낌이 들지 않습니다. 韓이라는 고유명은 유송劉宋(서기 420~479년)의 역사가 범엽范曄에 의해《후한서後漢書》에 수록되었고, 본래 마한·진한·변한을 총칭하던 삼한三韓이 후대에 고구려·백제·신라를 가리키는 것으로 변질되어 대한제국의 국호로 채택되기에 이릅니다. 지금은 한국·한복·한식 등에서 쓰이는 것과 같이 한민족을 가리키는 가장 주요한 호칭이 되었습니다.

그렇다면 위진남북조시대의 중국인은 고대 한국어의 무슨 단어를 듣고 韓이라는 표기를 만들어낸 것일까요? 현대의 많은 학자는 "크다"는 의미를 갖는 한에서 답을 찾으려고 했습니다. 실제로는 그렇지 않습니다. 중국인에 의해 韓으로 표기된 고대 한반도의 고유명은 현대에는 가야伽倻라는 형태로 전해지고 있습니다.

韓은 상고 중국어에서 *gˤar [가르]와 같이 발음되었으므로, 고대 한반도 남부 세력의 자칭인 〈伽羅〉 *kara [가라]를 표기하는 데 적합했습니다. [가라]는 훗날 경구개음화를 거쳐 우리에게 친숙한 〈伽倻〉 *kaya [가야]로 변화했습니다. [가라]는 고대 일본어 자료에서 〈可良久爾〉 karakuni [가라구니] "한국韓國"과 같은 형태로 나타나므로 신빙성 있는 한민족의 오래된 자칭입니다. 하지만 이 자칭은 한반도 세력 구도의 변화와 함께 잊혔고, 일본어에서도 어느샌가 "한반도 남부 지역 및 민족"이 아니라 "당나라", 심지어 "외국"을 뜻하게 되는 의미 확장을 겪었습니다. 이에 따라 から [가라]의 일반적인 한자 표기도 韓에서 唐당나라 당으로 변화했습니다.

[가라]가 현대 한국어까지 이어졌다면 어떤 발음이 되었을까요? 현대 한국어에서 한민족의 자칭은 한이지만, 이건 본래 고대 한반도 상의 고유명이었던 [가라]를 중국어 화자가 듣고 중국식으로 표기한 것

을 나중에 한국어 화자가 다시 수입해 한자음으로 읽은 것이기 때문에, [가라]의 직접적인 후계 어휘로 볼 수 없습니다. [가라]는 간혹 물가와 포구를 나타내는 지명소 개[119]와의 관련성이 지적되지만,[120] 음운상의 관련성 외의 결정적인 근거는 없습니다.

고려

한편 한반도 북부 세력의 자칭은 〈句麗, 高麗〉 *kɔrɛ [고레]였습니다. 현대에는 한자음을 그대로 읽어 고려라고 하는 그 호칭입니다. 언어학자 마크 미야케Marc Miyake가 지적했듯이, 현대 일본어에서 한자어 "고구려"의 麗가 り [리]로 발음되는데, 이는 본래 れ [레]였던 것이 불규칙적으로 상승한 것입니다.[121] 또한 언어학자 마부치 가즈오馬渕和夫가 논증했듯이, 본래 "고구려"를 지칭하던 くれ [구레]가 의미 변화를 겪어 "오나라, 중국 남부 지방"을 가리키게 되었습니다.[122] 서기 590년경에 발생한 중모음 상승 이전에는 일본어에서도 *kore [고레]와 같이 발음되었을 것입니다.

이처럼 고대 일본어에서는 고유명이 가리키는 대상이 사라지거나 모종의 이유로 더 이상 해당 고유명을 사용하지 않게 되었을 때, 의미 확장을 일으켰습니다. [가라]의 경우 한반도 남부에서 당나라 혹은 외국 전반을 가리키는 단어로, [구레]의 경우 고구려 혹은 한반도 전

반을 가리키다가 중국 강남 지역을 가리키는 단어로 변질되었습니다. 이에 따라 일본어에서는 吳오나라 오라는 글자를 くれ [구레]라고 읽게 되었습니다. 이러한 의미 변화를 추적하다 보면 흥미로운 사실을 발견합니다. 일본어 한자음의 주요 기층 중 하나인 오음吳音은 한반도를 경유해 유입된 것임에도 시간적으로나 공간적으로나 잘못된 "오나라의 음"이라는 이름으로 불립니다. 하지만 여기서 吳를 "오나라, 남부 중국"이 아니라 "고구려, 한반도"로 해석한다면 모든 것이 들어맞습니다.

특이하게도 고대 일본어에서 "고구려"를 나타내는 고유명은 〈巨麻〉 *köma* [거마]였습니다. 혹자는 "곰"을 의미하는 고대 한국어 *kɔma [고마]를, 혹자는 "망아지"를 의미하는 고대 일본어 *kôma* [고마]를 그 어원으로 지목하지만, 첫 모음의 불일치는 다른 해석을 요구합니다. *köma* [거마]는 고대 일본어의 모음조화에 어긋나므로 일본어 고유어로 볼 수 없고, 고대 한국어에서 받아들인 차용어로 보아야 합니다. 언어학자 윤희수가 설득력 있게 주장했듯이, [거마]는 "검정색"을 의미하며, 고구려의 미칭美稱이었습니다.[123] 고대 일본과 중국 남조와의 교류가 고구려의 도움으로 이루어지면서, 본래 고구려의 자칭이었던 [고레]는 엉뚱하게도 중국 남부 지역을 가리키게 되었습니다. 그러나 시간이 지남에 따라 고대 일본의 세계 지리관이 선명해지면서, 고구려와 중국 남조를 구분해 부를 필요가 생겼고, 고구려의 미칭인 [거마]가 고대 일본어에서 "고구려"를 가리키는 일반적인 명칭으로 자리 잡게 되었습니다.

고구려의 [거마]는, 거란의 민족명 앞에 반드시 붙는 수식어인 玭쇠 χōōrj [후르지], 야마토의 앞에 종종 수식되는 의미 불명의 수식어 sôramîtu [소라미두]와 같이 침사枕詞●적인 용법을 갖는 수식어였을 가능성이 있습니다. 어쩌면 "백제"를 가리키는 고대 일본어 단어인 [구다라]도 이와 같이 기록되지 않은 고유명 수식어에서 유래할 가능성이 있습니다.

임나

임나任那는 고대 일본에서 한반도 남부 지역을 가리키던 호칭으로, 일반적으로 가야와 동일시되거나 중복되는 지역으로 간주됩니다. 고대 일본어에서는 mîmana [미마나]라고 하는데, 첫 자음이 한자 표기 〈任那〉 *nɛmVna [네ㅁ나]에서 나타나는 자음과 일치하지 않습니다. 이에 대해서는 적어도 두 가지 원인을 생각해볼 수 있는데, 하나는 *nɛmana [네마나]와 *mɛmana [메마나]가 고대 한국어의 방언 차이에 의해 공존했다고 해석하는 것이며, 이에 대해서는 이미 앞에서 논한 바 있습니다. 다른 하나는, 본래 〈任那〉라는 표기가 의도한 발음은

● 침사 혹은 마쿠라코토바는 일본어 시가에서 나타나는 수식구로, 특정 단어 앞에 놓여서 피수식어를 강조하는 역할을 한다. 주로 신명·인명·지명 앞에 위치하며, 일정의 피수식어에는 일정의 침사가 관습적이고 고정적이게 놓인다.

*mɛmana [메마나]가 맞지만, 중국어에는 ˣmVm와 같은 음절이 존재하지 않고 이러한 유형의 음절을 나타내는 한자도 당연히 없기 때문에, 차선책으로 발음이 유사한 任 *nyimH* [님]이라는 글자를 채택했을 가능성이 있습니다. 특히 한반도에서는 중국을 의식해 고유명을 두 글자 내로 표기하려는 한문맥을 고려한 일종의 원칙이 존재했기 때문에, 표음성을 타협해서라도 두 글자만으로 표기하려는 동기는 충분히 있을 법하며 실제로 비슷한 사례가 많이 존재합니다.

[미마나]의 의미는 "철의 땅"으로 해석하는 것이 가장 설득력 있습니다. 가야는 풍부한 철 생산량과 뛰어난 철 가공 기술로 유명하며, 한반도 남부 일대를 지칭하는 [미마나]의 어원이 철과 관련이 있다는 사실은 전혀 놀라울 것이 없습니다. 언어학자 레온 세라핌Leon A. Serafim은 오카야마岡山현 소재의 미마사카美作 "미마 언덕"에서 고대 철 매장지가 발견되었다는 사실을 근거로 *mîma* [미마]가 "철"을 의미할 가능성을 제시했습니다.[124] 한반도 남부 지역은 철의 산지로서 주변 지역에 철을 가공해 공급했으므로, [미마나]는 *mîma* "철"의 *na* "땅"으로 보아 어색하지 않습니다. [미마]는 이른 시기에 《위지》〈왜인전倭人傳〉에서 〈彌馬升[125]〉 *memato* [메마도]와 〈彌馬獲支〉 *memawakɛ* [메마와게]라는 고유명에도 등장합니다. 한국어에는 고대 한국어 *sɔrɔ [소로] "쇠"에서 유래하는 고유 어휘가 원래 있었으므로, [미마]는 왜계 어휘로 보는 것이 타당해 보입니다.

조선과 낙랑

조선朝鮮은 어떨까요? 조선은 본래 한민족의 자칭이 아니었을 것입니다. 실제로는 요동 지역을 지칭하는 지명으로 보는 것이 합당합니다. 고유명 조선은 훗날 명 태조에 의해 부활해 한민족의 새로운 자칭이 되었습니다. 간혹 朝鮮의 의미를 한자 그대로 "아침이 곱다" 등으로 해석하려는 시도가 있습니다만, 실제로는 명백한 음차 표기입니다. 언어학자 윤희수는 조선朝鮮 *draw sen(< ser)과 백제 온조왕의 모친으로 알려진 전설상의 인물인 소서노召西奴 *ɖau sei na 간의 발음 유사성을 지적한 바 있으며, 이는 조선이 음차 표기라는 결정적인 증거입니다. 애초에 朝鮮의 朝는 *trjew* "아침"이 아닌 *drjew* "조현朝見하다"이므로, 조선을 두고 억지스러운 한자 뜻풀이를 하는 시도는 이제 그만 나와야 하겠습니다. 여담이지만, 낙랑의 경우 시라무렌강을 가리키는 선비 제어 *ňaɣlag~ňawlag [냐락~냐우락],[126] 거란어 山 *ňoroɣ^w (mur)* [뇨룩] "황하潢河"와 무척 닮았습니다.

6

코리아의
수수께끼

한민족의 가장 대표적인 국제적 호칭으로 Korea [코리아]가 있습니다. 이것이 한때 한반도에 존재했던 국가 '고려'의 국호에서 유래한다는 사실은 유명합니다만, 이것이 어떠한 매개체를 통해 서양 언어에 유입되었는지는 명확하게 규명되지 않았습니다. 영미권에서는 이 호칭이 일반적으로 '고려'의 중국어 발음을 통해 서양어에 유입된 것으로 여겨집니다. 실제로 근고 중국어와 중세 몽골어, 근세 일본어를 경유해 서양어에 전해진 한민족의 호칭이 있습니다만, 이들은 지금의 [코리아]로 직접적으로 이어지지 않습니다. 여기서는 [코리아]가 왜 중국어를 경유해 전해진 것이 아닌지 간단히 설명하겠습니다.

이른 시기의 조우

많은 사람은 서양에서 한국을 인식한 최초의 인물로 마르코 폴로Marco Polo를 꼽습니다. 이탈리아의 탐험가 마르코 폴로는 13세기 후반에 고향을 떠난 뒤 실크로드를 따라 동방을 여행한 후《동방견문록Il Milione》이라는 유명한 기행문을 남겼습니다. 마르코 폴로의 기록에는 Cauly [카울리]라는 지역이 등장하는데, 이는 고려의 당시 중국어 발음인 高麗 kau li [가울리]를 마르코 폴로가 듣고 받아 적은 것입니다. [가울리]는 북방 중국어의 특징을 온전하게 보존하고 있습니다. 高높을 고는 豪(평성으로만 대표) -aw 운에 속해 중국어에서는 예로부터 [-아우]와 같은 발음이었습니다만, 이러한 발음은 역사적으로 한국어에서는 허용되지 않았기 때문에 고대 한국어 시대부터 [-오]로 받아들여졌습니다. 이는 豪 -aw 운에 속하는 글자들의 중국어와 한국어 한자음 발음을 비교하면 분명해집니다.

글자	중국어 발음	한국어 한자음
高	*kaw* > gāo [가오]	고
道	*dawX* > dào [다오]	도
毛	*maw* > máo [마오]	모
草	*tshawX* > cǎo [차오]	초
好	*xawX* > hǎo [하오]	호

豪운에 속하는 글자의 발음

고대 한국어 화자가 자칭인 *kɔrɛ [고레]의 표기에 高높을 고를 사용할 수 있었던 데에는 이러한 원인이 있었습니다. 마르코 폴로에 의한 [카울리]는 명백하게 북방 중국어에서 기원합니다.

사실 마르코 폴로보다 더 이른 시기에 이미 한민족에 관한 유럽에서의 언급은 있었습니다. 프란치스코회 선교자이자 탐험가인 빌럼 판 루브룩은 1253년 5월 7일, 프랑스 국왕 루이 9세의 명을 받아 선교 여행을 나섰습니다. 콘스탄티노플에서 출발한 그가 도착한 곳은 당시 몽골제국의 수도인 카라코룸 왕궁입니다. 이듬해 1월 4일에 몽골의 칸을 알현한 뒤 여행에서 돌아와 루이 9세에게 보고서를 올렸습니다. 그 보고서에는 그가 왕궁에서 본 민족들의 이름이 나열되어 있는데, Solanga [솔랑가]와 Muc [무크]라는 민족명이 등장합니다. 이들 민족명은 한반도와 관련이 깊으며, 일반적으로 전자는 만주 혹은 한반도 북부, 후자는 한반도 남부의 민족으로 여겨져 왔습니다.

이러한 막연한 추측은 정정되어야 합니다. 루브룩은 카라코룸에서 몽골어 화자로부터 여러 민족의 이름을 듣고 받아 적었을 것입니다. 앞서 원나라 시대 몽골어에서 *solangyas* [솔랑가스]가 "고려"를 가리키는 호칭임을 확인했듯이, Solanga [솔랑가]는 고려를 가리키며 결코 만주 지역에 사는 민족을 대표할 수 없습니다. 오히려 Muc [무크]를 한반도 북부 혹은 만주 지역의 민족으로 이해하는 게 타당합니다.[127] 하지만 몽골어에서 유래하는 [솔랑가]와 [무크] 중 어느 것도 [코리아]와는 관련이 없는 단어입니다.

코레와 고레스

유럽 문헌에서 지금의 [코리아]와 직접적인 관련이 있는 단어는 네덜란드의 역사가 얀 하위헌 판 린스호턴Jan Huygen van Linschoten의 《여행기 Itinerario》에서 Insula de Core "코레 섬"의 모습으로 처음 등장합니다. 여기서 [코레]가 섬으로 기술된 사실은 놀랄 만한 일이 아닙니다. 서양의 세계지도에서 한반도는 1638년에 제작된 《중국대명국지역도 Veteribus Sinarum Regio》에서도 반도가 아닌 사실상 섬으로 묘사되었다가, 명청대 예수회 선교사 마르티노 마르티니에 의해 1655년에 《신중국지도총람》이 제작되면서 비로소 반도의 모습으로 올바르게 묘사되기 시작했습니다. 한반도를 섬으로 인식했던 역사는, 앞서 2장에서 논했듯이, 신라와 교역했던 서기 7세기부터 이미 중동 지역을 중심으로 존재했습니다.

[코레]는 중국어에서 유래할 수 없는 언어적 증거를 적어도 두 가지 가지고 있기 때문에 주목할 만합니다. 우선 언어 외적으로 볼 때, 알려진 역사에서 린스호턴은 중국 본토를 방문한 적이 없습니다. 그는 당시 포르투갈의 동방 무역 거점이었던 인도 고아 Goa에서 거류했으며, 고아는 주변 지역에서 찾아온 상인들로 북적이는 국제적인 무역항이었습니다. 물론 그는 활발한 해상 무역을 전개했던 중국 푸젠福建 출신의 상인들과 접촉했을 것이며, 지금의 중국 푸젠성에서 사용되는 현대 민난어에서 고려高麗를 Ko-lê [골레]라고 발음한다는 점은

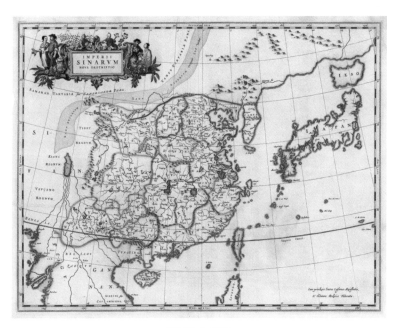

《신중국지도총람》

의미심장합니다. 그러나 /r/과 /l/을 구분하는 네덜란드어 화자가 [골레]를 [코레]로 전사했다고는 생각하기 어렵습니다.

　여기서 주목할 것은 16세기 초 포르투갈 문헌에 등장하는 Gores [고레스]입니다. [고레스]는 말레이시아 믈라카 등지에 내항해 교역을 행했다는 사람들의 명칭입니다. 그들은 Lequea [레케아] 국에서 왔으며, [레케아]는 발음과 지리 조건을 고려했을 때 명료하게 류큐 왕국으로 비정됩니다. 류큐 왕국의 도읍은 지금의 일본 오키나와현 나하시에 위치했습니다. [고레스]에 대해서는 여러 견해가 분분하지만, 언어학자 신무라 이즈루新村出와 역사학자 우치다 긴조內田銀藏 등은 [고레스]를 고려의 와전으로 보았습니다.[128] [고레스]라고 불렸던 사람들은 조선에서 류큐를 경유해 국제무역에 나선 상인단이었을 수도 있고, 빈번하게 발생했던 표류 사고에 의해 류큐에 도착한 조선인 공동체였을 수도 있습니다.

[코레]와 [고레스]는 대항해시대의 국제적인 무역 거점에서 튀어나온 호칭이라는 점에서 매우 관련성이 높습니다. 물론 둘이 직접적으로 연결되어 있지는 않지만, 적어도 서양인이 동방의 무역 거점에서 만난 누군가로부터 '고려'라는 명칭을 듣고 전사했다는 점에서 매우 흡사합니다. C와 G의 차이는 필기상의 오류로 볼 수도 있지만, G가 C로 오사될 수는 있어도 그 반대는 성립하기 어렵다는 점에서 수수께끼입니다. 조금 무리한 가정이 되겠지만 표류민에 의해 류큐어화된 중세 한국어가 당시 류큐 제도에서 국지적으로 사용되어 Goré [고레]와 같은 기묘한 호칭이 생겨난 것일지도 모릅니다.

다양한 정보에 더해 언어적인 특징을 살펴보면, [코레] 역시 고아에 방문한 조선인 상인으로부터 직접 유입되었을 가능성이 있습니다. 첫째는 첫 음절의 모음이 단모음 [오]라는 점입니다. 현대 중국어에서는 高높을 고가 단모음으로 발음되는 방언이 드물며, 500년 전에는 더 드물었을 것입니다. 다음은 둘째 음절의 자음이 /l/이 아닌 /r/이라는 점입니다. [코레]가 중국어를 경유했다면 절대로 일어날 수 없는 현상입니다. 따라서 [코리아]의 직접적인 기원이 되는 [코레]는 한국어 화자로부터 직접 수입한 단어이거나 아랍어 등의 다른 적합한 매개 언어를 거쳐 차용된 것으로 보아야 언어학적으로 타당합니다. Core [코레]에 국가명에 붙는 접미사 -ia [이아]가 더해져 비로소 Corea [코리아]가 되었고, 철자법의 변화에 따라 지금의 Korea [코리아]가 되었습니다.

여담이지만 일본어에서 유래하는, [코리아]와 유사한 단어도 있었습니다. 잉글랜드인 수집가 리처드 해클루트Richard Hakluyt는 스페인과 포르투갈의 항해 자료에 깊은 관심을 가졌으며, 스스로 잉글랜드의 항해 기록을 다룬 책을 써내기도 했습니다. 그는 1595년에 처음으로 린스호턴의 앞의 책을 영어 독자에게 소개했고, 《여행기Voyages》라는 제목으로 영역 작업을 지원했습니다. 이 번역서는 영어 화자에게 처음으로 한반도에 관한 상세한, 그러나 부정확한 정보를 제공했습니다. 그는 이 외에도 다양한 번역 작업을 후원하거나 참여했으며, 그렇게 쌓인 지식을 바탕으로 세 권으로 구성된《영국의 중요한 항로, 항해, 무역과 발견The Principal Navigations, Voyages, Traffics and Discoveries of the English Nation》을 발간했습니다. 1600년에 출간된 제3권에는 임진왜란 도중에 보내져 온 예수회 서신을 바탕으로 Cŏray [코라이]에 관한 광범위한 기술이 처음으로 제시되었습니다.[129] [코라이]는 '고려'의 일본어 발음인 かうらい [고라이][130]에서 유래합니다.

響文泉

4

격변하는 근대

고대 언어의 역사와 언어 간 교류의 흔적은 무어라 형언하기 어려운 감각을 선사합니다. 고대 언어가 남긴 단서를 쫓고 탐구하면서 발견하게 되는 문명 간 교류의 흔적들은 동질적인 사회에 갇혀 살아가는 우리의 호기심을 자극합니다. 아무리 글로벌화가 진행되었다 해도, 타 문화는 아직도 낯설고 처음 듣는 외국어는 아직도 귀를 간질일 뿐 이해할 수 없습니다. 하물며 지금보다 문화 간 교류에 어려움이 컸던 고대에는 외국어라는 존재가 지금과는 비교할 수도 없을 만큼 미지의 영역이었을 것입니다. 이같이 전 인류가 공유하는 호기심은 언어를 역사적으로 탐구하게 되는 동기 중 하나입니다.

앞선 글에서는 가능성의 서술이 주를 이뤘습니다. 고대 언어에 대한 연구는 기록 문헌이 거의 남아 있지 않은 관계로 이론적인 논의에서 벗어나기 어렵습니다. 물론 주류 역사언어학의 논의는 확고한 토대 위에서만 성립합니다만, 그렇다고 해서 절대적으로 확언할 수 있는 부분이 많지 않음은 아쉬우면서도 명심해야 하는 부분입니다.

앞서 개척되지 않은 미지의 영역을 탐사하듯, 고대 언어 교류의 역사를 살펴보았습니다. 지금부터는 언어 교류가 가장 활발하게 일어났던 시기에 대한 이야기를 하고자 합니다. 어쩌면 이 시기에 시작된 언어 교류의 너울이 지금까지 요동치고 있을지 모릅니다. 또 이 시기는 고대와 다르게 좀 더 확신을 가질 수 있는 부분이 많습니다. 이제 상상력은 잠시 넣어두고 방대한 문명의 충돌이 빚어낸 변화와 계몽의 물결을 면밀하게 살펴봅시다.

1

난학과
번역주의

대항해시대, 희망봉을 건너 최초로 동아시아에 진출한 유럽 국가는 포르투갈이었습니다. 바다를 통해 중국을 방문한 최초의 국가이기도 했습니다. 탐험가 바스쿠 다 가마Vasco de Gama는 1497년 리스본에서 출발해 10개월 만에 인도에 도착해 동방으로 향하는 항로를 개척했습니다. 그 후 포르투갈은 인도 고아, 중국 마카오 등지에 무역 거점을 세우고 그곳을 중심으로 동양 제국諸國에 진출했습니다.[131]

최초로 일본을 방문한 유럽인 또한 포르투갈 출신이었습니다. 역사가 디오구 드 코투Diogo do Couto의 기술을 신뢰한다면, 세 명의 포르투갈인은 16세기 초반에 이미 일본을 방문했습니다. 이들은 1540년 이전에, 모험 중 중국 해적선을 타고 폭풍우를 만나 일본 다네가시마種子島까지 표류했습니다. 또한 처음으로 일본에 유럽식 화기火器를 전파했다고 합니다. 이렇게 전달된 서양의 무기는 일본 내에서의 전투뿐 아니라 임진왜란에서 굉장한 활약을 하게 되면서, 나중에 동아시아 역사에 지대한 영향을 미치게 됩니다.

1549년에는 예수회 선교사 프란치스코 하비에르Francisco Javier가 일본을 방문했습니다. 하비에르를 비롯한 포르투갈 출신 예수회 선교사들은 중세 일본에서 기독교 선교를 진행하며 일본의 언어사·인쇄사·종교사에 커다란 족적을 남겼습니다. 1600년에는 스페인도 합세해 일본에서의 도미니코회 선교와 무역의 권리를 얻게 되었습니다.

포르투갈과 스페인에서 온 선교사들은 기독교 교리의 번역 및 보급을 위해 구텐베르크 성서 이래 보편화된 서양식 활판 인쇄 기술을 도입했습니다. 이로써 국가 주도로 금속 활자가 주조되었던 중국이나 조선과 달리 목판 인쇄가 주류였던 일본 인쇄사에 새로운 페이지를 더했습니다.

또한 도요토미 히데요시, 도쿠가와 이에야스와 면회했던 통칭 '통사通事'로 알려진 포르투갈인 주앙 호드리게스João Rodrigues는, 당대의 라틴어 문법서를 바탕으로 두 종류의 일본어 문법서를 작성했습니다. 또한 이 시기에 일본어 사전과 일본어·포르투갈어 사전, 여기에 라틴어를 더한 다국어 사전이 편찬되었습니다. 설교 시에는 일본 대중을 대상으로 라틴어를 가르치고 일신론 및 창조론의 이해를 돕기 위해 서양의 천동설을 교육하기도 하는 등 서양의 언어·종교·과학 지식이 물밀듯이 쏟아져 들어왔습니다.*

일본에서 무역과 기독교 선교가 바쁘게 진행되는 와중에, 유럽에서는 아시아에 대한 종교적·상업적 영향력을 두고 경쟁 관계가 심화되고 있었습니다. 경쟁에서 이베리아 반도에 뒤쳐져 있던 네덜란드는 16세기 후반에 상인 디르크 헤리츠Dirck Gerritsz를 통해 일본과의 접점을 얻었습니다. 1598년 여름, 네덜란드는 배 다섯 척을 몰고 향신료를 구입하기 위해 인도를, 은과 비단을 구입하기 위해 중국과 일본을 향해 떠났습니다. 이 중 멀고 험난한 여정 끝에 일본에 도착한 배는 리프데Liefde호 단 한 척이었습니다.

　경쟁국이었던 포르투갈은 일본 막부에 네덜란드를 해적과 이단 집단으로 설명했고** 항해와 무역을 방해했습니다. 그러나 도쿠가와 이에야스는 서양의 종교 대립 사정을 진솔하게 알려준 리프데호의 선원들을 신뢰했고, 특히 잉글랜드인 선원 윌리엄 애덤스William Adams에게 큰 호감을 나타내며 그를 녹봉祿俸 250석***의 하타모토旗本로 세우고 영지까지 주었습니다. 그는 일본에서 재혼 후 정착해 일본과 네덜란드 동인도 회사와의 무역 관계를 설립하는 데 큰 역할을 했고 포르투갈의 독점을 타파했습니다. 한편 도쿠가와는 애덤스의 일행 얀 요스

●　당시에는 자연과학을 통해 기독교 교리를 견고히 하려는 시도가 유행했다.

●●　당시 유럽에서 남부의 가톨릭과 북부의 개신교 사이에 갈등이 있었다.

●●●　일본에서는 토지의 생산성을 石 [고쿠]라는 도량형으로 나타냈다. 이는 다이묘, 하타모토가 거두어들이는 수입의 기준이 되었다. 하타모토는 시대에 따라 정의가 다르나, 일반적으로 녹봉 1만석 미만의 무사 신분을 가리키는 호칭이다.

텐Jan Joosten을 외교 정책의 상담역으로 삼았으며, 이 사건은 에도 막부가 서양 사정에 관심을 갖게 된 주요한 계기가 되었습니다.

이로써 네덜란드는 나가사키 데지마出島 항구를 통해 일본과 안정된 상업 교류의 문을 열었습니다. 네덜란드와 일본의 초기 관계에서, 개신교도로 이루어진 네덜란드인은 선교 활동에 그다지 관심이 없었다고 알려졌는데, 종교로 말미암은 마찰을 피하기 위한 일종의 전략이었을지도 모릅니다.

그 뒤로 나가사키 소재의 데지마 항구는 일본과 외국을 이어주는 창구 도시가 되었습니다. 네덜란드보다도 먼저 포르투갈이 16세기 말에 데지마에 거점을 개설했고, 쇄국정책이 개시된 이후에도 네덜란드와 포르투갈 등의 해외 무역선이 이곳을 통해 교역했습니다. 덕분에 일본에는 일찍이 서유럽 언어의 사전이 등장합니다. 1603년에 포르투갈어로 설명을 붙인 일본어 사전《일포사서日葡辞書》가 예수회에 의해 발행되었습니다. 그 전신은 무려 1581년까지 거슬러 올라갈 수 있습니다. 최초의 네덜란드·일본어 사전으로 여겨지는《하루마와게波留麻和解》는 1796년에 편찬되었습니다. 이때 처음으로 도교의 용어인 자연自然을 서양으로부터 도래한 새로운 개념을 나타내는 데 사용했습니다. 서양 언어 사전의 편찬은 동아시아 근대 번역어의 바탕이 되었습니다.

난학

한편 이 시기에는 일본 내에서 네덜란드의 학문이라는 뜻의 난학蘭學이 융성해, 난학자들은 천문학·화학·의학·뉴턴역학, 심지어 전자기학까지도 공부하기 시작했습니다. 이 과정에서 서양의 학술용어에 대응되는 번역어가 요구되기 시작했습니다.

특히 난학자들이 유독 관심을 보였던 의학과 화학 분야에서 신어新語가 쏟아져 나오기 시작했습니다. 산소·질소·탄소·규소 등의 각종 원소명과 원소라는 용어 자체가 이 시대의 산물입니다. 이와 더불어 금속·산화·환원·용해·시약 등의 각종 화학 관련 용어는 모두 19세기의 난학자 우다가와 요안宇田川榕庵이 고안해낸 것입니다. 서양에서 온 화학은 일본 사회에서 전통적인 주자학적 원소인 음양오행을 무너뜨리고 새로운 세계관을 선사했습니다.[132]

당시 일본은 왜 번역주의를 취했을까요? 마치 현대에 물리학 용어 quark를 따로 번역하지 않고 쿼크라고 하듯이, 굳이 번역어를 취하지 않고 발음을 따올 수도 있었을 것입니다. 실제로 현대 일본어에는 수많은 외래어가 번역되지 않은 채 마구잡이로 사용되고 있습니다. "화장실"을 トイレ [토이레], "여권"을 パスポート [파스포토]라고 한다든지 말입니다.

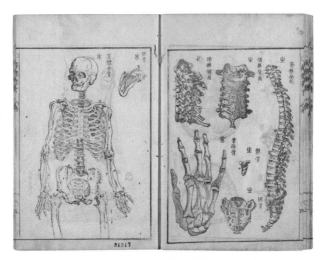

스기타 겐파쿠杉田玄白 등에 의해 번역된 《해체신서解體新書》(1774년)

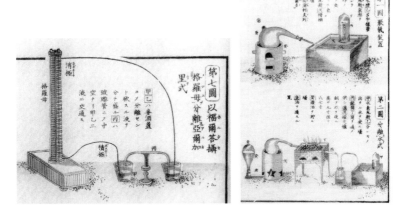

우다가와 요안의 '볼타전지의 해설'(좌)과 '화학실험도'(우) 《사밀개종舍密開宗》(19세기 전반)

번역주의

근대기 일본에서는 서양의 개념에 대응되는 일본어 단어를 되도록이면 번역하려고 노력했습니다. 이는 마치 현대 중국어의 상황과 흡사합니다. 현대 중국어에서 신조어를 만들 때는 음역어보다 번역어를 선호합니다. 그런데 논평가 가토 슈이치加藤周一에 따르면, 일본이 철저하게 번역주의를 고수한 배경은 지금의 중국어의 상황과는 다릅니다.

19세기 일본의 자유민권운동 투사인 바바 다쓰이馬場辰猪는 영국으로 유학을 가, 1873년에 일본어 문법에 관한 기초서를 영어로 편찬하고 1888년에 증보판을 냈습니다. 증보판을 낸 목적은 '어느 주장'을 비판하기 위해서였습니다. 동시대 일본의 문부대신 모리 아리노리森有禮는 일본어에는 추상어가 없으므로, 일본어를 계속 사용하면 도저히 서양 문명을 일본의 것으로 만들 수 없다며, 일본어 대신에 영어를 일본의 국어로 삼아야 한다고 주장했습니다. 일본의 패전 후, 소설가 시가 나오야志賀直哉가 제창한 일본의 국어를 프랑스어로 해야 한다는 주장과 비슷합니다. 그러나 바바는 영어를 일본의 국어로 받아들일 경우, 계층에 따라 이원화된 언어 습관이 생겨나 서로 간에 말이 통하지 않을 것이라고 하며, 당시 인도의 상황을 예시로 지적하며 국민 모두가 같은 언어를 사용해야 한다고 주장했습니다.

결과론적으로 보면, 일본은 영어나 프랑스어를 국어로 삼지 않고, 바바의 의견대로 수많은 번역어를 만들어냈습니다. 원어를 그대로 받아들이게 될 경우 이질적인 어감 탓에 각계각층의 사람에게 고루 퍼지기 어려웠을 테지만, 한자로써 구성되는 번역어는 어감이 익숙하면서도 대부분 의미를 유추할 수 있게끔 고안되었습니다. 한자가 의미와 소리를 동시에 나타내는 표어문자이기 때문에 가능한 일이었습니다. 이들 번역어는 중국어와 한국어에도 유입되어 두 언어 어휘의 상당 부분을 차지하게 되었습니다. 당시 일본이 고수한 번역주의는 지금 한국어로 어문 생활을 하고 있는 우리에게도 큰 영향을 미치고 있는 것입니다.

하지만 번역어의 실용적 측면 또한 번역주의에 힘을 실었을 것입니다. 한 언어에 존재하지 않는 개념을 책이나 문서 내에서 번역하기 위해서는 의역을 거쳐야 합니다. 그러나 그 개념이 너무나 생소하고 추상적이라면 독자에게 와닿는 표현을 찾기 어렵고, 또 오역을 범하기도 쉽습니다. 이 같은 경우에는 번역가의 재량에 따라 독자가 전달되는 내용이 달라질 수 있습니다. 그러나 일대일로 대응되는 '번역어'를 고안해 사용할 것을 약속한 경우, 번역가는 자신이 옮긴 역문의 의미에 대해서 면책될 수 있었습니다. 서양으로부터 들어온 수많은 새로운 개념 용어가 당시로서는 추상적인 것이 많아서 일반인이 단기간에 이해하기는 어려웠습니다. 일본의 철저한 번역주의는 서양 서적의 번역에서 표준적인 번역어를 약속하는 것으로, 수많은 단어가 창조되는 과도기적 상황에서 독자들의 혼란을 줄이는 데 기여했습니다.

2

번역의
홍수

이방異邦을 이해하기 위해서는 그곳의 학문과 정치·문화와 사정을 알아야 하고, 또 그렇게 하기 위해서 그 나라의 서적을 다양하게 읽어야 합니다. 그러나 언어가 서로 통하지 않으니 그전에 먼저 사전을 편찬해야 합니다. 사전 편찬은 고되고 복잡한 작업임과 동시에 후대에 항구적인 영향을 주게 되므로 막중한 책임감이 수반됩니다. 또 대량 생산을 위한 활판 인쇄 시설을 구축하고 가독성 좋은 활자를 디자인하는 작업이 선행되어야 합니다. 이런 연쇄적인 난관이 모두 해결되어야 비로소 서양의 학문을 수용해 근대화와 문명 계몽에서 우위를 점할 수 있었습니다.

메이지 시대 지식인들은 서양 학문을 이해하고 원서를 번역하기 위해 새로운 번역어를 수도 없이 만들었다는 것은 잘 알려진 사실입니다. 아편전쟁에서 청나라가 대영제국에 패배한 이래, 일본에서는 초조한 분위기 아래에서 아득히 발전한 서방 세계의 지식을 흡수하려는 욕구가 거세지기 시작했습니다. 서양 도서의 번역 작업은 매우 예민한 국제 정세하에서 이루어졌습니다.

자유·개인·사회·권리·주의 등의 한자어는 우리가 일상적으로 사용하는 추상 어휘입니다. 근대의 번역어를 고안한 당시 지식인들은 튼실한 한문 소양을 바탕으로 적절한 번역어를 내놓을 수 있었다고 평가됩니다. 이렇게 탄생한 신조어는 현대 일본어에서 빼놓을 수 없는 일상 어휘가 되었을 뿐 아니라, 한국어와 중국어에도 대거 유입되어 동아시아 공통 어휘로서 자리잡게 되었습니다.

조선 시대를 다루는 사극을 시청할 때 '근대 번역어'가 등장하면 굉장한 위화감을 느끼게 됩니다. 당시 조선에 과연 그런 개념이 있었을까요? 당시 세계관은 유교 사상에 기반해 구축되었습니다. 지금의 극도로 서구화된 사회에서 사람들의 사고방식은 과거와는 상상하기 어려울 만큼 변화했습니다. 이는 많은 현대인이 간과하는 점입니다. 동아시아에서 근대 이전과 이후의 사고방식이 크게 다르다는 점을 유념하고, 우선 서로 대립되는 개념인 "사회"와 "개인"을 당시 일본 지식인들이 어떻게 번역했는지 살펴봅시다.[133]

'사회'와 '개인'의 번역어

사회와 개인은 지금이야 신문·방송·서적·논문을 비롯한 모든 매체에서 일상적으로 보게 되는 단어입니다만, 실은 근대 이전에는 없었던 번역어입니다.* 사회와 개인은 지금의 보편성에도 불구하고 번역상 우여곡절을 겪어야만 했는데, 영어 society에 완전히 대응하는 일본어가 없었으며, 번역어 연구자 야나부 아키라柳父章의 표현을 빌리자면, society라는 현실이 일본에 없었기 때문입니다.

근대 일본에서, 영어 society의 초기 번역어로 인간교제·교제·회사·사교 등이 제시되어 사용되었지만, 이내 사회라는 번역어가 고정적으로 쓰이기 시작합니다. 일본에서는 유신 이전부터 사社라는 접미사가 "같은 목적을 지닌 사람들의 모임"을 나타내는 데 사용되어 왔습니다. 학식자들의 모임 문학사文學社, 서남전쟁** 중의 구호단체 박애사博愛社가 좋은 예시입니다. 우리에게 익숙한 신문사新聞社라는 말도 메이지 초년에 만들어졌습니다.

회會 역시 비슷합니다. 악회樂會·교회敎會·상회商會 등의 다양한 회가 존재했습니다. 따라서 사회라 함은 곧 사의 회인 것입니다. 두 요소

---

* 여기서 말하는 번역은 특별히 언급하지 않는 한 모두 서구어에서 일본어·중국어로의 번역을 말한다. 근대 번역어의 절대다수는 중국과 일본에서 발생했다.

** 1877년 일본제국 사쓰마번薩摩藩에서 발생한 반란이다. 메이지유신 이후 정부의 근대화 정책에 반발한 사쓰마번 사무라이 집단이 일으킨 내전으로 메이지 정부의 승리로 끝났다.

는 사람의 모임을 나타낸다는 점에서 의미상 차이가 없지만, 당시 일본 지식인 사회에서 사용되던 용어를 번역어에 반영한 사례입니다. 사회라는 번역어가 협의의 society "소수의 인간교제"를 넘어 넓은 인간관계 전반을 나타내는 의미로 확장되는 데는 적지 않은 시간이 필요했습니다. 이를 통해 추상 용어 번역의 어려움을 엿볼 수 있습니다.

그런데 society의 의미와 부합하는 세간世間이라는 단어는 전통적으로 천 년 이상 이미 일본어 속에 존재해왔습니다. 당대 사회와 세간의 용법을 살펴보면, 사회는 보다 추상적으로, 세간은 보다 구체적으로 사용된 것을 알 수 있습니다. 두 어휘의 의미는 근본적으로 다름이 없지만, 사회는 세련된 번역어로서 언중에게 스며든 반면, 세간은 세속적이고 구체적인 묘사를 하는 데 주로 사용되었습니다. 세간은 사용된 역사가 긴 만큼, 비록 의미나 용법이 유사하더라도 society라는 개념에 대응시키기에는 이미 너무 풍부한 의미가 포함된 단어였습니다. 앞서 언급했듯이, 당시에는 일대일로 대응되는 번역어를 새로 만드는 편이 합리적이라고 여겨졌습니다. 기존의 용어를 버리고 새로운 번역어를 만들어내는 현상은 번역 과정에서 어휘 간 의미의 차이를 최소화하기 위해, 주로 번역 대상어가 복합적인 의미를 지니는 추상어여서 직관적으로 이해되지 못할 때 발생했습니다. 이미 대응될 수 있는 단어가 존재함에도 깔끔한 번역을 위해 새롭게 고안된 것입니다.

개인個人은 어떻게 생겨난 말일까요? 개個는 알다시피 조수사助數詞입니다. 수량을 나타내는 양수사 없이 조수사만으로 형성된 이 단어는 일반적인 한자어와는 유형적으로 다릅니다. 초기에는 일개인一個人 · 독일개인 獨一個人 · 단신독형 單身獨形 등의 표현으로 번역되었으나, *society*에 대립되는 개념으로서 받아들여지기에 적합한 번역어가 아니었습니다. 나카무라 마사나오 中村正直의《자유지리 自由之理》에는 인민각개 人民各箇 · 일개인민一箇人民 · 인민개개 人民箇々 · 자기일개 自己一箇라는 표현도 등장하는데, society와 individual의 대립 구도를 일본어로 옮기기 위한 나름의 시도였다고 평가됩니다.

그러나 세네 글자로 이루어진 무거운 단어는 주로 두 글자로 이루어진 근대 번역어의 추세에서 벗어났습니다. 이들은 단어라기보다 한문 투의 구에 가깝습니다. 그렇다고 해서 그저 단순히 한 사람과는 다른 individual의 함의를 제대로 번역하기에는 두 글자로는 역부족으로 보였습니다.

예컨대 후쿠자와 유키치 福澤諭吉는 individual을 번역하는 데 人사람인 자를 애용했습니다. 후쿠자와는 주로 사람 각각 人各々 · 사람들 人々 · 인민 人民 등으로 옮겼는데, 이들은 그다지 번역어라는 느낌을 주지 않습니다. individual은 당시 서구에서 사상적 배경이 담겨 사용되던 특수한 단어였으며, 앞서 인민각개 · 일개인민과 같은 무거운 번역어가 할당된 것 또한 이러한 '일상적이지 않은' 느낌을 살리기 위한 일종의 장치였습니다. 후쿠자와의 번역어는 너무 평범했으며 individual이 갖는 독점적인 의미를 잘 살리지 못했습니다.

그렇다면 개인은 언제부터 사용되기 시작했을까요? 1887년의《불화사림佛和辭林》에서 프랑스어 individualisme의 번역어로 독립파·독립론을 제시했습니다. 그런데 4년 뒤의 개정판에서는 독립파·독립론 외에 개인주의라는 새로운 번역어가 실리게 됩니다. 즉 이 즈음부터 개인이라는 번역어가 쓰이게 된 것입니다. 일개인에서 양수사가 누락되고 개인이 된 경위는 알 수 없습니다. 그러나 조수사 개가 단독으로 등장하는 이 형태가 정착할 수 있었던 이유로는, 역시나 일반적이지 않은 느낌을 주는 단어 구성의 특수성 때문입니다. 개인은 언중으로 하여금 단순히 한 사람과는 차별적이고 독특한 뉘앙스를 선사한 것입니다.

번역어를 고안한 사람들

앞서 언급한 후쿠자와 유키치는 근대 일본 지식인들에게 지대한 영향을 미친 계몽사상가입니다. 그는 《서양사정西洋事情》《학문의 권유學問ノスヽメ》《문명론의 개략文明論之槪略》등의 베스트셀러 저서를 여럿 남기며 일본 근대화에 큰 영향을 주었습니다. 따라서 그가 고안해낸 번역어도 적지 않습니다. speech를 연설, second를 찬성, debate를 토론, copyright를 판권으로 번역한 것, 그 밖에 경쟁·문명·개화·건강·낙원·철도 등의 단어도 후쿠자와의 산물로 알려져 있습니다.

이처럼 근대 번역어는 누가 어떻게 왜 만들었는지가 명확하게 알려져 있는 경우가 많습니다. 영어 movables · immovables에 해당되는 번역어 동산動産 · 부동산不動産은 법학자 미쓰쿠리 린쇼箕作麟祥의 조어입니다. 이른 시기 중국의 《만국공법》에서는 이들이 동물動物 · 식물植物로 번역되었는데, 미쓰쿠리가 혼동의 여지가 없도록 개선한 것입니다. 철학자 니시 아마네西周도 중요한 번역어를 수없이 창조한 것으로 유명한데, 철학·예술·이성·과학·지식·개념·귀납·연역·정의·명제 등 전부 열거하자면 끝이 없습니다.[134] 이들 번역어의 거의 전부가 한국어에도 그대로 이식됐는데, 지금 이 책에서 별도의 병기 없이 한국어 단어를 '일본어의 근대 번역어'로 동치시키고 있다는 점에서 자명합니다.

때로는 여러 번역어 중 무엇을 선택해야 할지를 두고 논쟁도 있었습니다. 일본어에서 "행성"을 뜻하는 혹성惑星은 네덜란드어 dwaalster [드발스테르] "떠돌다–별"을 번역·차용한 것인데, 유성遊星이라는 대안도 있었습니다. 두 번역어 모두 에도시대에 탄생한 역사 있는 단어이지만, 도쿄대 학벌은 혹성을, 교토대 학벌은 유성을 선호하면서 논란이 있었습니다. 지금은 혹성이 일반적으로 사용됩니다. 한국어에서는 중국에서 만들어진 행성行星을 그대로 받아들여 사용하고 있습니다.

한문 고전의 재활용

번역어를 창출해내는 과정에서 지식인들이 겪은 고초를 생각하면, 한 단어가 얼마나 세심한 검토를 거쳐 이 세상에 나왔는지 되돌아보게 됩니다. 일본의 지식인들은 수많은 번역어를 고안해냈지만, 몰려오는 서양 문명의 파도를 감당하기엔 역부족이었습니다. 그래서 서양 추상어를 번역하는 데 기존에 사용되던 단어를 활용하는 일도 잦았습니다. 이 과정은 보통 한문 고전에서 쓰인 용어를 최대한 자연스럽게 대응시키고자 하는 시도에서 시작되었습니다. 주의·경제·자유·공화·이단 등의 출전은 한문 고전에 있습니다.

경제는 유교 사상에서 "세상을 다스리고 백성을 구제한다"는 뜻의 경세제민經世濟民에서 따온 말입니다. 자유를 한문으로 풀이하면 "스스로를 말미암아"라는 의미를 지니지만, 후쿠자와 유키치에 의해 새롭게 의미가 부여되어 영어 freedom과 liberty에 대응되는 번역어가 되었습니다.

heresy와 heterodoxy의 번역어로 쓰이는 이단은 《논어論語》에서 가져온 말입니다. 공자가 말한 이단이란 본질이 아닌 지엽적인 말초단을 추구하는 것을 이른다고 일컬어지는데, 이에 대한 해석은 분명치 않았습니다. 종교성을 띠는 heresy를 유학의 이단으로 번역한 것을 두고, 가토는 주자학에서의 의미를 지적했는데, 즉 "성인의 도를 따르지 않고 따로 일단一端을 세우는 것"이 heresy의 의미와 부합한다는 것입니다. 물리학 역시 처음에는 주자학의 영향을 받아 격물궁리格物窮理에 이끌려 격물학으로, 철학은 궁리학으로 번역되었습니다. 이들은 서양에서 온 새로운 개념을 전통적인 주자학의 관점에서 재해석하려고 한 대표적 사례입니다.

3

문학과
신조어

근대를 맞이한 일본에게, 시대와 풍조의 변화가 선명하게 드러나는 문학 분야는 신조어가 창조되는 데 최적의 환경이었습니다. 이런 까닭에 일본어 속의 근대 번역어와 새로운 표현은 근현대 일본 문학가들에 의해서도 탄생했습니다.

　나쓰메 소세키夏目漱石는《나는 고양이로소이다吾輩ハ猫デアル》《도련님坊っちゃん》 등에서 걸출한 문학성을 보여주었을 뿐만 아니라, 그가 새로운 단어와 표현을 여럿 창조해냈다는 점에서, 또 그렇게 탄생한 신조어와 문학의 새로운 유형이 동시대와 후대의 작가들에게 크나큰 영향을 주었다는 점에서도 셰익스피어와 비견되는 인물입니다. 그는 일본의 언문일치 문학의 선구자였는데, 일상적인 단어 외에도 근대 일본에 처음 들어온 신개념에 대한 번역어도 고안했습니다.

근대에 번역된 서양의 문학 작품에서 필수적으로 다루어지는 '사랑'은 근대 일본 번역가들을 고뇌하게 만든 존재였습니다. 서양 철학에서 정의되는 네 종류의 사랑인 에로스ἔρως "정욕, 남녀의 사랑", 스토르게στοργή "혈족애, 가족애", 필리아φιλία "우정", 아가페ἀγάπη "신에 대한 사랑, 절대적이고 무조건적인 사랑"은 우리가 관념적으로 구분하는 사랑이라는 감정의 다양한 유형이지만, 일상 언어에서 이러한 범주를 구분해 부르지는 않습니다. 이는 기본적으로 사랑이라는 단어에는 복수의 정의가 겹쳐 있음을 의미합니다. 그리고 "사랑"의 정의는 언어나 문화권마다 다릅니다. 연속체상에 놓일 수 있는 범주, 예컨대 색상이나 음소는 언어나 문화권마다 다르게 나타나며 인간의 사고에 영향을 주는데, 이를 '범주적 지각categorical perception'이라고 합니다. 사랑이 과연 연속체상에 전개될 수 있는 개념인지는 모르겠지만, 문화권마다 사랑에 대한 정의와 범주적 명명이 일치하지 않는 것만은 분명해 보입니다.

전통적으로 일본어에서 불교 용어로서의 愛 [아이] 외에도 恋 [고이]와 色恋 [이로코이] 등 남녀 간의 정을 가리키는 단어가 있었습니다. 그러나 이들 단어로는 서양에서 이른바 love라고 하는 개념에 바로 대입하기에는 의미상의 사소한 괴리가 있었던 것으로 보입니다. 때문에 나쓰메와 함께 일본 근대문학의 선구자인 후타바테이 시메이二葉亭四迷는 그의 소설 《뜬구름浮雲》에서 love라는 개념에 대해 발음을 빌려 ラヴ [라부]라고 적어보기도 하다가 나중에는 愛 [아이]라는

한자어를 써보기도 하는 등 어휘 선택의 어려움을 겪었습니다. 후타바테이의 고뇌는 유명한 일화인데, 덕분에 일본 문학계에서는 서양의 love와 일본의 恋 [고이]가 가리키는 개념 사이에는 사소한 괴리가 있다는 인식이 정착했습니다.

진위 여부에서 논란이 있으나, 번역가이기도 했던 후타바테이는 소설 속의 대사 "I love you"를 고심 끝에 "죽어도 상관없다死んでもいいわ"로 번역했다고 합니다. 같은 문장을 나쓰메가 "달이 아름답네요月が奇麗ですね"로 번역했다는 설화는 유명합니다.

이러한 번역상의 고충은 당시의 동양의 정서로는 "나는 너를 사랑한다"와 같은 직설적인 화법이 부자연스러웠기 때문이기도 하지만, love라는 의미에 딱 들어맞는 마땅한 단어를 찾기 어려웠기 때문이기도 합니다. 이 간극을 메우기 위해 조어된 단어가 연애戀愛입니다. 오늘날 한국어에서도 필수 단어가 된 연애는 근대 일본의 문학가들에 의해 제기된 인식으로부터 탄생한 근대 번역어였습니다. 참고로 나쓰메에 의한 근대 번역어에는 신진대사·무의식·반사·가치·낭만 등이 있는 것으로 알려졌습니다.

이때 낭만浪漫 [로만]은 프랑스어 roman을 음역한 것인데, "물결[浪]이 흩어진다[漫]"는 비유적인 의미 덕분에 음역어가 아닌 것처럼 보이기도 합니다. 더욱 흥미로운 것은 romantic은 낭만적浪漫的 [로만테키]로 번역되었는데, 적的은 전통적으로 근고 중국어에서 소유의 의미를 보여주거나 단어를 형용사의 용법으로 만드는 허사虛辭로 사용되었으나, 근대에 들어서 일본어에서는 서양 언어의 접미사 -tic에 대응되는 번역어로 정착합니다. 적的의 전통적 용법과 -tic의 대역어로서의 역할이 유사하면서 동시에 발음까지 비슷한 재미있는 사례입니다. 적的은 매우 생산적으로 활용될 수 있는 접미사이기 때문에 한국어에서도 애용됩니다. 이 번역어는 의미와 발음의 두 마리 토끼를 잡은 것입니다.

일제의
언어적 잔재

한국어에서 한자어가 차지하는 비중은 높습니다. 국립국어원에서 펴
내는《표준국어대사전》의 표제어를 기준으로 보면, 한국어 어휘 가운
데 한자어가 무려 전체의 53%를 차지합니다. 고려할 대상을 명사로
만 한정한다면, 이 수치는 69%까지도 올라갑니다.[135] 물론 국어사전
에 실려 있는 한자어의 태반은 일반적인 사람이라면 평생 접해볼 일도
없는 전문용어나 고전 용례이지만, 그럼에도 한국어의 높은 한자어 의
존성은 한자 교육의 주된 근거가 되기도 할 만큼 엄연한 사실입니다.

그러나 많은 사람이 알지 못하는 것은, 그 한자어의 상당수가 근현
대 일본에서 창조된 번역어라는 사실입니다. 이를 '일본제日本製 한자
어', 혹은 일본식 표현을 그대로 읽어 '화제한어和製漢語'라고도 합니다.
한국어는 일제시대를 거치며 일본어의 영향을 전방위적으로 받았습

니다. 이러한 일본의 흔적을 정치적인 표현으로 '일제 잔재'라고 하지만, 어디까지를 일제의 잔재로 설정해야 할지에 대해서는 불편함이 남습니다.

국어순화

한때 인터넷상에서 야채野菜 · 결혼結婚 등이 일제의 잔재라며 각각 채소菜蔬 · 혼인婚姻 등으로 바꿔 말해야 한다는 움직임이 있었습니다. 물론 이는 사실과 다른 것으로 바로잡아졌지만, 아직도 채소菜蔬와 혼인婚姻을 고집하는 사람들이 있습니다. 국어순화로 알려진 대한민국의 언어 순혈주의 운동은 한국어 화자의 언어생활에 실질적인 영향을 미치고 있습니다.

대한민국에서는 건국 이래 2000년대 초반까지 일본을 의식한 민족주의 이념 아래 외래어, 특히 일본어 유래의 단어를 배척하는 언어 순혈주의가 유행하다가, 최근에는 구미권의 영향을 받아 정치적 올바름을 기조로 하는 이타적 언어inclusive language 운동이 태동하고 있습니다. 이러한 급진적인 언어 개혁의 특징은, 처음에는 대중적인 지지를 받다가 언어 개혁의 강도가 어느 일선을 넘는 순간 상당수의 언중이 불쾌감을 느끼기 시작한다는 점입니다. 전자의 경우, 한국어에서 일본어 유래의 단어를 배척하는 언어 순혈주의가 지금 마침 평형 상태에 이르렀다고 생각합니다.

　냉정하게 생각했을 때, 현대의 국어순화는 무분별하게 들어온 외래어를 한자어나 고유어로 치환해 언어 취약 계층의 이해를 돕겠다는 명목하에 시행되고 있지만, 과거에는 일본어 유래의 단어, 즉 일제 잔재를 청산하는 이념적인 성격이 매우 강했습니다. 따라서 당초의 국어순화가 가진 목적은 순혈성이 훼손된 한국어를 복구하는 데 있었으며, 애초에 완전히 순혈적인 자연 언어란 존재할 수 없으므로, 대부분의 언어적 일제 잔재가 청산된 현시점에 이르러서는 소기의 목적을 달성한 것으로 여겨집니다. 이 과정에서 청산 대상이 된 단어는 한국어 고유나 중국어 유래의 한자어로 대체되었으며, 반면 몇몇 수혜를 입은 일본어 유래의 단어는 일제 잔재 청산의 회초리를 피할 수 있었습니다.

　수혜를 받은 일본어 유래의 단어와 청산된 일본어 유래의 단어 간의 차이는, "남은 찌꺼기"라는 뜻의 잔재殘滓라는 단어에서 짐작할 수 있듯이, 해당 단어의 유용성 혹은 대체불가능성에 달려 있습니다. 오로지 일제시대에 일본어에서 유래되었다는 이유만으로 필수적인 어휘를 기피어로 치부해 지워버린다면, 자유로운 언어생활에 파멸적인 악영향을 주게 될 것입니다. 그도 그럴 것이, 일본어에서 유래한 수많은 한자어가 한국어의 기초 필수 어휘의 상당 부분을 차지하고 있기 때문입니다.

기형적인 근대 한자어

우리는 앞서 근대에 일본에서 탄생한 수많은 근대 번역어에 대해서 이야기했습니다. 그 대부분이 일본에서 만들어졌고, 주로 일제시대에 한국어 속으로 흘러들어왔습니다. 그 수는 셀 수 없이 많지만 국어순화 운동의 표적이 되지 않았습니다. 무엇이 그들을 수혜자로 만들었을까요? 일반적으로 일제의 언어적 잔재라고 여겨지는 단어들은 일본어의 고유어 혹은 혼종어*를 한국어 한자음으로 무리하게 읽어서 들여온 것입니다.

일본어	한국어	일본어	한국어
家出 [이에데]	가출家出	立場 [다치바]	입장立場
覚書 [오보에가키]	각서覺書	積み金 [쓰미킨]	적금積金
見積もり [미쓰모리]	견적見積	赤字 [아카지]	적자赤字
内訳 [우치와케]	내역內譯	組み立て [구미타테]	조립組立
大幅 [오하바]	대폭大幅	組合 [구미아이] 組み合わせ [구미아와세]*	조합組合
売上 [우리아게]	매상賣上	株式 [가부시키]	주식株式

- 고유어와 한자어, 한자어와 외래어 등의 조합로 구성된 복합어 등 여러 성분의 어휘가 섞인 복합어.
- 전자는 "복수의 인원으로 구성된 단체"를, 후자는 "짜맞춤"을 의미하지만, 한국어는 이 단어를 한자음만을 읽는 방식으로 차용했으므로 둘을 구분하지 않게 되었다.

不渡り [후와타리]	부도不渡	取り消し [도리케시]	취소取消
手続き [데쓰즈키]	수속手續	編み物 [아미모노]	편물編物
引き下げ [히키사게]	인하引下	下請け [시타우케]	하청下請
入り口 [이리구치]	입구入口	後払い [아토바라이]	후불後拂

일본어 고유어에서 유래하는 한국어 한자어

이들 중에는 한자만 놓고 보면 그 뜻을 짐작하기 어렵거나 불가능한
것도 있습니다. 단적인 예로 수수료手數料의 경우, 일본어에서 어원적
으로 "성가심, 수고"를 뜻하는 手数 [데스]에 "비용, 요금"을 의미하는
접미사 —료料가 붙어서 형성된 것이지만, 한국어에서는 수수手數가 단
독으로 사용되지 않으며 한자로부터 의미를 유추할 수 없기 때문에
어원 분석이 불가능합니다. 일본어 고유어의 실정을 무시하고 억지스
럽게 한자어로 변형해 한국어에 들여왔기 때문입니다. 이렇게 생겨난
한자어들은 기형적이므로 그것을 없애야 하는지와는 별개로 일제의
잔재로 취급하는 것이 일리가 있습니다.

　반면 근대 일본에서 만들어져 들어온 번역어와 신조어는 대부분이
고유어가 아니라 처음부터 한자어로 만들어졌습니다. 다음은 일본어
에서 유입된 근대 번역어 가운데 극히 일부를 열거한 것입니다.[136]

幹事간사 改良개량 改進개진 建築건축 檢查검사 經濟경제 富國策부국책 經濟學경제학 經驗경험 固定資本고정자본 工科공과 工業공업 公園공원 工場공장 工廠공창 共和공화 科學과학 觀念관념 廣場광장 教授교수 教員교원 教育學교육학 校長교장 交通교통 軍事군사 歸納귀납 機關기관 技師기사 汽船기선 內容내용 農場농장 農學농학 團體단체 代表대표 圖書館도서관 動物場동물장 動物學동물학 動産동산 馬鈴薯마령서 無機무기 文法문법 文憑문빙 物理學물리학 物質물질 微生物미생물 美術미술 美術會미술회 民權민권 民法민법 博覽會박람회 博物館박물관 百貨店백화점 法庭법정 辯護士변호사 兵事병사 普通보통 不動産부동산 師範사범 司法사법 寫眞사진 社會사회 社會學사회학 商務상무 商店상점 生理생리 生理學생리학 生物學생물학 生産力생산력 扇風機선풍기 世紀세기 消防소방 市場시장 試驗所시험소 植物園식물원 信號신호 心靈學심령학 歷史역사 聯絡연락 演出연출 豫備役예비역 藝術예술 溫室온실 郵政우정 衛生위생 衛生學위생학 幼稚園유치원 留學生유학생 銀行은행 議員의원 議會의회 人力車인력거 全國전국 電信전신 電信機전신기 傳染病전염병 電話전화 電話機전화기 政黨정당 政策정책 政治學정치학 宗教종교 種族종족 主義주의 主任주임 證券증권 地理學지리학 職工직공 哲學철학 體操체조 出版출판 統計통계 通風機통풍기 投票투표 特別특별 破産파산 版權판권 平權평권 學會학회 寒暑針한서침 行政행정 憲法헌법 憲政헌정 革命혁명 協會협회 混凝土혼응토 化粧品화장품 化粧화장 會社회사 會員회원 後備兵후비병

한국어가 차용한 일본제 한자어의 예시

이 한자어들은 19세기에 일본에서 만들어졌거나 새롭게 의미가 부여된 것으로, 이 중 대부분은 한국어와 중국어에서 일상적으로 사용됩니다. 실은 나열하는 것이 되레 무의미할 정도로 일본제 한자어의 차용어는 많습니다. 이 사실을 알고 나서부터는, 잊었다 싶으면 논란이 되는 어휘의 '일제 잔재' 논란이 우습게 보일지도 모릅니다. 위와 같이 일본어 고유어를 억지로 한자음으로 읽은 불합리한 사례 외에도, 종종 특정 인물의 발언을 비판하거나 용어 및 표현 등을 교체하려는 동기에 정당성을 부여하기 위해 '일제 잔재'라는 프레임을 쉽게 남용하곤 합니다. 개중에는 이러한 근대 번역어를 차용한 것을 트집 삼는 경우도 많습니다. 유치원이 유아학교로, 헌병이 군사경찰로 '순화'된 사례가 억지스럽게 일제 잔재 프레임을 조성해 진행된 것입니다. 유치원과 헌병이 문제가 된다면, 사회·개인·교통·정책을 비롯한 셀 수 없는 근대 번역어 차용어에도 문제가 있어야 하지 않을까요? 사정이 이러하기 때문에 선택적으로 필요시에만 '일제 잔재' 프레임을 끌어서 용어 교체에 정당성을 부여하는 시도로부터 거부감을 느낄 수밖에 없는 것입니다.

단순히 일본에서 만들어졌다는 이유로 그 단어를 사용하지 말아야 한다면, 한국어는 헌법의 첫 문장도 온전히 적어내지 못하는 반쪽짜리 언어로 전락합니다. 다음의 강조된 단어는 일본제 한자어*입니다.

---

* 일반적으로 일본제 한자어란, 고전 용례가 존재하더라도 현대적 의미로서 재정의된 한자

대한민국헌법 제1조

① 대한민국은 민주*공화국이다.

② 대한민국의 주권은 국민에게 있고, 모든 권력[137]은 국민으로부터 나온다.

중국어도 한국어보다는 덜하지만 사정이 다르지 않습니다. 근대 신어 보급에 관여한 중국 지식인의 상당수가 일본에서 유학한 경험이 있었기 때문입니다. 청말 민국초의 문호文豪 루쉰은 청년 시절에 일본에서 유학했고, 그 영향으로 루쉰의 작품에는 수많은 일본제 한자어가 나타납니다. 중화인민공화국 中華人民共和國이라는 국명에서 일본제 한자어가 아닌 부분은 중화 中華밖에 없습니다. 이는 일본이 한자문화권 국가 중에서 가장 먼저, 그리고 가장 빠르게 근대화를 이루었기에 발생한 현상입니다.

따라서 '일제 잔재'라는 표현은 남용되고 있으며, 때로는 악의적으로 이용되기도 합니다. 국어순화 자체는 대한민국 건국 이래 긴급하게 요구되었던 일종의 한국어 복원 사업이었습니다. 한국어는 35년간의 일제 통치하에서 불가역적인 변화를 겪었고, 많은 부분에서 순수

어를 포함한다.

* 민주民主와 주권主權은 후술할 《만국공법萬國公法》에서 나타나는 중국제 번역어다. 근대 번역어·신어 가운데는 일본제 한자어인지 중국제 한자어인지 가리기 어려운 경우도 많다.

한 한국어의 면모가 소실되거나 변질되었습니다. 이는 대한민국과 북한의 정부 수립 초기에 심각하게 문제시되었고, 그에 마땅한 대응 조치가 실시되었습니다. 그러나 21세기에 접어든 지금에 이르러 한국어를 바라보면, 지난 수십 년간의 응급조치는 성공적으로 완수된 것으로 보입니다.

5

만국공법과
중국제 번역어

앞서 많은 근대 번역어가 일본에서 창출되어 조선과 중국에 유입되었다고 설명했으나, 모든 근대어가 일본에서 만들어진 것은 아닙니다. 중국 역시 일찍이 서양 선교사와의 접촉을 통해 새로운 개념에 대응되는 신조어를 생산해냈습니다. 미국의 외교관이자 국제법학자인 헨리 휘튼Henry Wheaton의 저서《국제법의 원리Elements of International Law》를 중국에 머물던 선교사가《만국공법萬國公法*》이라는 제목으로 번역했고, 이는 훗날 중국뿐만 아니라 일본의 사상가에게도 큰 영향을 주게 됩니다. 이 번역서에는 중국에서 만들어진 번역어가 대거 포함되어 있습니다.《만국공법》을 통해 일본에 유입된 대표적인 단어로는

* 현대어에서는 국제법國際法으로 번역된다.

다음과 같은 것이 있습니다.[138]

遺産유산, 軍費군비, 權利권리, 公庫공고, 外交외교, 財源재원, 離婚이혼,

自治자치, 自主자주, 司法사법, 野蠻야만, 責任책임

《만국공법》을 통해 일본어에 유입된 중국제 번역어

당시 일본은 유신 직전까지도 네덜란드어와 포르투갈어와의 접촉은
잦았어도, 정작 영국과 미국에서 쓰이는 영어를 접할 기회가 거의 없
었습니다. 때마침 영어를 고전 중국어로 번역한《만국공법》이 중국에
서 출간되었습니다.《만국공법》은 막부 말기 일본에서 굉장한 베스트
셀러였습니다. 이를 통해 일본인들은 재빠르게 서양 지식을 습득함과
동시에 중국에서 생겨난 신조어마저 수용했습니다. 현대 일본어와 현
대 한국어 화자에게 익숙한 철도·공업·은행·보험 등의 신어들은《만
국공법》에서 유래합니다.

한자문화권에서 가장 일찍 서양 개념에 대한 번역어를 생산해낸 것
은 당연하지만 중국입니다. 유럽의 선교사들은 명나라 시대부터 본격
적으로 중국을 방문했고,《동방견문록》으로 유명한 마르코 폴로는
13세기에 이미 중국을 탐험했습니다. 이처럼 중국은 한반도와 일본
열도에 비해 서방 세계와 직접적으로 교류하는 데 지리적인 이점이
있었고, 나라의 규모와 외교상의 중요도 면에서도 영향력이 있었기
에, 자연히 가장 먼저 서양 문물을 접하게 되었습니다. 한자어 중에 지

구地球를 보면, 마치 한자문화권의 사람들은 처음부터 지구가 둥글다는 사실을 알고 있었던 것처럼 보이지만, 실제로는 명나라에 방문한 이탈리아 선교사 마테오 리치Matteo Ricci가 16세기 말에 고안한 단어입니다. 중국인이 만든 번역어는 아니지만 중국에서 생산된 번역어라는 점에서 의의가 있습니다. 이 외에도 마테오 리치가 고안한 신어로 점·선·면·각·비례·평행·면적·체적·천구·음력·양력·경도·위도·측량·적도 등이 있으며, 천문학과 기하학에 관련된 용어가 많습니다.[139]

중일 번역어의 역할 분담

근대 중국에서 만들어진 번역어는 일본제 번역어의 탄생에도 영향을 주었습니다. 예컨대 일본제 한자어 전화電話는 중국제 한자어 전보電報의 영향을 받은 것입니다. 중국과 일본에서 각각 서로 다른 번역어를 고안해냈지만 중국의 것이 정착한 사례도 있습니다. 영어 chemistry에 대응되는 중국제 번역어 화학化學은 일본제 음역어 사밀舍密을 대체했습니다. 사밀은 원소·시약·산화·환원 등의 화학 용어와 수소·탄소·질소·백금 등의 각종 원소 명칭의 번역어를 고안해낸 우다가와 요안의 소산입니다.

중국과 일본에서 같은 서양어에 대해 다른 번역어를 제시해 사용하기도 했습니다. 공화共和는 네덜란드어 republiek의 번역어로 일본에서 고안되었습니다. 한편 《만국공법》에서는 같은 용어를 민주民主로 옮겼습니다. 당시 일본어의 공화와 중국어의 민주는 democracy와 republic의 차이를 구별하지 않았는데, 훗날 이들의 차이를 인지하고 구분을 시도하게 됩니다. 지금의 democracy = 민주, republic = 공화의 대역 공식은 중국과 일본의 언어 교류 이후에 나타나게 된 구분으로, 독립적으로 발생한 번역어가 쌍방향으로 수입된 사례로 주목할 만합니다.

유사한 사례로 의무와 책임, 재판과 심판 등이 있습니다. 초기에 이들은 의미상으로 큰 차이가 없었지만, 훗날 국소적으로 의미가 세분화된 용법을 가지게 됩니다. 이를테면, 재판과 심판은 중일 양국에서 judicial, judgment, judge 등의 번역어로서 사용되었습니다. 재판은 일본어에서 예로부터 사용되어온 낱말인 반면, 심판은 중국에서 생겨난 단어입니다. 일본은 앞서 번역어의 모호함을 피하기 위해 이미 존재하던 단어 세간 대신에 사회라는 신조어를 만들어낸 것과 마찬가지로, judge 등의 서양어의 번역어로서 재판 대신 중국제 번역어 심판의 사용을 선호했습니다. 이러한 경향은 중국에서도 비슷하게 나타나, 일본어에서는 법정에서의 중재를 재판이라고 하고 종교와 스포츠 경기에 대해서는 심판을 사용하는 반면, 중국에서는 정반대의 쓰임으로 정착합니다. 즉 중국에서는 법정 중재를 심판이라고 하고, 스포츠 경기에서는 재판을 사용하는 등 흥미로운 현상이 나타나고 있습니다.

이처럼 중국과 일본에서 독립적으로 발생한 번역어는 상호 간에 영향을 주고 미묘한 용법의 차이를 자아냈습니다. 원래 익숙하지 않은 단어는 더 공적이고 더 품위 있는 것처럼 다가옵니다. 이는 중국과 일본에서 일반과 보통이 갖는 용법의 차이에서도 살펴볼 수 있는데, 일본어에서는 예로부터 보통이라는 말을 구어에서 사용해왔기 때문에, 학술적이거나 공적인 영역에서는 일반이라는 단어의 사용을 더욱 선호합니다. 그러나 중국에서는 일반이 구어적인 뉘앙스를 갖기 때문에 일본어 보통을 받아들여 공적인 영역에서 사용합니다. 이것이 바로 구조주의 언어학의 아버지인 페르디낭 드 소쉬르Ferdinand de Saussure의 저서 *Cours de linguistique générale*가 일본어와 한국어에서는《일반언어학 강의一般言語学講義》로 번역되는 반면, 중국어에서는《보통어언학 교정普通語言學教程》으로 번역되는 이유입니다.

6

일본제 번역어에
대항한 옌푸

중국은 일본보다 먼저 서양 번역어를 창조해냈습니다. 그러나 번역어의 절대량으로는 일본에 밀리는 양상을 보입니다. 이는 막부 말기 일본의 지식인들이 근대화를 이루기 위해 다른 어떤 한자문화권 국가보다도 긴밀하게 서양의 학문을 공부한 까닭입니다. 그 결과, 중국어에는 수많은 일본제 번역어가 유입되었습니다. 당시 중국 지식인들이 일본에서 유학하는 일이 많았는데, 그들이 고국에 돌아와 일본식 한자어를 그대로 사용한 영향이 큽니다. 癌암,• 腺선•• 등의 일본제 한자

• 위암, 췌장암 등에서의 암이다. 참고로 췌장의 膵췌 역시 근대 일본에서 만들어진 글자로, 수많은 화학 용어를 번역한 우다가와 요안의 양아버지인 우다가와 신사이宇田川榛斎에 의한 조자造字다(西嶋 2022:13).

•• 갑상선, 임파선 등에서의 선이다. 최근에는 한국어에서 국어순화의 일환으로 샘으로 교체

를 중국어에 그대로 들여온 사례도 있습니다.

또한 번역의 주체에도 중일 양국에는 차이가 있었습니다. 중국에서는 주로 서양 선교사들을 중심으로 양서가 번역되었고, 이 과정에서 번역어가 생산되었습니다. 반면 일본어 번역서는 일본의 지식인들이 주체가 되어 생산되었습니다. 일본제 한자어와 중국의 번역 현실을 못마땅히 여긴 학자가 있었는데, 청말 민국초의 사상가이자 번역가인 옌푸嚴復는 일본식 번역어에 대항하는 중국식 번역어인 '엄역 한어嚴譯漢語'를 고안해냈고, 일본식 술어를 배제하고 중국의 독자적인 표준을 정하는 것을 목적으로 하는 편정명사관編訂名詞館의 '부정사部定詞' 제정에도 주임으로 관여했습니다. 그의 일본 번역어에 대항한 노력은 대부분 물거품이 되었지만, 일본인이 아닌 전통적인 중국인의 관점에서 서양 번역어를 고안했다는 점에서 흥미롭습니다.

옌푸는 1877년에 영국에서 유학한 뒤 1898년에 번역서《천연론天演論》을 출판해, 당시의 지식인들에게 지대한 영향을 주었습니다. 그는 수많은 서양 학술서를 번역하면서 자신만의 독자적인 번역어를 창조했습니다.《천연론Evolution and Ethics》의 번역 범례에서 옌푸는 번역의 3원칙으로 信믿을 신, 達사무칠 달, 雅맑을 아를 제시합니다.

信faithfulness은 번역문이 정확해 원문과 어긋남과 누락됨이 없어야 하며 역자가 멋대로 내용을 증감하는 일이 없어야 한다는 번역상의

되고 있다.

옌푸

충실함을 의미합니다. 達expressiveness은 원문의 형식에 얽매이지 않고 번역문이 매끄럽고 명백해야 한다는 번역상의 표현력을 의미합니다. 雅elegance는 번역문의 어휘 선택이 적절하고 문장은 간단명료하며 예스럽고 우아해야 한다는 심미성을 의미합니다. 이처럼 옌푸는 삼위일체의 뚜렷한 원칙을 가지고 번역 작업에 임했습니다.

옌푸는 evolution의 번역어로 천연天演을 제시했는데, 이미 일본에서 만들어진 진화進化가 널리 쓰였음에도 새로운 번역어를 창작한 것은, evolution의 본뜻을 더 명료히 나타내기 위함이었습니다. 천연이란 "하늘이 행하는 바天之所演者"를 의미합니다. 중국에서 天하늘 천이 갖는 의미는 다음의 세 가지 범주로 구분할 수 있습니다.[140]

1. 신묘한 이치: 상제上帝
2. 구체적 형태: 하늘空
3. 헤아릴 수 없는 자연의 작용

이 중 천연의 天은 세 번째 의미에 부합합니다. 이는 메이지 시절의 개화파 지식인들이 진화를 "진보" "진행"의 의미와 더불어 '문명개화'의 상징적인 단어로 즐겨 사용했던 것과 달리, 옌푸는 중국의 전통적인 유교적 세계관의 관점에서 하늘이 행하는 헤아릴 수 없는 자연의 작용의 의미를 갖는 천연을 제시한 것입니다. evolution이란 그저 자연적인 현상일 뿐, 그 자체가 긍정적이거나 부정적인 뉘앙스를 가질 수는 없으며, 오히려 인간의 가치판단하에서는 진보가 아니라 퇴보라고 여겨질 수도 있는 현상이 바로 evolution인 것입니다. 때문에 한문맥漢文脈의 전통을 계승하고자 하는 이들과 개신 유학자들은 진화보다 천연이라는 표현을 선호하기도 했습니다. 다음은 진화론과 관련된 옌푸와 근대 일본의 번역어를 비교한 것입니다.[141]

원어	옌푸 번역어	일본제 번역어
evolution	천연, 진화	진화, 화순化醇, 개진開進, 발달
struggle for existence	물경物競	경쟁, 생존경쟁
natural selection	천택天擇	자연도태
artificial selection	인택人擇	인위도태

《진화론》관련 옌푸와 일본제 번역어의 비교

이 외에도 economy를 계학計學, 접미사 -ism을 종宗으로 번역한 것은 한문맥을 계승한 옌푸 번역어가 갖는 독창적인 특징입니다. 이들의 일본제 번역어는 각각 경제經濟와 주의主義입니다. 추측컨대 종은 조계종, 천태종 등의 불교 종파에 붙는 접미사에서 유래한 것입니다.

재미있는 사례로 서양어의 어원에 입각해 생겨난 옌푸 번역어가 있습니다. 옌푸는 번역가로서 다양한 양서를 번역했기 때문에, 자연스레 서양 어휘의 어원에 대해서도 일가견이 있었을 것입니다. 서양 어휘의 어원에 맞춰 번역한 사례는 일본제 번역어에도 많이 있었지만, 옌푸의 번역어는 좀 더 고전적인 한문의 문법적 요소를 살렸다는 특징을 갖습니다.

현재 한자문화권에서 통용되는 번역어 원자原子는 서양어 atom에 대응되는 근대 어휘입니다. 이때 atom은 고대 그리스어에서 "쪼갤 수 없다"는 의미의 형용사 ἄτομος [아토모스]에서 유래합니다. 옌푸는 "쪼갤 수 없다"는 의미를 반영한 번역어 막파莫破를 고안했는데, 이는 더는 "부술[破] 수 없다[莫]"는 의미를 살린 사례입니다. 반면 옌푸의 번역어 중 molecule "분자"에 대응되는 미진微塵은 "작은 먼지"를 의미하는 일반명사가 이미 존재하므로 다소 김 빠지는 느낌을 줍니다.

물론 옌푸가 만들어낸 단어는 현대에는 사용되지 않기 때문에 지금의 우리 관점에서는 어색하고 생소해보이는 것이 많습니다. 그런가하면 엄역 한어 중에 지금까지도 맥을 이어오는 단어가 없지는 않습니다. 현대 중국어에서 community에 대응되는 단어로 옌푸의 군群

이 사용되기도 하고, 일본어에서는 논리論理로 번역된 logic을 나집邏輯 [뤄지]로 음역한 옌푸의 번역어가 현대 중국어에서 버젓이 사용되고 있습니다. 이 밖에 옌푸가 관여한 표준 학술용어 번역안인 부정사部定詞와 현대 중국어의 단어를 몇 가지를 비교해보면 다음과 같습니다.

영어	부정사	현대 중국어
absorb	흡수翕收	흡수吸收
abstract	현상적懸想的	추상적抽象的
court	송정訟庭	법원法院
corporation	업련業聯	기업企業
standard	준칙準則	표준標準
invent	신창新創	발명發明

옌푸의 부정사와 현대 중국어 단어의 비교

위에서 현대 중국어로 제시된 번역어는 한중일 언어에서 모두 통용되는, 이른바 일본제 번역어인 탓에 익숙하지만, 부정사는 의미가 와닿을 것 같으면서도 생소합니다. 만약 옌푸의 번역어가 정착되고 보급되어 지금까지 이어졌다면 이들에 대한 우리의 인상은 크게 달라졌을 것입니다. 일본제 번역어에 대항해 중국에서 독자적으로 만들어진 근대 신조어라는 점에서 옌푸 번역어는 큰 가치를 가지고 있으며, 한자어 조어 방식에 대한 중국적인 관점을 제시합니다.

동음이의어 문제로 한자 두 글자 이상의 조어 방식을 선호했던 일본과 달리, 일본어보다 음절의 종류가 다양하고 성조가 존재하는 중국어에서는 단음절 요소를 적절히 활용해 조어해도 변별력 면에서 큰 문제가 되지 않았습니다. 옌푸의 번역어는 중국어와 일본어의 언어적 차이를 조어 방식을 통해 여실히 보여줍니다.

사실 일본제 한자어와의 경쟁에서 이긴 중국제 한자는 적지 않습니다. 옌푸의 업적은 아니지만 일본제 한자어인 사밀舍密 [세이미]와 월력越曆 [에레키]는 도태되었고, 그 자리를 중국제 한자어인 화학과 전기가 채웠습니다. 난학을 기반으로 해 일본어의 영향력이 강했던 의학 분야에서도 중국제 한자어가 경쟁에서 이긴 사례가 있는데, 예컨대 난학서에서 사용되던 흔충焮衝은 중국식 표현인 염증炎症으로 대체되었습니다.[142]

7

근대 음역어의
탄생

중국어는 한자로 표기되는 특성 때문에 외래어를 한자음을 빌려 표기하는 방식인 음역이 예로부터 즐겨 사용되었습니다. 하지만 음역어가 폭발적으로 증가한 시기는 서방 세계와의 접촉을 통해 기존에는 없거나 몰랐던 개념이 대량으로 유입된 18세기 이후라고 할 수 있습니다.

현대 중국어에 수많은 음역어가 생겨나게 된 배경에는 대영제국과 청이 치른 아편전쟁, 패전 후에 근대화를 꾀한 양무운동洋務運動, 양무운동 이후 청의 낡은 정치제도를 근본적으로 개혁하려고 시도한 무술변법戊戌變法, 1919년에 천안문 광장에서 펼쳐진 반제국주의·반봉건주의 시위를 중심으로 전개된 5·4 운동, 이렇게 네 번의 큰 역사적 사건이 있었습니다. 모두 외래어를 대량으로 수입하게 되는 계기가 된 사건이라는 공통점이 있습니다.[143]

중국은 근대에 서양의 침략을 받기 전까지 서양에 대해 아는 것이 거의 없었고, 아편전쟁 초기에만 해도 조정과 전국의 관리와 백성들은 여전히 서방 세계에 무지했습니다. 청 말의 정치가 린쩌쉬林則徐는 광둥에서 행해지던 영국에 의한 아편 밀매를 엄격하게 단속했으며, 청나라의 강경한 규제는 대영제국에 의한 아편전쟁 발발의 주요한 원인이 되었습니다. 전쟁에서 패배한 청나라는 적국에 대한 무지가 국가에 심각한 피해를 초래할 수 있음을 깨우치고 서방 사정에 귀 기울이기 시작했습니다. 이 시기에 선교사들과 중국의 학자들이 번역한 서양 서적, 중국 관료들이 서양을 다녀온 뒤 남긴 여행기 등을 통해 중국어에 서양에서 들어온 외래어가 퍼지기 시작했습니다. 청나라의 아편전쟁 패배는 서학西學 열풍으로 이어졌고, 외래어의 유입은 더욱 가속화되어 중국어 음역어는 폭발적으로 생겨나기 시작했습니다.

영원히 강성할 것만 같았던 청나라는 19세기 중반에 아편전쟁에서 패배하면서 점차 쇠락하기 시작했습니다. 중국은 5개 개항 도시에서 통상을 개방했고 이른바 '백년국치百年國恥'의 시대가 도래했습니다. 중국 국내로는 각종 봉기와 폭동이 끊이지 않아 나라는 혼란스러웠고, 지식인들을 중심으로 중국을 개혁하려는 목적으로 양무운동이 전개되는 발단이 되었습니다. 중국 본토에서 19세기 후반에 전개된 양무운동의 핵심 사상은 중국의 학문을 바탕으로 서양의 학문을 응용하자는 취지의 '중체서용中體西用'이었기에, 양무운동 시기에 교육 시스템을 개혁하며 서양 학문을 적극적으로 수용했고, 서양의 과학기술을 수용하기 위해 외국어 번역 인재를 양성하고 해외 유학을 지원하기도 했습니다. 이 시기에 수많은 서양 용어가 한자음을 빌려 음역되었습니다.

그러나 양무운동은 성공적이라고 할 수 없었습니다. 19세기 말 청일전쟁에서 패배한 청나라는 일본제국의 메이지 유신을 참고해 국가 제도를 근본적으로 개혁하는 것을 꾀했습니다. 양무운동은 서양 학문의 수용에만 집중하면서 피상적인 지식이 쌓여왔을 뿐, 실질적으로 국가의 근간을 이루는 제도는 개혁하지 못했다는 점에서 비판을 받습니다. 1898년에 시작된 무술변법은 정치와 교육의 개혁에 초점을 두면서 상공업의 발전에 힘써야 한다는 생각에서 전개되었습니다. 따라서 이 시기에 음역된 서양 외래어는 과학기술보다는 법과 정치, 교육 제도에 관한 것이 많습니다.

20세기 초에 들끓은 5·4 운동은 백화문白話文●의 보급과도 관련된 문학운동이 전개되면서 중국의 언어생활에 큰 영향을 준 시기이기도 합니다. 이 시기에는 사회주의 사상이 전파되면서 그와 관련된 외래어가 대량으로 유입되었습니다.

1차 아편전쟁 시기에는 대영제국과 적대 관계에 있었기 때문에, 주로 영어 단어를 음역한 사례가 많습니다.

● 　중국어를 구어체와 가깝게 적은 언문일치 문체.

영어 원어	의미	중국 근대 음역어	현대 중국어
Parliament	"의회"	巴厘滿衙門 bālímǎn yámén [바리만 야먼]	議會 의회
Franc	"프랑크"	法郎克 fǎlángkè [파랑커]	法郎 fǎláng [파랑]
Chocolate	"초콜릿"	炒扣來 chǎokòulái [차오커우라이]	巧克力 qiǎokèlì [차오커리]
Protestantism	"개신교"	波羅特士敦教 bōluótèshìdūn jiào [보뤄터스둔 쟈오]	耶蘇教 예수교
Zoological garden	"동물원"	瑣臥拉治戈加登 suǒwòlāzhìgē jiādēng [쒀워라즈거 쟈덩]	動物園 동물원
England	"영국"	英咭唎 yīngjīlì [잉지리]	英國 영국
Giraffe	"기린"	及拉夫 jílāfū [지라푸]	長頸鹿 장경록
Congress	"국회"	袞額里士 gǔn'élǐshì [군어리스]	國會 국회

1차 아편전쟁 시기의 영어 음역어

아편전쟁 당시에는 한자 한 글자 한 글자를 사용해서 음역한 단어가 현대어에서는 한자어로 번역되었거나 더 짧은 음역어로 대체되었습니다. 영어에서 "초콜릿"을 의미하는 chocolate과 "동물원"을 의미하는 zoological garden에 대응되는 음역어는 단어 전체의 발음을 그대로 표현한 순수 음역어입니다. 반면 "개신교"를 의미하는 protestantism의 음역어는 마지막에 종교를 의미하는 접미사 敎가르칠 교를 덧붙인 유화類化 음역●의 사례입니다. "의회"를 의미하는 parliament의 음역어 또한 마지막에 "관아"를 뜻하는 衙門 [야먼]을 덧붙였으므로 유화 음역의 일례입니다.

양무운동 시기에는 과학 용어를 대량으로 음역했습니다. "전기"를 의미하는 electricity를 음역한 珥勒客得利西地 [얼레이커더리시디]와 "식물학"을 의미하는 botany의 음역 波丹尼 [보단니], "교수"를 의미하는 professor의 음역 扑非色 [푸페이써] 등, 이 시기에도 순수 음역어가 눈에 띄게 많습니다.

무술변법 시기에는 사회 용어를 받아들이면서 "신뢰"를 의미하는 trust를 托辣士托 [튀라스튀]로, "사회주의자"를 의미하는 socialist를 索昔阿利司脫 [쒀시아리쓰튀]로 음역한 사례가 관찰됩니다.

이처럼 근대 중국어의 음역어는 절대다수가 순수 음역어이지만,

● 마땅한 번역어가 없는 경우에는 중국식 용어를 그대로 사용했다. 유화 음역어, 의음 동역어는 중국식 용어다.

"개신교"와 "의회"의 음역어처럼 유화 음역어도 종종 나타납니다. 그러나 간혹 소리와 의미를 절묘하게 맞춘 완전한 의음意音 동역어도 고안되었습니다. 이를테면 "망고"의 음역어인 蠻果 [만궈]는 "남만의 열매"라는 뜻이며 현대 중국어에서도 사용됩니다. 마찬가지로 현대 중국어에서도 사용되는 "비타민"의 음역어인 維他命 [웨이타밍]은 "오직維 그것他 목숨命"으로 해석되어 비타민이 생명체의 필수 영양소인 점을 상기시킵니다. "샴페인"의 음역어 香逬 [샹벙]은 "향이 피어오른다"는 뜻으로도 해석할 수 있습니다.

중국어의 음역어가 흥미로운 이유는 바로 의미와 소리를 절묘하게 맞춰낸 의음 동역어 때문입니다. 이러한 관습은 현대 중국어에서도 더욱 발전된 모습으로 여전히 행해지며, 한자의 한계를 극복하기 위해 기발한 아이디어로 음역어를 짓는 관습은 중국어를 매력적으로 만드는 하나의 소소한 특징입니다.

8

중국에는
그들만의 상표가 있다

현대 중국어의 이야기를 해봅시다. 제가 중국어를 공부하기 전까지는, 중국 거리에 빼곡히 들어차 있는 문자열을 한국어 한자음으로 읽을 수밖에 없었습니다. 그래도 한자문화권이라 그런지 간판이나 교통표지판, 스마트폰 앱의 버튼에 적혀 있는 중국어를 한자를 통해 유추해 어느 정도 이해할 수 있었습니다. 그러나 가끔씩 한국인의 한자 지식으로는 도저히 이해할 수 없는 단어들이 저를 괴롭혔습니다. 저는 중국어에도 '외래어'가 존재한다는 사실을 간과하고 있었습니다.

중국어에는 외래어를 표현하기 위한 수많은 음역어가 존재합니다. 음역音譯이란 다른 언어에서 유래하는 말을 한자의 소리를 빌려 적는 것을 말합니다. 의미와 소리를 동시에 나타내는 표어문자인 한자를 사용해 외래어의 발음을 표현하기란 쉬운 일이 아닙니다. 특히 중국어의 음절 구조가 상당히 제한적이라는 점은 음역어의 어려움을 한층 더합니다. 음역은 한자의 소리만을 활용하기 때문에, 음역어에 사용된 한자의 의미를 통해 그 단어가 가리키는 대상을 유추해낼 수는 없습니다. 현대 표준 중국어와 현대 한국어의 한자음은 크게 다르며, 당시 한국어 한자음만을 알고 있던 제가 巧克力교극력 "교묘하게 해내는 힘"이 chocolate "초콜릿"의 음역어라는 사실을 알아내기란 불가능했습니다.

먼 과거에는 새로운 한자를 만들어서 외래어 표기의 문제를 해결할 수 있었습니다. 상고 중국어 화자는 기원전에 박트리아어로부터 "와인"을 뜻하는 단어를 수입했는데, 그것이 지금까지 이어져 내려온 것이 葡萄포도라고 합니다. 두 글자의 모습이 서로 닮은 이유는, 이들은 오직 "포도"를 나타내기 위해 당시 새롭게 만들어진 한자였기 때문입니다. 그러나 지금은 이런 식으로 모든 외래어에 새로운 한자를 만들어 할당할 수 없습니다. 모든 외래어마다 새로운 한자를 만들기에는, 한자의 수는 지금도 이미 너무 많습니다. 결국 근현대의 중국인들은 기존의 한자만을 활용해 외래어의 소리를 본따야 했는데, 간혹 창의력과 재치를 발휘해 의미와 소리 양쪽을 적절하게 살린 매력적인 음역어는 보는 이를 감탄하게 만듭니다.

음역어의 상업성

독일의 자동차 브랜드인 메르세데스 벤츠Mercedes-Benz를 흔히들 줄여서 '벤츠'라고 부릅니다. 중국에서는 벤츠Benz를 奔馳 bēnchí [번츠]로 음역했습니다. 발음이 원어와 흡사한 것을 바로 알 수 있습니다. 하지만 이 음역어의 묘미는 그 의미에 있습니다.

한자 奔달릴 분과 馳달릴 치로 구성되어 있는 이 음역어는 "(말을 타고) 빨리 달린다"라는 동사에서 유래합니다. 자동차 브랜드이니만큼 달린다는 의미를 가진 음역은 그 자체만으로도 상당히 훌륭한 결과물이지만, 한자 奔달릴 분이 자유분방 自由奔放, 동분서주 東奔西走처럼 역동적인 의미를 지닌 단어에 쓰인다는 점, 馳달릴 치에 발 빠른 동물을 연상시키는 馬말 마변이 포함된다는 점에서, 사람들로 하여금 야성적이고 자유롭게 질주하는 브랜드 이미지를 떠올리게 합니다.

재치있는 음역어는 기업 이미지를 좌지우지하기도 하는 중국만의 독특한 요소이기도 합니다. 탄산음료 스프라이트Sprite가 이러한 중국의 독특한 문화를 고려하지 않고 小妖精 xiǎoyāojing [샤오야오징] "작은 요정"이라는 상표명을 채택했다가 상업적으로 실패를 맛본 일화는 유명합니다. 영단어 Sprite는 "정령" 또는 "요정"을 의미하는데, 중국 진출 초기에 이를 의미 그대로 [샤오야오징] "작은 요정"이라고 번역한 것입니다. 우연이지만 [샤오야오징]은 중국어에서 "요정"의 의미 외에도 "여우 같은 여자" "요망한 어린 여자"라는 멸시의 의미도

가지고 있기 때문에 중국 소비자들로부터 기피되었습니다. 이 일을 교훈 삼아 雪눈설 자에 碧푸를벽 자를 써서 雪碧 xuěbì [쉐비] "눈이 푸르다"라는 새로운 상표명으로 갈아치운 뒤부터는, [쉐비]라는 상표명이 중국어에서 "소다음료"를 의미하는 일반명사가 되어버릴 만큼 중국 시장에 성공적으로 안착했습니다. 발음과 의미, 두 마리 토끼를 모두 잡은 것입니다.

중국에는 소비자들에게 조금이라도 더 좋은 인상을 남기기 위해 영리하게 음역된 기업명이 정말로 많습니다. 가구를 제조하고 판매하는 스웨덴 기업 이케아IKEA는 "가정이 화목하다"는 뜻의 宜家 yíjiā [이자]로, 프랑스의 소매 기업 까르푸Carrefour는 "집이 즐겁고 복스럽다"는 뜻의 家樂福 jiālèfú [자러푸]로, 대한민국의 소주 브랜드 처음처럼은 "처음 마시는 첫 즐거움"이라는 뜻의 初飮初樂 chūyǐn chūlè [추인추러]로 음역되었습니다.

그러나 이러한 언어유희는 같은 한자문화권에 속하는 한국이나 일본의 기업에게는 크게 의미가 없습니다. 기업의 이름이나 상표가 처음부터 한자로 지어진 경우가 많기 때문입니다. 중국에서 삼성은 三星 sānxīng [싼싱], 현대는 現代 xiàndài [셴다이], 닛산은 日産 rìchǎn [르찬]입니다. 한자를 그대로 중국어 발음으로 읽은 것에 불과합니다.

하지만 이미 한자 상표명이 있음에도 중국 시장을 겨냥해 새로운 음역어를 만들어내는 경우도 있습니다. 어느 날 상하이를 여행하던 중 저녁을 먹기 위해 일식집을 찾았습니다. 음식을 주문하고 가게 내부를 둘러보던 중, 三寶樂 sānbǎolè [싼바오러]라는 처음 듣는 맥주 브랜드를 발견했습니다. 중국 웹에서 찾아본 바로는, 일본의 삿포로 맥주의 중국 브랜드명이라고 합니다. 삿포로 맥주는 당연하지만 홋카이도 소재의 삿포로札幌라는 지명에서 유래합니다. 중국에서는 맥주를 啤酒 [피주]라고 하니 삿포로 맥주는 일본 지명의 한자 표기를 그대로 따와 札幌啤酒 zháhuǎng píjiǔ [자황 피주]일 것 같지만, 실상은 그렇지 않았습니다. 한국과 일본의 상표명을 한자 표기 그대로 중국어로 읽는 전통을 따르는 대신에 삿포로를 음역하기로 택한 것인데, 그 때문에 중국에서는 三寶樂啤酒 [싼바오러 피주]라는 상표로 판매되고 있습니다.

이런 결정을 내린 이유는 해당 기업의 관계자 외에는 알 길이 없으나, 추측컨대 삿포로의 한자 표기에 쓰이는 幌휘장 황은 일본어 화자는 누구나 읽을 수 있는 친숙한 글자이지만, 중국어에서는 잘 쓰이지 않기 때문에 중국 소비자를 배려하기 위한 차원으로 음역어를 따로 만든 것처럼 보입니다. 글자를 몰라서 맥주 이름을 못 읽는다면 상표로는 맞지 않을 것입니다.

중국에 진출한 외국 기업이 너도나도 좋은 브랜드 이름을 가지려고 하다 보니 의도치 않게 이름이 겹쳐버리는 일도 생깁니다. 국내에서 제과와 유통업으로 유명한 롯데그룹은 중국에서 樂天 lètiān [러톈]으로 음역되었는데, 문제는 온라인 쇼핑몰로 유명한 일본의 라쿠텐樂

天과 한자가 겹칩니다. 때문에 한때 중국에서 롯데 불매운동이 일어났을 때, 라쿠텐에 생각지도 못한 불똥이 튀기도 했습니다.

음역어의 위상차

중국어에서 외래어를 들여올 때 사용하는 음역법에는 치명적인 단점이 있습니다. 첫째는 두말할 것도 없이 외래어를 체계적으로 정리해 표기할 수 없다는 것입니다. 이를테면 중국어에서 커피café와 커리curry를 각각 咖啡 kāfēi [카페이]와 咖喱 gālí [가리]라고 하는데, 전자는 프랑스어에서, 후자는 영어에서 차용된 것입니다. 두 중국어 단어의 기원이 되는 프랑스어 café와 영어 curry의 첫 음절은 중국어에서 각각 kā [카]와 gā [가]로 다르게 음역되었습니다. 한자는 咖음역자가로 동일함에도 말입니다.

둘째는 중국어에는 수많은 '방언'이 존재한다는 것입니다. 방언마다 한자를 읽는 발음이 크게 달라질 수 있기 때문에, 일부 지역에서는 음역어가 의도한 발음대로 인식되지 못할 수 있습니다. 흔히 일컬어지는 중국어의 '방언'이란, 사실 우리가 생각하는 한국어 등의 방언과 달리, 중국어파에 속하는 서로 다른 언어를 지칭하는 경우가 많습니다. 광저우의 중국어 방언 '월어粵語'와 상하이의 중국어 방언 '오어吳語'는 구어로는 상호 이해가 불가능할 정도로 다릅니다. 방언마다 한자의 발음이 다르게 읽히고, 어휘와 문법이 다르기 때문입니다. 이럴 때 생기는 문제는, 어떤 기업의 상표가 음역어인 경우, 지역에 따라 의도와 다르게 발음된다는 것입니다. 중국 각지에 체인점을 거느리고 있는 외국계 패스트푸드 프랜차이즈의 상황이 이 문제에 딱 들어맞습니다.

중국에서도 패스트푸드점이 성행하고 있습니다. 바쁘게 돌아가는 현대 사회에서 조금이라도 시간을 아낄 수 있는 패스트푸드가 선호되는 것은 세계 공통 현상인 듯합니다. 중국에서는 이러한 현상을 快餐 kuàicān [콰이찬] 문화라고 부릅니다. 快쾌는 "빠르다"는 뜻이고 餐찬은 "식사"를 의미하는데, 패스트푸드fast food를 번역·차용한 것입니다.

햄버거 프랜차이즈인 맥도날드McDonald's의 중국 상표는 麥當勞 màidāngláo [마이당라오]인데, 처음 들었을 때는 '참 우스꽝스러운 상표가 다 있구나'라고 생각했습니다. 원어와 별로 비슷하지도 않을 뿐더러, 한자의 의미마저 햄버거와는 크게 관련이 없어 보였기 때문입니다. 그러나 麥보리 맥 자를 보면 이 음역어가 표준 중국어를 기준으로 만들어진 것이 아니라, 현대에도 입성入聲이 남아 있는 월어(광둥어 등)를 기준으로 만들어진 것임을 어렴풋이 짐작할 수 있습니다. 입성이란 한국어로 치면 받침이 'ㄱ''ㄹ''ㅂ'인 한자를 가리키는데, 이러한 입성이 북방 중국어에서는 요나라 시대에 이미 사라졌고 다른 성조로 합류했습니다. 그러나 광둥어에서는 이러한 입성이 고스란히 남아 있습니다. 맥도날드를 처음 음역한 언어가 광둥어라는 점은, 광둥어의 주요 사용지인 홍콩과 마카오가 중국 대륙에서 서양 문물을 가장 먼저 본격적으로 받아들이기 시작한 곳임을 고려해보면 이상할 것이 없습니다. 광둥어 독음으로는 麥當勞 mak⁶ dong¹ lou⁴ [막동로우]이며, 표준 중국어 발음보다 원어에 더 가깝습니다. 당초 홍콩에서 만들어진 최초의 음역은 麥當奴 mak⁶ dong¹ nou⁴ [막동노우]였으나, 奴종 노 자가 주는 부정적인 인상을 없애기 위해 勞일할 로 자로 갈아치운 것이 현재 상표의 기원이라고 합니다.

패스트푸드라는 대범주에는 햄버거 외에도 많은 식품이 포함됩니다. 그중 이탈리아인의 자부심으로 유명한 피자는 미국에서 유행한 이래 전 세계 각지에서 널리 사랑받는 패스트푸드로 자리잡았습니다. 피자는 중국어로 比薩餅 bǐsàbǐng [비싸빙]이라고 합니다. 음역어 比薩 [비싸]와 "얇게 편 반죽을 구운 납작한 음식"을 뜻하는 餅떡 병 bǐng [빙]으로 구성된 단어입니다. [비싸]는 직관적인 음역어이지만, 유명한 피자 프랜차이즈인 피자헛 Pizza Hut의 중국어 음역어는 난해합니다. 기대와는 달리 피자헛의 중국어 상표에는 [비싸]라는 음역어가 들어가지 않습니다. 대신 必勝客 bìshèngkè [비성커]라는 다소 기괴한 이름으로 불립니다. 必勝필승은 한국어에도 있는 단어로 "반드시 이긴다"는 뜻이며, 客객은 알다시피 "손님"을 의미합니다.

이 수상한 상표명의 비밀은 다시 월어에서 찾을 수 있습니다. 광둥어 발음으로는 必勝客 bit¹ sing³ haak³ [빗싱학]이라고 읽는데, 중국어보다는 그나마 원어에 비슷하게 느껴집니다. 하지만 단순히 소리의 관점에서 상업적 음역어에 접근해서는 안 됩니다. 광둥어에는 "오두막"을 뜻하는 영단어 hut과 비슷한 발음의 음절인 hat [핫]이 존재하기 때문에, haak [학] 대신에 그것을 사용할 수도 있었을 것입니다. [핫] 음절의 한자는 보통 거의 쓰이지 않는 벽자僻字인 경우가 많으며, 발음이 [핫]인 한자 중에 그나마 상용되는 글자인 核씨 핵, 契거란 글, 瞎애꾸눈 할, 轄다스릴 할 등은 브랜드명으로 활용하기에 의미상 적절해보이지는 않습니다.

국명의 음역어

표준 중국어의 발음과 크게 차이 나는 중국어 방언에서 행해진 음역은 국명에도 있습니다. 건강과 복지로 유명한 스칸디나비아 국가는 전통적으로 노르웨이·스웨덴·덴마크 세 국가를 일컫습니다. 이 중에서 덴마크와 스웨덴을 의미하는 중국어 음역어를 살펴봅시다.

덴마크는 중국어로 丹麥 dānmài [단마이]라고 하는데, 麥보리 맥 자는 맥도날드의 음역어에서도 보였던 글자입니다. 따라서 이 음역어는 입성入聲이 남아 있는 방언에서 만들어진 다음, 표준 중국어 속으로 흘러들어 왔을 가능성이 높습니다. 입성자를 통해 덴마크의 어말 /k/ 발음을 반영하려 한 것입니다. 다음 표에 丹麥단맥의 발음을 중국어 방언별로 정리했습니다.

언어	丹麥의 발음	한글 전사
표준 중국어	dānmài	[단마이]
광둥어	daan¹ mak⁶	[단막]
쓰셴四縣 하카어	tân-ma'k	[단막]

'덴마크'의 중국어 방언별 발음

[단마이]는 발음상 그나마 납득 가능한 선에 있는 음역어라고 생각하지만, 스웨덴의 경우는 정말로 음역어가 맞는지 의문이 들 정도로 발음상의 괴리가 큽니다. 표준 중국어에서는 "스웨덴"을 瑞典 ruìdiǎn [루이뎬]이라고 하며, 같은 글자를 공유하는 "스위스"의 음역어 瑞士 ruìshì [루이스]가 있습니다. 음역어와 원어 사이에서 어두 자음의 불일치가 생겨난 원인으로 두 가지 가설을 세워보자면, 하나는 앞서 설명한 맥도날드·피자헛·덴마크의 경우와 같이 방언의 발음으로 음역이 이루어진 경우, 다른 하나는 중국어에서 위와 같은 음역어가 생성된 이후에 瑞상서 서의 발음이 변화한 경우가 되겠습니다.

瑞는 서울특별시 서초구瑞草區에 쓰이는 그런대로 익숙한 글자입니다. 그런데 한국어 한자음 '서'와 중국어 발음 ruì [루이]는 자음이 그다지 닮지 않은 듯 보입니다. 하지만 북방 중국어를 표준으로 제정된 표준 중국어와 달리, 대부분의 중국 남방 방언에서 瑞의 성모는 s- [ㅅ]에 가까운 발음입니다. 다음은 "스웨덴"의 음역어 瑞典 [루이스]의 발음을 중국어 방언별로 정리한 표입니다.

언어	瑞典의 발음	한글 전사
표준 중국어	ruìdiǎn	루이뎬
광둥어	seoi⁶ din²	서위딘
쓰셴 하카어	sui-tién	수이뎬
푸젠 민난어	sūi-tián	수이뎬

'스웨덴'의 중국어 방언별 발음

송나라 시대에 편찬된 운서 통칭《광운廣韻》에 따르면, 중고 중국어 시기에 瑞의 성모는 常항상 상의 성모와 동일했습니다. 중국어 학자들이 찾아낸 음운변화 규칙에 따르면, 瑞의 현대 표준 중국어 발음은 shuì [수이]여야 합니다. 그러나 모종의 이유로 불규칙 변화를 거쳐 지금의 ruì [루이]가 되었습니다. 사실 표준 중국어에서 성모 sh- [ʂ] 발음을 유성음화하면 r- [ʐ] 발음이 되기 때문에, 둘은 매우 흡사한 발음이며 밀접한 관계에 있습니다. 북방 중국의 일부 보수적인 방언에서 瑞를 sui [쑤이] 내지 shue [쉐] 등으로 발음하는 지역이 있기는 하지만, 아마도 남중국의 방언을 기준으로 만들어진 음역어가 그대로 북중국 지역에 스며들어 지금과 같은 상황이 되었다고 보는 것이 가장 개연성이 높은 결론일 것입니다. 이것이 바로 북방 중국어에서 "스웨덴"과 "스위스"를 의미하는 음역어가 특이한 이유입니다.

중국어는 한자라는 표어문자가 갖는 제약 탓에 음역어라는 독특한 조어 방식을 도입할 수밖에 없었습니다. 게다가 중국어의 방언은 서로 간의 차이가 너무 큰 탓에 지역마다 음역어가 다른 발음으로 읽히게 되는 현상이 발생했습니다. 처음 이러한 음역 시스템을 알게 되었을 때, 이것이 체계적이지 못하고 한자의 폐단이라고 생각했습니다. 그러나 독창적이고 지혜를 짜내서 만들어진 수많은 음역어를 접하고 나서부터 음역어를 고안한 이의 의도를 생각해보는 재미를 알게 되었습니다. 또한 방언음에 관한 문제는, 언어학자 쥘 질리에롱Jules Gilliéron이 남긴 "저마다의 단어는 저마다의 역사가 있다"라는 격언이 상기되듯, 음역어가 거쳐온 역사를 퍼즐 풀듯이 상상해보게끔 만듭니다. 중국어의 음역어에는 신기한 매력이 있습니다.

9

중화요리의
언어

한국어는 중국어와 달리 한자를 통한 음역어를 사용할 필요가 없으므로 외래어를 수용하는 데 덜 까다로운 편입니다. 그러나 외래어란 결국 외국어를 받아들인 것이기 때문에, 자장면·짜장면과 같이 어느 것을 표준으로 인정할지 어려운 상황이 생기기도 합니다.

배달 음식의 대명사인 중화요리는 20세기에 중국계 이민자, 즉 화교가 전 세계로 진출하면서 정착한 현지 입맛에 맞게 변화한 하이브리드 요리의 특징을 공유합니다. 이러한 독특한 배경이 '미국식 중화요리' '일본식 중화요리'와 같이 다국적 음식 카테고리를 만들어냈습니다. 한국에도 19세기 말엽부터 산동 출신의 화교들이 인천 부근에 정착하면서 '한국식 중화요리'라는 새로운 음식의 카테고리가 생겨났습니다.

달콤하면서 기름진 자장면은 인스턴트 식품으로도 연간 수억 개의 제품이 소비될 만큼 한국인의 식생활에서 빼놓을 수 없는 위치에 있습니다. 담백한 닭 육수에 실처럼 가늘게 찢은 닭고기를 얹은 기스면도 인스턴트 제품으로 만들어질 정도로 대중에게 친숙합니다. 탕수육은 국민적으로 소스를 부어서 먹는지 찍어서 먹는지에 따라 기호가 갈리기도 합니다. 닭고기 요리가 먹고 싶을 때는 깐풍기·라조기·유린기 중 무엇을 시킬지 고민하게 됩니다. 속되게 빼갈이라고 부르는 백주는 국내에서 중국의 고급주로 유명합니다.

현대 한국어에 유입된 중국어 어휘들은 이렇게 음식 분야에서 많이 나타납니다. 이들은 19세기에 산둥반도에서 황해를 건너 한반도를 찾은 화교들의 언어와 한국어의 음운 특징을 반영합니다. 자장면은 현대 중국어에서 炸醬麵 [자장몐]이라고 하는데, 국립국어원에서는 외래어 표기법따라 최근까지도 자장면만을 단일 표준으로 인정했습니다. 그러나 절대다수의 국민은 첫 음절이 된소리로 발음되는 짜장면이라는 호칭에 더 익숙했기 때문에 2011년에 복수 표준이 되었습니다. 이는 국립국어원의 중국어 외래어 표기법과 실제 체감 발음 사이의 괴리에서 빚어진 현상입니다. 짜장은 한자를 그대로 풀이하면 "기름에 튀기며 볶은 장"이라는 뜻이며, 간짜장은 국물이 없어서 "마른 짜장"이라는 뜻의 乾炸醬 [간자장], 유니짜장은 "기름지고 느끼한 짜장"이라는 뜻의 油膩炸醬 [유니자장]에서 유래합니다.

탕수육이라는 단어는 설탕과 식초를 이용한 요리라는 뜻의 糖醋

[탕추]와 고기라는 단어가 합쳐진 糖醋肉 [탕추러우]가 기원일 것입니다. 중국에서는 糖醋里脊 [탕추리지]라는 비슷한 요리가 예로부터 유명했습니다.

기스면·라조기·깐풍기·유린기 등의 공통점은 닭을 주재료로 사용한다는 점인데, 여기서 −기는 "닭"을 의미합니다. 현대 표준 중국어에서 "닭"을 뜻하는 단어는 雞 [지]라고 발음되는데, 이는 산둥성의 성도省都인 지난濟南 방언에서도 마찬가지입니다. 하지만 한국식 중화요리의 명칭은 19세기 산둥 지방에서 雞닭 계 자가 gī [기]로 발음되었을 가능성을 시사합니다. 기스면은 닭고기가 실과 같다는 뜻의 雞絲麵 [지쓰몐]이라는 음식이 원조입니다. 깐풍기는 "졸여서 볶아낸 닭고기"라는 뜻의 乾烹雞 [간펑지], 라조기는 "매운 고추 닭고기"라는 뜻의 辣椒雞 [라자오지], 유린기는 "기름에 적신 닭고기"라는 뜻의 油淋雞 [유린지]가 기원입니다.

산해진미를 실처럼 채썰어 녹말로 걸쭉하게 만든 소스에 담근 요리인 유산슬은 "미끄러운 세 가지 (재료의) 실"이라는 뜻의 溜三絲 [류싼쓰]에서 유래합니다. 기스면의 스와 유산슬의 슬은 같은 絲실 사 자에서 유래하는데, 아마 후자는 북방 중국어의 특징인 얼화兒化의 영향을 받은 게 아닐까 추측됩니다. 絲 sī [쓰]가 얼화를 거치면 絲兒 sīr [쓰얼]과 같은 발음이 되며 유산슬의 슬과 흡사합니다. 이러한 얼화 현상의 흔적은 빼갈에서도 나타나는데, "백주"를 뜻하는 중국어 白乾 [바이간]이 얼화 현상을 거치며 白乾兒 [바이갈]로 발음된 것과 관련이 있습니다.

중화요리 이름에서 보이는 현대 중국어의 ao [아오]와 ai [아이]가 한국어의 'ㅗ'와 'ㅐ'에 대응되는 것이 흥미롭습니다. 이는 중국을 통해 한반도 북부를 거쳐 들어온 성경 속 고유명사 法老 [파라오]와 西奈 [시나이] 산이 한국어 성경에서 바로와 시내산으로 옮겨지는 원인이 되었습니다. 이처럼 중화요리의 명칭은 19세기 말과 20세기 초의 산둥 지방 방언의 흔적과 당시 한국어 화자가 중국어를 어떻게 받아들였는지를 고스란히 보여줍니다.

21세기 대한민국에서는 마라탕과 양꼬치를 필두로 한 새로운 종류의 중화요리가 유행하고 있습니다. 중국 조선족이 운영하는 중국요리 음식점이나 대림동 등지의 차이나타운을 방문하면 간판과 메뉴판에서 재미있는 표기를 만날 수 있습니다. 거리를 걷다가 간판에서 한국식 한자음 표기인 마랄향과麻辣香锅도 아니고 그렇다고 중국식 발음 표기인 마라샹궈도 아닌 마라향궈를 만나면, 어쩌다 저런 혼종 표기가 나오게 된 걸까 고민에 빠지기도 합니다. 최근에는 "양꼬치"를 뜻하는 羊肉串 [양러우촨]의 번역으로 양뀀을 제시하는 등, 전형적인 중국 둥베이 지방의 조선어식 표현을 마주치기도 했습니다. 지금의 새로운 중국 음식 열풍으로 이루어지고 있는 날것의 언어 교류가 훗날 새로운 언어 현상을 빚어내게 될지도 모릅니다.

10

한국 최초의
신문

구한말 국민의 계몽과 바깥 사정을 알리기 위한 목적으로 한반도에서
는 최초의 근대적 신문인 《한성순보漢城旬報》가 1883(고종20)년에 창간
되었습니다. 창간 목적은 제1호의 창간사에서 순한문 문체로 명쾌히
역설力說되었습니다.[144]

（前略）今風氣漸開，智巧日長，輪船馳駛環瀛，電線聯絡四
土，至於定公法修聘問築港埠通交易（中略）事變物類，幻詭百
出，車服器用，技巧萬端，固雷心世務者，所不可不知也。是以
我朝廷開局設官，廣譯外報，幷載內事，頒示國中，泒分列國，
名曰旬報，以之廣聞見辨衆惑裨商利，中西之官報申報，郵便交
詢，其義一也。宇內之方位鎭浸政令法度府庫器械貧富飢饌與

夫，人品之臧否，物值之低昂、摭實傋載，可以燭照鏡考，而褒
貶勸懲之義，又未嘗不行乎其間也。雖然覽者騖遠好近則是市步
而失故者也。眛新膠舊則是井觀而自大者也。其必度時審勢，勿
流勿泥、取捨可否，必求諸道，不失其正，然後庶乎開局之本旨
也歟。

(전략) 지금은 지역이 점차 열리고 지혜도 날로 발전해 증기선이 전
세계를 누비고 전선이 서양까지 연결되며, 공법公法을 제정해 국교를
수립하고, 항만과 포구를 축조해 서로 교역하므로 (중략) 일과 물건이
온갖 형태로 나타나고 각종 기계와 물건에서도 그 기교가 일만 가지
이니, 세상의 일에 마음을 둔 사람이라면 몰라서는 안 될 것이다.

그러므로 우리 조정에서도 박문국博文局을 설치하고 관리를 두어 외
국의 신문을 폭넓게 번역하고자 했다. 아울러 국내의 일까지 기재해
나라 안에 알리는 동시에 다른 나라에까지 공포하기로 하고, 이름을
순보旬報라 해 견문을 넓히며, 여러 가지 의문점을 풀어주고, 상업에
도 도움을 주고자 했다. 중국과 서양의 관보官報·신보申報를 우편으
로 교신하는 것도 그런 뜻에서다.

세계 속의 방위方位·진침鎭浸·정령政令·법·재정·기계·빈부·식량 사
정 등만 아니라, 인품의 선악, 물가의 높고 낮음까지를 사실대로 정확
히 실어 밝게 알 수 있을 뿐만 아니라 그에 대한 평가도 사이사이에
포함시켰다. 그러나 독자들이 먼 것을 외면하고 가까운 것만 좋아한
다면 휩쓸려 걷다가 자기 걸음걸이마저 잃어버리는 격이 될 것이고,

새것에는 어둡고 옛것만을 고집한다면 우물에 앉아서 제 것만 크다고 하는 격이 될 것이다. 그러므로 반드시 때와 형세를 살펴 무작정 남만 따르거나 자기 것만 고집하지 말고 선택과 평가를 반드시 이치에 맞도록 해 정도正道를 잃지 않은 뒤에야 박문국을 설치한 본래의 뜻에 맞을 것이다.

《한성순보》 창간사 (1883년 10월 31일)

《한성순보》라는 제목은 서울[漢城]에서 열흘[旬]마다 알리는 소식[報]이라는 뜻을 담고 있습니다. 게이오기주쿠慶應義塾 대학의 개화파 유학생과 후쿠자와 유키치의 제자 이노우에 가쿠고로井上角五郎에 의해 간행된 이 순한문 신문은 창간 이듬해에 갑신정변이 일어나면서《한성순보》를 인쇄하던 박문국이 불에 타 간행이 중단되었으나, 1886년에 창간된 최초의 현대적 국한문혼용 문체를 적용한《한성주보漢城周報》로 계승되면서 맥을 이었습니다. 근현대 한국어의 국한문혼용 문체는 후쿠자와 유키치에 의해 제안된 것이지만, 이미 훈민정음 반포 초기에 고안되었던 한자와 한글을 섞어 쓰며 한문을 풀어 적는 형식의 언해諺解 문체를 계승한 것이므로, 없었던 것이 후쿠자와에 의해 갑자기 생겨난 것은 아닙니다. 당시 한국어 매체의 인쇄를 위한 근대 한글 활자 제작에도 후쿠자와가 관여했다는 이야기가 전해집니다.[145]

한중일 언어 교류사의 관점에서《한성순보》와《한성주보》가 갖는 특징으로는 '외신란'에 국외 신문을 적극적으로 인용해 실었다는 점

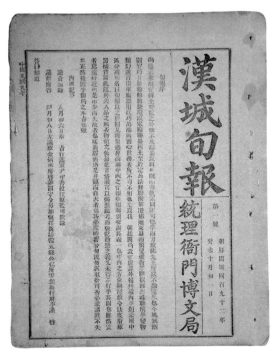

《한성순보》 제1호

입니다. 대부분은 중국과 일본 신문의 기사를 전재하거나 번역해 실은 것이었습니다.《한성순보》의 기사 1,646건 가운데 약 70%인 1,155건이 국외 기사였는데, 그중에서 약 74%가 중국발 기사, 약 11%가 일본발 기사였습니다.《한성주보》는 총 120호가 발행된 것으로 알려져 있으나, 현재는 약 3분의 1인 42호만이 전합니다.《한성주보》의 국외 기사는 약 60%가 중국발, 약 30%가 일본발로 일본 언론에서 발췌해온 기사가 눈에 띄게 증가했습니다. 이에 따라 짐작할 수 있는 사실은, 이러한 과정에서 중국과 일본에서 만들어진 신문명 어휘가 자연스레 문어 형태로 한국어에 흘러들어올 수 있는 계기가 마련되었다는 것입니다.[146]

《한성순보》의 집록

《한성순보》의 기사는 국내 소식, 외국 소식, 집록集錄의 세 범주로 나뉘어 게재되었습니다. 집록은 지금으로 치면 특집 기사라 할 만한 것인데, 그 대부분은 과학기술에 관한 내용으로 이루어져 있었습니다. 집록 기사로는 지동설·지구의 자전과 공전·유럽 대륙·아메리카 대륙·전기·일본사·전보·육지 및 해저 전선電線·영국지誌와 미국지誌·조세통계·아시아 대륙 총론·학교·출판권·박람회·프랑스지誌·도로와 기차·우편 제도·행성론·망원경·금연·예수교·러시아지誌·교린·이탈리아지誌·공법 등 자연과학과 인문과학에 관한 주제가 많았습니다.[147]

《한성순보》의 창간호에 실린 세 편의 집록 기사는 모두 지구에 관한 것이었습니다. 명나라를 방문한 예수회 선교사 마테오 리치가 《곤여만국전도坤輿萬國全圖》(1602년)를 제작할 때 지구地球라는 단어를 조어했는데, 이러한 견문은 조선 시대 말의 서학을 공부하는 선비들에게도 전해져 있었습니다. 기념비적인 첫 번째 기사 〈地球圖解지구도해〉는 "지구는 귤처럼 둥글다"는 문장으로 시작하는데, 오대양과 오대륙·북극과 남극·적도선이 그려진 투박한 세계지도가 실려 있었습니다. 기사는 지역별로 기후가 다르고, 경위도선으로 위치를 나타낼 수 있으며, 한성은 북위 37도 39분에 동경 127도로 표현할 수 있음을 소개했습니다. 지구가 둥근 이유를 다섯 가지 근거를 들어 설명했고, 또한 지구가 자전을 해 하루를 이루고 원일圓日(공전)을 해 1년을 이룬다는 사실을 다음 호 기사에서 설명하겠다는 예고로 기사를 끝맺습니다.

그다음으로 이어지는 기사가 〈論地球運轉지구의 운전을 논하다〉인데, 이 기사에서는 서양에서도 지동설에 대해 모르고 있다가 1541년에 가리가嘉利珂(갈릴레이)라는 인물이 망원경을 활용해 지동설을 밝혀낸 사실을 실었습니다. 창간호의 마지막 기사인 〈論洲洋대륙과 대양을 논하다〉에서는 지구의 크기와 오대륙과 오대양을 설명하고 대륙마다 어떤 나라가 있는지 소개했습니다. 각 대륙별로 특집 기사가 따로 작성되었으며, 바다·강·산맥·인종·종교·풍속·제도 등이 상세하게 설명되었습니다.

《한성순보》를 간행한 개화기 지식인들은 어째서인지 다른 것도 아닌 지구설과 지동설에 관한 특집 기사를 창간호에 실었습니다. 지구설은 중국을 통해 17세기에 이미 조선에 들어와 실학자들에게 커다란 의식 변화를 선사했습니다. 이 세상에서 지구가 점하는 자리를 설명함으로써 지리학과 지구과학뿐 아니라 천문학에 관한 관심으로 이어질 수 있었습니다.《한성순보》16호의 집록 기사 〈星學源流성학원류〉

에서는 고대 그리스에서 발전한 천문학에 대해 소개했고, 뒤이어 〈占星辨謬 점성학의 오류를 논변하다〉에서는 동아시아에서 오랜 기간 화복을 점치는 데 사용되어온 점성학이 비과학적이라는 사실을 역사적인 사례를 통해 설득했습니다. 동아시아 세계관에서 오랜 세월 믿어져 온 미신을 서양의 과학을 통해 반박한 것입니다.

지구과학과 천문학 분야 외에도 물리학과 화학 분야에서 다양한 집록 기사가 게재되었습니다. 《한성순보》 5호의 국외 기사 〈英國電氣會社 영국전기회사〉에서, 전기는 소식을 전하고 거리를 밝히며 탈것과 공장을 움직이면서도 값이 싸다고 해 전기의 활용성과 유용성을 강조했습니다. 4호에 실린 집록 기사 〈電氣論 전기론〉에서는 전기에 대해 소개하는데, 그 설명이 흥미롭습니다. 전기란 음과 양이 만남으로써 나타나며 세상 어디에나 있으나, 나타나지 않을 때는 소리와 빛과 무게가 없는 것이라고 했습니다. 독자의 이해를 돕기 위해 음양 陰陽 같은 도교의 용어를 사용했는데, 이러한 점은 음수와 양수, 음극과 양극, 음이온과 양이온에서 쓰이는 것과 같이 현대의 상황도 별반 다르지 않습니다. 도체와 부도체, 건전과 습전, 갈바니와 볼타 전지의 발명, 전신과 전보의 발명에 대해서도 소개했습니다. 구한말에 화학 원소라는 개념이 널리 알려지게 된 계기 또한 《한성순보》의 기사였을 것입니다. 당시 기사에서는 산소를 양기 養氣, 수소를 경기 輕氣, 헬륨을 담기 淡氣라고 해 일본식 용어와 일치하지 않았습니다.

이처럼 《한성순보》는 서양 학문의 지식을 보편화하고 독자를 계몽하는 데 큰 역할을 했습니다. 나중에 가서는 앞서 개별적으로 소개된 서방 학문의 총체와 그 기원을 근본적으로 탐구하려는 기사도 작성되었는데, 14호에 게재된 〈泰西文學源流考 서방 학문의 원류에 관한 고찰〉이라는 장문의 기사에서 서양 과학사를 구체적으로 기술했습니다. 특이하게도 이 문장에서 쓰이는 "문학文學"이라는 표현은 오늘날 현대 한국어를 비롯한 한자문화권 언어에서 쓰이는 의미와 달리 "학문學問"이라는 뜻으로 사용되었습니다.

이 기사에서는, 서양 '문학'은 분파되어 여러 가지가 있지만 주요한 것으로 천문학·산학算學·격치학格致學·화학 등이 있다고 소개하는데, 이들은 각각 오늘날의 천문학·수학·물리학·화학입니다. 격치학은 근대 일본에서도 시도되었던 근대 번역어에 대한 주자학 용어의 재정의 사례와 궤를 같이 합니다. 일본에서도 물리학에 대해 격물학 혹은 격물궁리지학格物窮理之學 등의 용어가 고안된 바 있습니다. 격치학格致學은 곧 격물치지지학格物致知之學의 줄임으로 볼 수 있는데, 격물치지란 사물의 이치를 궁리해 앎을 온전케 한다는 주자학의 가르침으로, 지금은 쓰이지 않으나, 개화기에는 물리학 혹은 과학 전반을 가리키는 용어로 전이되어 사용되었습니다.

15호에서는 서양 국가의 교육과정에 관한 기사가 실렸는데, 서양의 교육은 과학을 중심으로 하고, 이러한 과학 발달의 힘을 통해 약소국이 부흥하고, 강대국은 더욱 부흥할 수 있음을 논했습니다. 서양 과학 기술과 과학 중심의 교육과정에 대한 큰 관심은 당시 《한성순보》를 펴내던 지식인들이 언론을 통해 어떠한 지향성을 가지고 독자를 계몽하고자 했는지 엿볼 수 있게 합니다. 한국어 속에 과학 용어와 관련된 신문명新文明 어휘가《한성순보》라는 바깥 세계와의 창구를 통해 대량으로 유입되어 왔음은 명백합니다.

《한성순보》는 순한문 신문이었는데, 과학 관련 기사는 중국 문헌을 적극적으로 인용했기 때문에 서양 학자의 인명도 중국식 음역 표기를 그대로 따랐습니다.

인명	《한성순보》 표기	중국어 발음
피타고라스	畢他固拉 필타고랍	bǐtāgùlā [비타구라]
유클리드	有歐里得 유구리득	yǒu'ōulǐdé [유어우리더]
데카르트	德爾 덕이	dé'ěr [더얼]
뉴턴	奈端 나단	nàiduān [나이똰]
케플러	格布萊 격포래	gébùlái [거부라이]
베이컨	培根 배근	péigēn [페이건]
다윈	達爾溫 달이온	dá'ěrwēn [다얼원]

《한성순보》에 나타나는 서양 인명의 음역

11

근대 영한사전과
번역어

구한말과 일제시대에는 서양인들, 특히 선교사들을 중심으로 본격적인 영한사전 편찬이 전개되었는데, 영한사전으로만 본다면 1890년의 언더우드 사전, 1891년의 스콧 사전, 1914년의 존스 사전, 언더우드의 아들이 펴낸 1925년의 원한경元漢慶 사전이 차례로 간행되었습니다. 이들 영한사전은 표제어와 구성 방식에서 차이가 존재하지만, 비교를 통해 시대별로 같은 단어를 어떻게 다르게 번역했는지 파악하는 것이 가능하고, 이에 따라 19세기 및 20세기의 한국어가 근대 신어를 어떻게 받아들였는지 들여다볼 수 있습니다.[148]

영한사전의 편찬

영한사전 편찬의 주된 목적은 서양 선교사들에게 한국어를 가르치기 위해, 한국어 화자의 영어 학습을 돕기 위해, 그리고 성서를 한국어로 번역해 대중에 보급하기 위함이었습니다. 이는 서양 선교사들이 미답의 땅을 개척하는 과정에서 흔하게 이루어졌던 선교 과정의 일부였습니다. 방대한 양의 성서를 번역하기 위해서는 체계적이고 틀림없는 사전이 필요합니다. 이를 위해 영단어의 의미에 가장 잘 부합하는 한국어 단어 및 표현을 신중하게 가려내는 작업이 필요했으며, 어떻게 해도 당시의 한국어로는 표현할 수 없는 개념에 대해서는 일본과 중국에서 만들어진 근대 번역어를 적극적으로 받아들이거나 참고해야만 했습니다. 따라서 근대 한국어 사전 편찬과 성서 번역의 과정은 《한성순보》《한성주보》 등의 국외 기사 못지않게 일본어와 중국어의 근대 번역어를 한국어 어휘부에 흡수시키는 데 일조했습니다.

1890년의 언더우드 사전에서는 일상어에 초점을 두고 제작된 것도 있지만, 영어 표제어에 대응되는 한국어 단어 대부분이 단어보다는 구 형태로, 또 한자어보다는 고유어가 비중 있게 사용되었습니다. 그러나 1925년의 원한경 사전에서는 표제어에 대해 구 대신 단어의 나열이 제시된 항목이 눈에 띄게 증가했으며, 거의 대부분이 중국과 일본에서 만들어진 근대 번역어로 대역되어 있습니다.[149]

표제어	언더우드(1890)	원한경(1925)
import	V.T. 타국에셔가져오오 N. 타국에셔가져온것, 의ㅅ, 뜻, 상관, 관계	V.T. (1) 슈입ㅎ다 (2) 함츅ㅎ다 (뜻을), 쏫ㅎ다 (3) 즁요히알다 N. (1) 슈입, 슈입품, 슈입익 (2) 의미, 지취 (3) 중요ㅎ것, 관계잇ᄂ것
lawyer	N. 법경계아ᄂ이	N. (1) 법률가 (2) 변호ㅅ, 듸언인, 률ㅅ
revolution	N. 도라ᄃ니ᄂ것, 환국ㅎᄂ것	N. (1) 도라다니ᄂ것, 도ᄂ것, 회전, 회귀 (2) 운힝, ㅈ전, 공전 (텬문의) (3) 혁명, 기혁 (4) 변혁, 전환 (상업의)

개화기 영한사전의 정밀화

1925년의 원한경 사전에서는 하나의 영단어에 대해 다양한 대역어를 제시함으로써 다의어에 충실히 대응했는데, 특히 revolution의 대역어에서 (텬문의)와 (상업의) 등 특정 분야에서 사용될 때의 의미를 별도의 한국어 단어로 대역시키면서 수십 년 사이에 근대 어휘에 대한 한국어의 표현력이 풍부해졌음을 단적으로 드러냅니다.

이 시대의 영한사전에는 일본어계 번역어와 중국어계 번역어가 혼잡하게 섞여 실려 있는데, 이는 당시 한국어에서 아직 근대 번역어의 정착이 완성되지 않았음을 시사합니다. 일본어계 번역어와 중국어계 번역어가 공존하는 사례는 아주 많지만, 그 실례가 이루는 추세를 추려보면 우리는 근현대 한국어사의 어떠한 중요한 사실을 깨닫게 됩니다.[150]

표제어	일본어계	중국어계
destiny	운명	명운
station	뎡거쟝, 뎡류소	참站
model	간판	초패招牌
service	근무	복무
president	대통령	대총통
missionary	션교ᄉ	젼교ᄉ傳敎士
landlord	하슉	공우公寓
interest	흥미	흥취
partner	합ᄌ회샤	공ᄉ公司

개화기 한국어 속의 일본제 번역어와 중국제 번역어

중국어계 어휘는 주로 원한경 사전에 몰려 있는 경향이 있는데, 편찬 과정에서 중국의 상업 사전을 참고 자료로 활용했기 때문입니다. 그럼에도 현대 한국어 화자에게 일본어계 번역어만이 익숙하고 친근하게 다가오는 이유는, 비단 근대 번역어 대다수가 일본에서 생산된 것과는 별개로, 일제시대를 거치며 일본어계 어휘가 중국어계 번역어를 몰아내고 한국어 내에서 지배적인 입지를 다졌기 때문일 것입니다. 앞의 *lawyer* 항목에서도 법률가, 변호ᄉ는 현대 한국어 화자가 일상 생활에서 쉽게 접할 수 있는 단어인 데 반해, 중국계 번역어인 ᄃᆡ언인代言人과 률ᄉ律士는 생소합니다. 또한 현대 한국어에서 근무와 복무는 공존하고 있지만, 복무는 군복무와 같이 사용할 수 있는 범위가 한정됩니다. 앞서 소개한 심판과 재판, 보통과 일반처럼 중국어계 번역어와 일본어계 번역어가 의미를 분담하게 된 것입니다.

근대 영한사전에는 일본에서 만들어진 한자어뿐만 아니라 일본어 고유어 및 혼종어의 한자 표기를 한국어 한자음으로 읽어 들여온 사례가 적지 않습니다. 신분身分 [미분], 수하물水荷物 [데니모쓰], 쥬식株式 [가부시키], 할인割引 [와리비키], 견본見本 [미혼], 견출見出 [미다시], 적립積立 [쓰미다테], 죠합組合 [구미아이] [구미아와세], 취급取扱 [도리아쓰카이], 취쇼取消 [도리케시], 경미競賣 [세리우리] 등은 일본어 고유어 및 혼종어의 한자 표기를 그대로 한국어 한자음으로 읽은 것에 불과합니다. 이러한 단어들은 국립국어원에서 말하는 '일제 잔재'의 기준에 부합하는 단어들이기 때문에 한국어 속의 '일본 지우기' 작업을 거치며 사라져야 할 운명이었으나, 한국어 화자의 언어생활 속에 이미 너무 깊숙이 뿌리내렸기 때문에 이들을 지우는 것은 불가능합니다. 간혹 일본의 한국어 관련 교양서적을 보면 이와 같은 유형의 단어들을 한국어 한자음으로 읽는 것을 두고 '일본어 감추기'라고 칭하며 비판합니다. 하지만 이러한 비판은 부당합니다. 일본의 독특한 한자 훈독 문화가 한자문화권 언어 간 교류에서 힘을 발휘하면서 이루어진 자연스러운 언어 접촉의 산물을 일본에서 왔다는 이유만으로 없앨 필요도 없고, 일본에서 왔다는 사실을 감출 이유도 없습니다. 사실 어떤 단어가 어디에서 왔는지는 일반 언중의 상식 밖입니다.

일본제 숙어

현대 한국어에 대한 일본어의 영향은 어휘 차원에서 그치지 않고 각종 숙어와 관용 표현에까지 이릅니다. 이 사실을 알고 있는 한국어 화자는 이쪽 방면에 관심이 있는 사람이 아니라면 극히 드뭅니다. 우리가 문학 작품에서 접하는 관용구, 신문과 텔레비전에서 날마다 접하는 굳은 표현들 가운데 어느 것이 한국어 고유의 것이고 어느 것이 일본어의 표현을 빌려온 것인지 가려내기란, 문자언어로 된 정보가 모든 방면에서 흘러넘치는 이 시대의 일반 언중에게는 불가능한 일입니다.

> 애교가 넘치는 그녀가 속삭이는 달콤한 말에 나는 숨 죽인 채 귀를 기울였다.
>
> 타의 추종을 불허하는 경쟁자와 어깨를 나란히 하기는커녕 나의 패색만이 짙어 보인다.
>
> 보는 사람의 눈을 의심하게 만든 그의 발명품은 세간의 큰 관심을 불러일으켰다.
>
> 조간지에 유명 정치인의 부정 행각이 담긴 사진이 실려 만인의 빈축을 샀다.
>
> 이제서야 기억이 되살아난 듯 핑계를 둘러대는 친구를 보고 기가 막혔다.

한국어 문어체에서 흔히 볼 수 있는 앞의 표현들은 예로부터 일본의 문장가들이 사용하던 숙어적 표현을 직역해 한국어에 번역·차용해온 것입니다. 한국어 문어체에서 빈번히 쓰이는 …에 대한, …에 의한, …에 관한 등의 불완전 동사 표현도 일본어에서 만들어진 것을 그대로 번역·차용한 결과입니다. 현대 한국어의 문어체가 본격적으로 형성되던 시기가 바로 일제시대이기 때문에, 한국어 화자가 일본어의 문학적 표현을 여과 없이 수용한 사실은 어찌 보면 당연히 짐작할 수 있는 일입니다.

12

일제시대 이전의
한국어 한자어

근대 이래의 한국어는 참으로 주변 언어의 영향, 나쁘게 말하면 간섭만을 받은 것처럼 보입니다. 언어의 위세는 해당 언어를 사용하는 집단의 힘을 따라가는데, 구한말과 일제시대의 한국어는 명백한 이유로 영향력을 상실하고 있었습니다. 한국어에 스며든 신문명 어휘는 모두 중국과 일본에서 만들어진 근대 번역어를 전적으로 수용한 것이 절대다수고, 심지어는 관용 표현과 숙어마저 일본어로부터 직역해 받아들였습니다. 나라에 힘이 없으니 언어도 자연히 힘이 없었던 것입니다. 하물며 일본에 합병되어 한국어가 독립적으로 사용되는 나라 자체가 존재하지 않게 된 시기가 35년이나 지속되면서, 한국어는 주변 언어의 영향과 간섭을 일방적으로 받을 수밖에 없었습니다.

쓰나미와 같이 몰려온 일본제 한자어의 간섭을 받기 전의 한국어는 어떤 한자어를 사용했을까요? 아직 일본어의 영향을 본격적으로 받기 전인 1907년에 발행된 한국어 화자를 위한 일본어 학습서《독습일어정칙獨習日語正則》에는 일본어 문장과 한국어 대역 문장이 병렬적으로 실려 있습니다. 여기서 일본어 문장에 쓰인 한자어는 지금의 한국어 화자에게도 익숙한 것이 많지만, 한국어 대역 문장에는 다소 낯설고 생소한 한자어가 사용된 것을 확인할 수 있습니다. 그 정체는 바로 아직 일본제 한자어에 잠식되지 않은 한국어의 전래 한자어입니다. 이들 대부분이 중국제이거나 한국어 고유의 한자어입니다.[151]

日韓人間ニ感情감정**ヲ惡クシテハイケマセン**

日韓人間에 情誼정의*를 損傷케 ᄒ여서는 안 되옵니다**

"일본인과 한국인 간에 감정을 상하게 해서는 안 됩니다"

일본어 문장에서는 감정感情이라는 단어가 사용된 데 반해, 조선어 대역에서는 정의情誼라는 생소한 한자어가 쓰였습니다. 정의는 국어사전에 "서로 사귀어 친해진 정"이라는 뜻으로 풀이되어 실려 있는데, 현대 한국어에서 일상적으로 쓰이는 단어는 아닙니다. 불과 한 세기 전의 문헌에서 한국어보다 일본어 문장에 쓰인 단어가 우리에게 더 익숙하다니 참으로 희한한 일이 아닐 수 없습니다.

• 원문의 한글 병기는 독자 편의를 위해 필자가 추가한 것이다.

近頃金融금융ハドウデスカ

이사이 錢政전정은 엇더ᄒᆞ오닛가

"요새 금융은 어떻습니까"

税金세금モ掛リマスカラ

税錢세전도 드니

"세금도 드니"

現金현금デナケレバ買エマセン　　何卒現金현금ヲ御願ヒ申シマス

卽錢즉전이 아니면 살 슈 업소　　아무죠록 直錢직전을 ᄂᆡ시오

"현금이 아니면 살 수 없습니다"　　"아무죠록 현금을 내십시오"

일본어 문장에서 금융金融·세금稅金·현금現金으로 쓰인 단어가 한국어 문장에서는 각각 전정錢政·세전稅錢·즉전卽錢~직전直錢으로 대역되었습니다. 일본어에서는 "돈"을 金 [가네]라고 하는 관계로, 금전과 관련된 어휘에 금金이라는 한자를 사용하는 경향이 강합니다. 중국어와 한국어에서는 종래로 전錢이라는 글자가 쓰인 것과는 대비됩니다. 물론 현대 한국어 화자에게는 일본식 한자어만이 눈에 익을 것입니다. 세전은 현대 한국어에서도 쓰이지만 세금의 비해 사용 빈도가 현저히 낮고, 즉전과 직전은 "맞돈"의 의미로 사용되지만 사실상 사어이며, 전정錢政의 경우 아예 수록하지 않은 국어사전도 있습니다.

당시 한자어 가운데 주목할 만한 것으로, 일본어의 경기景氣를 한국어에서는 시세時勢라고 대역시켰고, 불경기는 시세 없다라고 했습니다.

不景氣불경기デゴザイマス

時勢시세 **업습니다**

"불경기입니다"

일본어 결핍缺乏이 한국어 절핍絶乏에, 일본어 계획計劃이 한국어 계책計策에 대응되는 것처럼 두 언어 간에 같은 한자가 겹치는 단어가 있는가 하면, 일본어 고문拷問을 한국어 형신刑訊에, 일본어 교제交際를 한국어 상종相從에 대역시킨 사례와 같이 완전히 다른 한자어가 쓰이는 경우도 많았습니다.

警察署デ罪人ヲ拷問고문スルハ酷イデス

警察署에셔 罪人을 刑訊형신ᄒᆞᄂᆞᆫ 것슨 殘酷ᄒᆞ오

"경찰서에서 죄인을 고문하는 것은 혹독합니다"

日本語ヲ硏究연구シテモ始終日本人ト交際교제セネバ言葉ガ進ミマセヌ

日本말을 工夫공부ᄒᆞ야도 항상 日本사롬과 相從상종을 아니ᄒᆞ면

말이 늘지 아니ᄒᆞ옵니다

"일본말을 공부해도 항상 일본인과 교제하지 않으면 말이 늘지 않습니다"

상종이란 누군가와 "서로 따르며 친하게 지낸다"는 뜻인데, 요즘은 마음에 들지 않는 누군가와 '상종하지 않겠다'는 부정적인 꼴로만 주로 쓰여 제한적인 용법을 지니게 되었습니다. 또 위 문장에서 일본어 연구研究에 대해 한국어 공부工夫라는 단어가 대역되었는데, 한 세기 전의 한국어에서 쓰이던 공부가 갖는 의미와 용법이 그대로 현재까지 이어져 오고 있는 것을 알 수 있습니다. 학자가 아닌 사람이 '일본어를 연구'한다고 하는 표현은 현대인의 시각에서 보아도 어색합니다. 아래와 같은 공부의 용법은 현대인의 관점에서 보면 어색합니다. 공부의 의미 축소를 보여줍니다.

漢文ノ素養소양ガナイカラ

漢文工夫공부가 업스니

"한문 소양이 없으니"

물론 지금도 공부의 사전적 정의만 따진다면 위와 같은 문장을 써도 무리가 없겠지만, 과연 현대 한국어 화자 중에 저런 표현을 입에 담을 이가 얼마나 있을까요? 이외에도《독습일어정칙》에서 드러난, 일본어 간섭을 받기 전의 한국어 단어 중에서 주목할 만한 것들을 나열했습니다.

일본어 단어	조선어 대역	의미
鑑札 감찰	認許 인허	"허가증"
購讀者 구독자	購覽者 구람자	"구독자"
當選 당선	被薦 피천	"당선"
配達夫 배달부	分傳人 분전인	"배달부"
不具 불구	廢人 폐인	"불구(자)"
費用 비용	浮費 부비 經費 경비	"비용, 경비"
始末 시말	經緯 경위 結尾 결미	"시말, 경위"
失策 실책	낭픠	"실책"
失敗 실패	逢敗 봉패 良貝~狼狽 낭패	"실패"
愛嬌 애교	嬌態 교태	"애교, 교태"
年末 연말	歲末 세말	"연말"
外出 외출	出入 출입	"외출, 나들이"
運搬 운반	移運 이운	"운반"
月末 월말	月終 월종	"월말"
流行 유행	時體 시체	"유행"
利子 이자	利息 이식 邊利 변리	"이자"
一割 일할	拾一條 십일조	"1할"
磁石 자석	指南鐵 지남철	"자석"
自由 자유	任意 임의	"자유"
滯在 체재	逗留 두류	"체재, 체류"
出勤 출근	仕進 사진	"출근"
洪水 홍수	漲水 창수	"홍수"

《독습일어정칙》에 나타나는 한국어 한자어

요즘에는 구독의 의미가 확장되어 유튜브 채널이나 넷플릭스 등의 OTT 서비스를 구독한다고 말하기도 하니, 한 세기 전에 쓰인 구람자라는 단어가 현대의 의미에 더 잘 부합할 수도 있겠습니다. 사실 구독의 어원을 따져서 보면 "사서 읽다"라는 뜻이기 때문에 현재와 같은 "정기적 재구매"는 의미 확장에 의한 결과임을 알 수 있습니다. 신문이나 잡지를 '정기 구독'한다는 표현에서 정기가 누락된 뒤, 주류 매체의 변화로 신문이나 잡지처럼 문자 위주의 매체가 아닌 동영상 등에도 구독형 비즈니스 모델이 적용되면서, 구독이라는 단어도 의미 확장을 겪은 것입니다.

COVID-19의 여파로 재택 근무는 증가하고 사회적 활동은 감소하면서, 모바일 앱으로 음식을 시키면 집까지 배달해주는 서비스가 성행하게 되었습니다. 한민족의 다른 이름으로 잘못 알려진 배달倍達 민족을 살짝 바꾼 이름의 배달 앱 서비스가 대표적입니다. 배달配達은 일본에서 온 단어지만, 그렇다고 해서 '분전分傳의 민족'이라고 한다면 아무도 이해할 수 없을 것입니다. 분전은 이미 소수의 화자를 제외하면 통용되지 않는 사실상의 사어가 되었기 때문입니다.

십일조는 1할, 즉 10%의 의미를 갖는 단어로, 현대에는 기독교에서 벌이의 10분의 1을 교회에 헌금한다는 뜻으로만 제한적으로 쓰일 뿐입니다. 일본어와 달리 할푼리조차 야구 경기 외에는 찾아보기 쉽지 않고, 대체로 퍼센트, 프로와 같은 외래어가 대세가 되었습니다.

사진仕進은 본래 벼슬아치가 정해진 시간에 출근하는 것을 가리키는 단어였는데, 이것이 근대에 들어 "직장에 출근하는 것"으로 의미가 확장되었다가 일본어에서 들어온 출근出勤에 밀려 현대에는 쓰이지 않게 되었습니다. 출근과 퇴근은 일본제 한자어를 받아들인 것이고, 당직이나 교대 근무에서 쓰이는 상번上番과 하번下番은 중국어식 표현을 받아들인 것입니다. 참고로 중국어에서는 출근과 퇴근을 상반上班과 하반下班, 등교와 하교를 상학上學과 방학放學이라고 합니다. 한국어에는 이래저래 일본어식과 중국어식 한자가 섞인 경우가 있지만, 대부분은 일본어식 용어가 대세입니다.

이것 말고도 일본어의 영향을 받기 전의 전통 한자어 혹은 한국어 고유의 신어가 많이 기록되었습니다. 이들이 현대 한국어에서 더 이상 사용되지 않게 된 것은 단순히 아쉽다는 감상으로 끝날 만한 사건이 아닙니다. 한국어가 품고 있는 옛 전통과의 단절을 통렬히 실감하게 해주는 역사언어학적 증거인 셈입니다. 또한 일제 치하의 35년간 한국어가 굉장히 다대한 변화를 겪었고, 일본어로부터 헤아릴 수 없을 만큼 지대한 영향을 받았다는 역사적 사실을 다시금 인식하게 해줍니다.

책을 끝까지 읽어주셔서 감사합니다. 2020년 여름에 글을 쓰기 시작해, 도중에 1년 반 동안 군복무를 마치고, 3년이 훌쩍 지난 2023년 여름에서야 원고를 마무리 짓게 되었습니다.

2020년 8월 21일, 김영사로부터 한 편의 메일을 받았습니다. '한중일 언어 인문학'이라는 키워드로 책을 써보지 않겠냐는 출간 제의였습니다. 당시 갓 고등학교를 졸업하고 구독자 7만여 명의 작은 YouTube 채널을 운영하고 있었던 저는, 사람들에게 즐거움과 유익함을 선사하는 양질의 책을 써낼 자신이 없었습니다. 하지만 전부터 막연히 책을 만들어보고 싶다는 욕심이 있었고, 한국어의 언어 교류를 통시적으로 다룬 일반 서적은 제가 아는 한 없었기 때문에, 그렇다면 '내가 한번 써보고 싶다'는 생각이 들어 제안에 응하게 되었습니다.

처음에는 독자를 배려한 글쓰기가 낯설어 시행착오를 겪어야만 했습니다. 지금의 결과물도 결코 유려한 문장으로 술술 읽히는 양서良書라고 할 수는 없겠지만, 한국어의 역사에 관심이 있는 사람이라면 누구나 읽을 수 있는 책이라고 믿습니다.

스스로 말하는 것도 이상하지만, 군복무 중에도 원고를 작성하기 위해 온갖 고행을 마다하지 않았습니다. 해외에 있는 지인에게 부탁해 자료를 우편으로 받아보거나, 휴가 중에 도서관에서 자료를 복사해오기도 했습니다. 소장 중인 자료를 전자화해 부대에서 읽기 위해 북 스캐너를 구입하기도 했습니다. 군부대라는 환경의 특성상 통신기기 사용이 자유롭지 않았으므로, 사이버지식정보방에서 논문을 인쇄해 틈 날 때마다 자료를 읽고 노트에 정리하는 게 일상처럼 된 때도 있었습니다. 비록 환경 제약 탓에 집필은 거의 하지 못했지만, 어떠한 방해 요소도 없이 차분히 독서에 집중할 수 있었기에 효율적으로 지식을 축적할 수 있었고, 질적으로나 양적으로나 높은 수준의 정보를 체화할 수 있었습니다.

이처럼 군대에서는 자료 조사에 임했고, 전역 후 바짝 저술에 집중해 빠듯하게 원고를 완성했습니다. 3년 동안 셀 수 없을 만큼 원고를 갈아엎었고, 그 과정에서 아쉽게 여기에 실리지 않은 주제의 글이 많습니다. 예컨대 당나라 시대의 경교, 요일과 밀교의 관련성, 중세 일본의 키리시탄 등 '선교에 의한 언어학Missionary linguistics'과 '종교에 의한 언어 교류'에 관한 주제 및 '한자문화권에 관한 폭넓은 주제'는 이 책에 실리지 못했습니다. 이번에 공개하지 못한 글은 더욱 다듬어서 후일 공개할 기회가 있다면 좋겠습니다.

이 책은 여러 조언자로부터 다대한 도움을 받아 완성되었습니다. 원고를 직접 읽어보며 오류와 문제점을 지적하고 이 책에서 사용된 고대 한국어 모델을 고안한 종합연구대학원대학SOKENDAI 국립국어연구소 박사과정생 윤희수, 작문에 관한 조언과 유럽 언어의 한글 표기에 도움을 준 서부 브르타뉴대학Université de Bretagne Occidentale 언어학(브르타뉴어) 박사과정생 강성우, 여진어·만주어·거란어 및 기타 중앙아시아 제어 자료 조사에 도움을 준 황원준, 원고를 검토하고 구체적인 조언과 깊이 있는 부가 정보를 제공해준 일본어학 전공자 파빌상@pabil3600, 원고를 검토하며 중요한 조언을 해주신 성균관대학교 연구원 한경호 박사, 그리고 저를 응원해주신 향문천 YouTube 채널 구독자 분들께 진심 어린 감사의 마음을 전합니다. 정성스럽고 심려 깊은 도움에도 이 책에서 발생한 오류는 모두 제 과문함 탓입니다.

마지막으로 그 어떤 출판사보다 먼저 제게 출간을 제의해주신 김영사 편집부의 태호 씨에게 감사의 뜻을 전하고자 합니다. 군복무가 끼어서 원고의 납기가 대단히 늦어졌음에도 격려와 조언을 아끼지 않고 기다려주셨습니다. 김영사와 같이 영향력 있는 출판사에서 저서를 출간할 수 있었던 것을 영광으로 생각합니다.

시인 Ar Barz Houad가 이 책의 출간을 기념하여 선물해준 〈낙성송가〉를 싣는 것으로 글을 마칩니다.

Ur barzoneg-lid

Embann a heller levrioù

Ewid gober plijadur

En douar-mañ d'ur mor a dud

Evel e kals a lec'hioù.

Elas, heller ked kaouid

E nemb tu traoù spled,

Emant ged tud nul spek'let

En dra ma'n dud fin karz' kuit.

Ewid goûd p'tra eo ur skrid

Emsavoc'h d'an dud gouizieg

Eh eus un dra hembkén d' skwer

Edan blezioù berr, savet c'hweg

Enor a vo, skriwagnour!

En oad ken tener êl-sen

En doud gwraet ur pezh labour

E tay brassoc'h sur asset.

—Ar Barz Houad

낙성송가 落成頌歌

사람들의 향락을 위해

수많은 책이 출판되었고

셀 수 없는 책들이 이

세상에서 읽혔지만

쉬운 것을 찾는 사람들에겐

쉽지 않은 그림의 떡이고

소수의 지성인들에겐

살 가치가 없는 책뿐이라네

사람들이여, 책이 도대체 무엇인지

살 가치 있는 책이 무엇인지 알고 싶다면

세상에 그 얼마 없는 책을 찾는다면

쉽지 않은 짧은 시간만으로

성물을 만들어낸 이 젊은 작가의

사혈을 다해 완성한 이 작품을 지금 그

손안에 넣게나: 후회하지 않을 것이네

수 년 뒤에, 이미 위인이 되어 있을 것이네

—Ar Barz Houad

響文泉

부록

⌇~~~~ 본서의 원고 구성은 저술 도중에 수차례 변경되었고, 그 과
정에서 한자문화권에 관련된 내용이 통째로 삭제되었다. 이곳에는 본
래 본서에 포함되어 있던 내용의 보충 자료로서 제공될 예정이었던,
일반적으로 구하기 어려운 유용한 자료를 부록으로 싣는다.

1

거란소자 자소 목록

언어학자 오타케 마사미의 역대 거란소자 관련 논문으로부터 수집한 각 자소의 추정음을 오타케(2020)의 형식으로 자료화했다. 오류 및 누락이 있을 수 있음을 밝힌다.

번호	비고	자소	Unicode	추정음	
				어두	기본
000		□		누락 부호	
001		一	18B01		??
002		丁	18B02		??
002D		亍	미등재		??
003		为	18B06		χ^waa

004		承	18B08		..er
004D		承	18B09		sʊʊ
005			=004D		
006		厎	18B0A		χ/γör
007		丕	18B0C		ňeem
007D		丕	18B0D		??
008			=007D		
009	삭제		=一厸		
010	삭제		=一关		
011		буд	18B10		an
012			삭제		
013			삭제		
014		亙	18B13		χʊr
015		亦	18B15		jaw
016		帀	18B17		od
017		雨	18B18		doo
018		禸	18B1A		in
019		丙	18B1B		iw
020		丂	18B1C	y	əy
021		禸	18B1D		mөө
022		禸	18B1E		čaw
023		禸	18B20		ed

024		而	18B21		??
025		襾	18B22		??
026		乇	18B23		ňum
026D		乇	18B24		??
027			=026D		
028		戈	18B25	š	əəž?
028D		戈	18C56	ř	??
029		夭	18B26		taw
029D		戈	18B27		töb
030			=029D		
031		吞	18B28	c	əəz?
032			삭제		
033		禾	18B2A	ž	iž
033D		禿	18B2B		??
034			=033D		
035		盂	18B2C		öňöγ
036		玌	18B2D		χʊʊ
037		王	18B2E		tii
038		厊	18B2F		??
039		开	18B30		??
040		十	18B36		??
041		卡	18B37		uz

042		士	18B38		χ/γož
043		击	18B39		mod
044		屯	18B93		??
045		支	18B3C		??
046		삭제			
047		肖	18B3E		χar
048		耳	18B3F		γor
049		市	18B40		??
050		夷	18B41		üd
051		立	18B42		aǧ
052		击	18B43		mər
053		巫	18B45		χaa
054		삭제			
055		本	18B47		??
056		朮	18B49		??
057		朿	18B4A		χoo
058		朼	18B4B		ərǰ
059		杏	18B4C		uň
060		삭제			
061		刵	18B4E		bay
062		並	18B4F		äŋγ
063		朿	18B50		ör

064		𘭑	18B51		??
065	삭제				
066		𘭔	18B54		tər
067		𘭕	18B55		əw
068		𘭖	18B56		bid
069		𘭗	18B57		al’
070		𘭘	18B58	v	??
071		𘭙	18B59		$o\eta\gamma^{w}$
072		𘭚	18B5A		üm
073		𘭛	18B5B		en
074		𘭜	18B5C		ter
075		𘭝	18B5D		$\chi o\eta\gamma^{w}$
076		𘭞	18B5E		or
077		𘭟	18B5F		??
078	삭제				
079	삭제	= 𘭢ミ			
080		𘭢	18B62		əəl
081		𘭧	18B67		sayr
082		𘭨	18B68		öö
083		𘭩	18B69		sɨɨ
084		𘭪	18B6A		er
085		𘭬	18B6C		ňur

085D		灰	18B6D		??
086		=085D			
087		友	18B6F		jii
088		삭제			
089		九	18B71		id
090		卅	18B72		ʊğʷ
091		芀	18B73		daɣ
092		尢	18B74		um
093		芀	18B75		erd
094		삭제			
095		女	18B90		??
096		夊	18B91		??
097		攽	18B92		ur
098		兮	18B85		al
099		东	18B87		ad
100		与	18B88		??
101		芀	18B89		dəw
102		芀	18B8A		čəw
103		삭제			
104		攴	18B8F	ǰ	iǰ
105		삭제			
106		=345			

107		𘭸	18B78		oy
108		𘭹	18B79		??
109	=348				
110	=350				
111	=056				
112	=349				
113	=353				
114	=352				
115		𘮀	18B80		öl
116		𘮁	18B81		üb
117	삭제				
118		𘮄	18B84		$ö\gamma^{w}$
119		𘲌	18C8C		daw
120		𘲎	18C8E		až
121	삭제				
122		𘲐	18C90		ay
123		𘲑	18C91		ar
124	삭제				
125		𘲓	18C93		ɵɵ
126		𘲔	18C94		??
127		𘲕	18C95	b*	ib
128		𘬱	18B31		üž

129		万	18B32		eb
130		禾	18C98		χää
131		圣	18C9A		uu
132		삭제			
133		叉	18C9C	m	im
134		圣	18C9D		jir
134D		圣	18C9E		??
135		=134D			
136		刀	18CA1		??
137		刃	18CA2		ür
138		圣	18CA3		əgʷ
139		力	18CA4		naa
140		朾	18CA6		ən
141		屵	18CA7		döl
141D		屵	18CA8		diləə
142		尾	18CA9		..en
143		乏	18CAA		??
144		圣	18CAB		ər
145		了	18CAC		??
146		丁	18CAD		??
147		弓	18CAE		ĵuu/ʊʊ
148		乃	18CAF		??

149		子	18CB0		ol
150		开	18CB1		jaa
151		列	18CB2	χ	aɣ
152		矛	18CB3		uǰ
153		=152			
154		丞	18CB5		on
155		乙	18CB6		??
156		乞	18CB7		bur
157		=158			
158		孔	18CB9		əlz
159		弤	18CBA		ňer
160		丑	18CBB		baa
161		丸	18CBC		aw
162		本	18CBD	č/ǰ	əǰ
163		业	18CBE		köö
164		无	18BD6		??
165		勺	18BD7	g*	ig
166		包	18BD9		ɣʊʊr
166D		包	18BDA		ɣörb?
167		=166D			
168		力	18BDB		eɣ
169		欠	18BDC		oɣʷ

170		仄	18BDD		??
171		久	18BDE		??
172		夂	18BDF		ugʷ
173		冬	18BE0		yaa
174		冬	18BE1		az
175		各	18BE2		eŋɣ
176		刣	18BE3		bar
177		剎	18BE4		urǐ
178		几	18BE5		kuu
179		尢	18BE8		und
180		尢	18BE9		šïi
181		帆	18BF0		üŋgʷ
182		凤	18BF1		??
183		㝾	18BF2		čal
184		乃	18BF4		am
185		廼	18BF5		mur
186		及	18BF6		oo
187		㕛	18BF8		tum
188		州	18BF9		oǰ
189		为	18BFA		aa
190		刌	18BFB		??
191		丸	18BFD		təw

192		九	18BFE		??
193		九	18BFF		ňaa
194		坐	18C00		γoy
195		午	18C01		tal
196		丰	18C02		ab
197		朿	18C04		ey
198		夂	18C05		??
199		気	18C06		aŋγ
200		삭제			
201		夯	18C08		??
202		劤	18C0A		tuu
203		先	18C0B		ard
204		矢	18C0C		öm
205		矢	18C0D		ənd
206		矢	18C0E		uľ
207		矢	18C0F		meŋγ
208		发	18C10		lʊʊ
209		삭제			
210		朿	18C12		aǧʷ
211		ㄴ	18CC0		??
211D		ㄴ	미등재		??
212		누	18CC1		??

213		生	18CC3		too
214		乍	18CC4		daa
215		삭제			
216		失	18CC6		χol
217		朱	18CC7		ond
218		丐	18CC8		dor
219		与	18CC9		??
220		伃	18C13		om
221		伏	18C14		??
222		伏	18C15	ň	iň
223		삭제			
224		仕	18C17		ül
225		付	18C18		bii
226		仲	18C19		yөө
227		仅	18C1B		kər
228		仃	18C1C		öğʷ
229		仍	18C1D		taa
230		仅	18C1E		γ?aa
231		伭	18C1F		γ?aa
232		仅	18C20		??
233		仉	18C21		kuu
234		仍	18C22		biž

235		仇	18C23		ir
236		仳	18C25		ud
237		门	18C26		duu
238		佀	18C27		suy
239		八	18C28		??
240		仝	18C2F		poor
240D		仝	18C30		??
241		仒	18C29		puu
241D		仒	18C2A		fuu
242		=241D			
243		尖	18C32		ňaar
244		仐	18C37	s/(ə)z	əz
245		仐	18C2B		ʊʊ
246		余	18C39		ʊɣʷ
247		仒	18C3A	t/d	əəd
248		仐	18C33		öǰ
249		分	18C3B		ərd
250		仒	18C2C		χaw
251		公	18C2D	n	əən
252		仌	18C3C		oğʷ
253		仒	18C2E		ez
254		仝	18C34	d	əd

255		𛰽	18C3D		olʼ
256		삭제			
257		𛱀	18C40		əm
258		𛱁	18C41	z	iz
259		𛱂	18C42		γod
260		𛱃	18C43		γʊʊ
261		𛱄	18C44	l	əl
262		𛱆	18C46		uy
262D		𛱇	18C47		üy
263		=262D			
264		𛱊	18C4A	ŋ	əŋg
265		𛱋	18C4B		??
266		𛱌	18C4C		??
267		𛱎	18C4E		??
268		𛱏	18C4F		χay
269		𛱐	18C50		a..
270		𛱑	18C51		em
271		𛳓	18CD3		eĭ
272		𛳔	18CD4		ub
273		𛳕	18CD5		un
274		𛳍	18CCD		äğ
275		𛳏	18CCF		??

276		𪓐	18CD0		??
277		𪓑	18CD1		χoduγ^w
278		삭제			
279		兆	18B97		poo
280		业	18B98		el
281		삭제			
282		非	18B9A		üg^w
283		汉	18B9B		kəə
284		上	18B9C		üĭ
285		山	18B9D		??
285D		山	18B9E		ňorʊγ^w?
286		=285D			
287		止	18B9F		waa
288		屮	18BA0		bər
289		屮	18BA1		üü
290		出	18BA2		aň
291		氺	18BA3		awĭ
292		少	18BA4		??
293		类	18BA5		ənz
294		小	18BA6		der
295		业	18BA7	p/b	əəb
296		삭제			

297		屮	18BAA		??
298		肖	18BAB		soo
299		肖	18BAC		ärd
300		冂	18BAD		??
301	삭제				
302		冊	18BAF		il
303		同	18BB0		iŋg
304		冈	18BB1		old
305		肉	18BB2		??
306	삭제				
307		囚	18BB3		??
308		冈	18BB5		??
309		田	18BB6		bud
310		冊	18BB7		əyl
311		冇	18BBD	b	əb
312		冇	18BBE		ald
313	삭제				
314		冇	18BC0		eŋɣ
315		朿	18BC1		ež
316		目	18BC2		jur
317		月	18BC3		??
318		罒	18BC4		ñee

319		冊	18BC6		gʷəə
320		由	18BCC		bəl
321		由	18BCD		χer
322		内	18BCE		oň
323		口	18BCF		təə
324		业	18BD0		ön
325		电	18BD1		??
326		文	18C52		arǰ
327		文	18C53		ee
328		主	18C54		kəy
329		亦	18C55		ün
330	=028D				
331		六	18C57		nəw
332		穴	18C58		ňay
333		乐	18C59		??
334		亢	18C5A	g	əg
335		才	18C5B		ää
336	=146				
337	=152				
338		洄	18C62		ii?
339		关	18C64		ii
340		丷	18C65	k/g	*əəg

341		仌	18C66	əər
342		=343		
343		囪	18C69	səə
344		火	18C6A	əld
345		灬	18C6B	uŋgʷ
345D		灻	18C6C	??
346		=345D		
347		=107		
348		灷	18C6E	əə
349		灺	18C6F	əğ
350		灮	18C70	??
351		삭제		
352		炶	18C72	iğ
353		炡	18C73	ïï
354		灭	18C74	oz
355		米	18C75	ord
356		坐	18C31	ľ	əľ
357		半	18C76	ʊŋɣʷ
358		半	18C35	muu
359		坐	18C36	iľ
360	삭제	= 屮朩		
361		屶	18C78	əə̌

362		ㄎ	18C79		ew
363		㞼	18C7D		jar
364		삭제			
365		夭	18C7F		??
366		平	18C80		ul
367		乐	18C81		??
368		㲺	18C82		dəər
368D		㲺	18C83		dürb
369		=368D			
370		삭제			
371		兂	18C85		??
372		穴	18C86		uğʷ
373		又	18C87		mää
374		癶	18C88		tay
375		舟	18C89		čaa
376		写	18C8A		??
377		㞢	18C8B		aɣʷ
378		ˋ	18B00	반복 부호	
C01		汞	18B34		??
C02		与	18B8C		jïi
C03		㐅	18B8E		bəj
C04		女	18B66		aj

C05		吏	미등재		??
C06		辰	18B52		??
C07		米	18B53		??
C08		夯	18C9F		??
C09		孔	미등재		boy
C10		斥	18BEC		??
C11		斥	18BED		??
C12		凡	18BEB		??
C13		夊	18CA5		a..
C14		犮	18CCB		??
C15		勺	18CC5		??
C16		矢	미등재		anz
C17		乎	18BD3		??
C18		乂	18C4D		??
C19		乃	미등재		üz
C20		屮	미등재		??
C21		夬	미등재		and
C22		卅	18BBA		už
C23		丗	18BBC		??
C24		甪	18BBB		??
C25		月	18BB9		üğ^w
C26		咢	18BC5		??

C27		𘯈	18BC8		oŋγʷ
C28		𘯋	18BCB		??
C29		𘱜	18C5C		ob
C30		𘱟	18C5F		??
C31		𡐅	미등재		??
C32		𘯘	미등재		??

2

《동제(거란소자)명 원형경》의
해석과 근거

이 글에서는 오타케大竹(2020)의 거란어 재구 형식에 따라, 한국국립
중앙박물관 소장 《동제(거란소자)명 원형경》의 내용을 해석하고 그
근거를 제시한다.

　국립중앙박물관 소장 《동제(거란소자)명 원형경》은 20세기 초 개
성에서 출토된 것으로 여겨지는 거란소자가 주조된 거울이다. 거란소
자 자료 대부분이 묘지명이라는 점에서 이 거울이 갖는 언어학적 가
치는 크다. 거울면에 총 28자가 주조되어 있으며, 명문은 한시를 모방
한 칠언절구 시로, 기구·승구·결구에서 각운을 이룬다. 아이신교로·
요시모토愛新覺羅·吉本(2011)에서 이미 해독이 시도된 바 있다. 이 글에
서는 오타케(2020)의 거란어 재구 형식에 따라 명문 내용을 해석하
고 그 근거를 제시한다.

《동제(거란소자)명 원형경》

기구

두 가지 가능한 해독을 제시한다.

土 圠	朩屶	仐九	仍伎 村	犰乃 火	幺朿	公幺 朿
tər-əəl	*čəə-ń*	*sum*	*taa..-ən*	*χam-uy*	*äğ-äy*	*däğ-äy*
시작하다-SML	짓다-PST.F	화살	??-ACC	좇다-CNJ	형-GEN	적-ACC

"개국하면서 만든 화살이 ×× 몰아내고, 형의 적을"

시작하다-SML	짓다-PST.F	맑다	조서-ACC	좇다-CNJ	형-GEN	적-ACC

"개국하면서 지은 **嘉詔**가조를 따라, 형의 적을"

아이신교로·요시모토(2011:127)는 土 *tər*-를 "이름 짓다" "세다" "배열하다"에 가까운 의미를 갖는 동사 어간으로 보았으나, 다음 문장을 고려하면 지스即实(2012:362)가 제출한 "肇비롯할 조하다, 闢열 벽하다"가 더 타당하다.

巫立 方	土灬	公立 刿	罞	业灸
χağ-ad	*tər-əər*	*nadbar*	*an*	*buu*
칸(MT)-PL	시작하다-PST.M	왕조(M)	3SG	이다.PRS

"칸들이 창시한 왕조가 그것이다." [KS11:4]●

부동사 활용어미 丠 -*əəl*은 공기共起●●의 역할을 가지며,●●● "…하면서" "…하는 동시에"의 의미를 나타낸다. 따라서 土丠 *tər-əəl*은 "개벽하면서, 창시하면서" 정도로 해석되므로, 문맥상 "개국하면서"로 옮겼다.

čəə- "하다, 있다"는 오래전부터 의미가 파악된 단어로, 오타케(2015a:2)에 따르면 중세 몽골어 *ki*-와 동원어다. 주로 명문 끝에 찬자撰者의 이름 뒤에 출현해 "짓다"로 해석되지만, 용법이 다양한 범용적인 동사로 여겨진다.

水九 *sum* "화살" 역시 오래전부터 의미가 파악된 단어로, 중세 몽골

● 주석 및 번역은 오타케 (2016c:82) 참조.

●● 동사에 붙어 두 동작이 나란히 행해짐을 나타내는 부동사화 활용어미.

●●● 오타케 (2020:172).

어 *sumun* "화살"과 동원어다. 그러나 이를 "화살"로 해석할 경우 伋攴村 *taa..-ən* 의 해석이 곤란하다. *taa..*의 어의語義는 지스(1996)가 "詔書조서", 아이신교로·요시모토(2011:128)가 "章글 장"으로 해석했으며, 모두 타당하다. 그런데 水九 *sum*을 명사로 볼 경우 "화살 조서" 혹은 "화살 문장"으로 이해할 수밖에 없으며 받아들이기 어렵다. 따라서 水九 *sum*의 명사로서의 어의 또는 伋攴村 *taa..-ən*의 어의 중 하나를 기각할 수밖에 없는데, 제1안은 후자를 그렇게 한 것이다. 제2안은 水九 *sum*을 형용사로 이해해 오타케(2016b:9)의 "맑다"를 채택할 경우, 水九 伋攴村 *sum taa..-ən*은 "맑은 조서"로 해석할 수 있으며, 이는 곧 "嘉詔가조", 즉 조서 또는 칙서를 높여 일컫는 말이다.

아이신교로·요시모토(2011:128)는 氻乃 *χam*을 부사로 간주하고 《화이역어》 인사문人事門의 中含禿阿兒 *qamtu-ar* "一同"및 서면 몽골어 *ham* "공동의"와 동원어로 보았으나, 발음의 유사성 외에는 근거가 부족하다고 생각한다. 대신에 다음 문장에서 氻乃 *χam-*을 "쫓다"로 해석한 오타케(2018:2)의 주석이 타당해 보인다.

而夾 炎	氻乃 火	公关 勺소	夊冬 村东 炎	杰卡 丛夯
čawr-əər	*χam-uy*	*niig-əd*	*jazaa-d-əər*	*juz-ləə!*
軍-INST	쫓다-CNJ	원래의-PL	영지-PL-DAT	들다-IMP

"군사를 써서 몰아내 원래 영지로 귀속시켜라." [KS06:52–53]

• 칭걸테清格尔泰 외(2017:1600)는 첫째 자소를 丙 ed로, 둘째 자소를 夂 ug^w로 오식했다.

아이신교로·요시모토(2011:128)는 幺朱 小幺朱 *äğäy däğäy*를 해독하지 않고 형용사 혹은 의태어일 수 있다고 했는데, 타당하다고 본다. 그러나 이것이 의태어가 아니라면, 이미 알려진 거란어 단어로 해독될 수 있다. 幺 *äğ-* (단독으로는 ㅕ *ää*)는 "남성 연상 형제"를 의미하며, 현대 한국어의 "형"의 의미와 일치한다. 오타케(2015b:88)에 따르면, 小幺 *däğ-* (단독으로는 小ㅕ *dää*)는 "敵적적"을 의미한다. 거란어 단수 명사에서 *-n/-ii*는 대격(부정격은 제로)과 속격 표지를 의미하므로, 幺朱 小幺朱 *äğ-äy däğ-äy*의 가장 자연스러운 해석은 "형의 적을"이다.

승구

丙圠 水	丙圠 水	夲圠 圠	夲圠 圠	文用 屵	屮为 出	氻幺 朶
yor(ə)z	*yor(ə)z*	*soro..*	*soro..*	*eelüü*	*modaañ*	*šäğ-äy*
빛나다	빛나다	깨닫다	깨닫다	식별하다.F	나쁘다.F	착하다.F-ACC

"혁혁하고 명철하게 재단하네, 악과 선을"

아이신교로·요시모토(2011:129)는 丙圠水 *yor(ə)z*는 묘지명에서 주로 병치되어 "혁혁하다"의 의미로 주로 쓰인다고 했다.

아이신교로·요시모토(2011:129)는 夲圠圠 *soro..*의 어의를 "문서, 말"이라고 했으나, 그 근거는 제시되지 않았다. 이를 지스(2012:392)는

"지각知覺하다"라고 했으며 타당해 보인다. 그러나 거란어에서 동사의 병치가 문법적으로 어떠한 역할을 갖는지 밝혀지지 않았으며, 마지막 자소 圠의 음가가 미상인 이상 어떠한 동사 활용어미가 붙은 것인지 알 수 없다. 여기서는 그 의미로부터 유추해 "명철하게" 정도로 해석했다.

아이신교로·요시모토(2011:129-130)는 夊用岇 eelüü의 추정음을 *jæliu로 해, 이것을 요 성종遙聖宗 대의 연호 "태평太平"의 일부인 丂夊 夬岇 yeerüü (아이신교로의 *jæliu)와 동일시했으나, 이는 잘못이다. 오타케(2020:93)에 따르면, 유음을 포함하는 A계열 자소는 설정 공명음 r을 가진다. 夬 er는 유음을 포함하는 A계열 자소이므로 C계열에 속하는 用 il과 다른 자음을 가진다. 夊用岇 eelüü는 "식별하다"라는 어의의 동사 어간 圠灬 əəluǧʷ-의 모음 경구개화*에 의한 단수 여성형이다.

又幺 šäǧ "착하다"의 어의는 지스(1996:266)에 의해 비교적 초기에 해명되었으나, 그 대의어인 古力出 modaaň "나쁘다"의 어의가 해명된 것은 거란어로 번역되어 인용된 한문 고전 문장이 발견된 이후였다 (오타케 2016c:72). 여기서 又幺 šäǧ는 단수형, 古力出 modaaň은 古力夬 modaar의 단수 여성형이다. 앞서 언급했듯이, -n/-ii는 대격 표지이므로, "악, 선을"로 해석된다.

• 오타케(2016c)는 일부 남성 형용사의 어간 모음을 전설화하는 것으로 여성형이 된다는 것을 밝혔다. 모음의 경구개화를 통한 여성형 형성은 형용사에 국한되는 것이 아니라, 형동사의 일부 비과거형 단수 여성형 형성에서도 나타난다(오타케 2020:133).

전구

두 가지 가능한 해독을 제시한다.

木又	叉斧	兴伏	令生 亐爻 孖	爻爿	公刌 化	求坐
čim	*ərəə*	*üü-ň*	*t/dabal-uuj*	*šää*	*nəgud-d*	*ör-əľ*
2SG.ACC	지금	거룩하다-??	매장하다-IRR	착하다.SG	벗-DAT	오래.F-??

"그대를 이제 거룩히 묻으리, 좋은 벗에게 오래"

čim	*ərəə*	*üü-ň*	*t/dabal-uuj*	*šää*	*nəgud-d*	*örəľ-ľ*
2SG.ACC	지금	거룩하다-??	매장하다-IRR	착하다.SG	벗-DAT	이끌다.F?-CNJ

"그대를 이제 거룩히 묻으리, 좋은 벗에게 이끌어"

오타케(2018:10)가 밝혔듯이, 木又 *čim*은 2인칭 단수 대격 대명사다. 叉斧 *ərəə* "지금"은 오래전에 어의가 밝혀졌다. 兴 *üü*-는 한자 '聖거룩할 성'에 대역되므로(류펑주劉凤翥 외 1995), 어의를 "존귀하다, 거룩하다"로 한다. 어미 伏 -*ň*의 의미는 미상이다. 여기서는 문맥상 "거룩히"로 옮겼다.

令生亐 *t/dabal*-은 지스(1996[16])에 의해 "厝둘 조하다"로 밝혀졌으며, 여기서는 "묻다"로 옮겼다. 의역해 "장례를 치르다"로 풀이해도 적절할 것이다. 어간에 비현실 형동사 어미 爻孖 -*uuj*가 붙었으므로, "묻으리"로 해석하면 적당할 것이다.

公刌化 *nəgud*는 "從者(추)종자, 벗"을 의미하는 公刌夊 *nəgur*에 여위

격 표지가 붙은 형태다. 거란어는 현대 몽골 제어와 마찬가지로 어말 모음의 일괄 탈락이 발생했는데, 이때 어말 모음의 탈락이 발생하기 이전부터 *r*로 끝나는 '*r* 어간' 어휘는 불규칙적인 곡용 형태를 보인다.[•] 公夬夂 *nəgur*는 '*r* 어간'이므로, 여위격 표지 *-nd*가 불규칙적으로 적용되어 ×*nəgur-und*가 아니라 公夬化 *nəgud*로 나타난다.

朿 *ör* "오래다"의 경우 오래전부터 어의가 밝혀져 있었으며, 朿尘[••] *ör-əl*은 그것에 기능 미상의 접사가 붙은 것으로 해석할 수 있다. 이 경우 "오래"로 옮긴다. 그러나 만약 이것을 동사 어간 *orəl-* "이끌다"의 단수 여성형 *örəl-*로 볼 수 있다면, *l* 어간[•••]이므로 *örəl'-l'*이 성립할 수 있다. 다만 경구개화 법칙상 기대되는 여성형은 ×*öril-*이며, *orəl-*이 이와 같은 여성형 형성을 갖는다는 보장도 없다.

결구

令欠 为	屮癸	令住 宀比	为㔾 立冬	又癸 雨	公金	丙幺 朿
t/doɣʷaa	*bərii*	*t/dülǔǧʷ-əəl*	*aa-laǧ-az*	*miin*	*nəm*	*yäǧ-äy*
??	??	??-	있다-CAUS-OPT	1SG.GEN	가까이	반열-ACC

"×× 늘 두고 싶네, 내 가까운 반열을"

- 오타케 (2016a:3) 주3 참조.
- 칭걸테 외(2017:1600)는 첫째 자소를 丹 əb로 오식했다.
- 오타케 (2016a:3) 주3 참조.

칭걸테 외(2017:1600)는 夿欠力 t/doɣʷaa를 "酉닭 유"로 주석했으나, 실제로 "닭"을 의미하는 夿力力 teɣaa와 발음상의 괴리가 크므로 동일시될 수 없다. 夿欠力 t/doɣʷaa의 어의는 미상이다.

卄关 bərii의 어의는 미상이다. 칭걸테 외(2017:1600)는 첫째 자소를 山으로 오식해 "金의"로 주석했으나 잘못이다.

아이신교로·요시모토(2011:134)는 夿佳穴比 t/dülüğʷ- əəl의 해석으로 "늘"을 제시했으며, 이를 따른다. 어의 미상의 동사 어간에 공기共起 동사 어미가 붙은 것으로 분석된다. 어의가 분명한 夿佳公比 t/dülüğʷ-(ə)dəəl "늘"이 동일 어간에 한계限界 동사 어미•를 갖는다는 점에서 시사적이다.

아이신교로·요시모토(2011:134)는 力夽尐关 aa-lağ-az를 "있게 하고 싶다"로 옳게 해석했다. 구체적으로는 아이신교로(2004:170)가 밝혔듯이, -lğ-는 사역태와 수동태를 동시에 형성할 수 있는 접미사다. 力 aa-는 "있다"를 뜻하며 중세 몽골어의 a- "있다"와 동원어다. -z는 원망법願望法••의 역할을 가진다. 여기서는 의역해 "두고 싶네"로 옮겼다.

아이신교로·요시모토(2011:135)가 제시했듯이, 叒关雨 miin은 1인칭 단수 속격 대명사다.

• "…ㄹ 때까지"의 의미를 가진다. 오타케(2020:172)가 제시했다.
•• 화자의 의지 및 희망을 나타내는 서법敍法.

아이신교로·요시모토(2011:135)는 公金 𘰷𘰮𘰇 *nəm yäğ-äy*를 한문 대역문을 근거로 "근반近班"으로 해석했다. 이는 타당하지만, 公金 𘰷𘰮𘰇 *nəm yäğ-äy*에는 항상 동사가 후행하므로, 𘰮𘰇 *yäğ-äy*는 𘰮 *yäğ-* (단독으로는 𘰮𘰸 *yää*?)의 대격으로 보는 것이 바람직하다. 따라서 여기서는 "근반을"을 풀어서 "가까운 반열을"로 옮겼다.

◆ 참고 문헌

[KS06] *Diwrəň Čalaa* (耶律仁先) 묘지명. (1072)

[KS11] *Budəlbəň Čawǰ* ×× 묘지명. (1082)

⟨2차 자료⟩

大竹昌巳 (2015a).「契丹小字文献所引の漢文古典籍」.『KOTONOHA』.

_____(2015b).「契丹小字文献における母音の長さの書き分け」.『KOTONOHA』.

_____(2016a).「契丹語格接尾の数による分裂現象」.『KOTONOHA』.

_____(2016b).「契丹小字文献所引の漢人典故」.『KOTONOHA』.

_____(2016c).「契丹語形容詞の性・数標示体系について」.『KOTONOHA』.

_____(2018).「契丹語を俯瞰する」. 東京外国語大学アジア・アフリカ言語文化研究所.

_____(2020).「契丹語の歴史言語学的研究」. 博士論文.

刘凤翥 외 (1995). 〈契丹小字解读五探〉.《汉学研究》.

愛新覺羅烏拉熙春 (2004).「契丹語的動詞後綴」.『契丹語言文字研究』. 東亜

歴史文化研究会.

_____(2011).『韓半島から眺めた契丹・女真』.京都大学学術出版会.

即实 (1996).《谜林问径: 契丹小字解读新程》.辽宁民族出版社.

_____(2012).《谜田耕耘: 契丹小字解读续》.辽宁民族出版社.

清格尔泰 외 (2017).《契丹小字再研究》.内蒙古大学出版社.

〈3차 자료〉

김태경 (2019).《거란소자 사전》. 조선뉴스프레스.

3

대한민국의
약자 제정사

한국은 한자문화권의 오랜 일원으로 예로부터 다양한 약자를 일상적으로 사용해왔으나, 근래 들어 한자를 구래의 누습으로 치부하는 탓에 한국식 약자는 서서히 사라져가는 추세다. 잊혀가는 한국식 약자를 집대성해 정리하는 것은 오랜 나의 바람이었으나, 한국 약자의 수는 지극히 방대하고 자료는 도처에 산재해 있으므로 역량 미달로 이루지 못했다. 다만 대한민국 성립 이후에 있었던 공식 약자 제정 시도의 역사를 이곳에 간단히 정리했다.

한국의 제정 약자制定略字를 정리하고 체계화하는 작업의 일부는 牽龜@solgwi 씨의 노고로 이루어진 것이며, 이 자리를 빌어 깊은 사의謝意를 표한다.

대한민국 한자 정책의 개요

1948년 — 한글전용법 국회 통과

1951년 — 상용한자 1,000자 발표

1953년 — 상용한자 1,300자 발표

1967년 11월 — 문교부 〈한자 약자 시안漢字略字試案〉 542자 마련

1967년 12월 — 신문 한자 2,000자 제한 발표

1967년 12월 — 문교부 〈한자 약자 제정안漢字略字制定案〉 215자 →
    198자 마련

1968년 — 한글 전용 5개년 계획 수립

1970년 — 초·중·고 교과서에서 한자 삭제

1972년 — 한문교육용 기초 한자 1,800자 발표

1973년 — 중·고등학교에 한문과 신설

1975년 — 중·고등학교 국어 교과서에 한자 병기

1981년 — 한국어문회 〈신문용 약자 시안新聞用略字試案〉 181자 권고

1983년 4월 — 《조선일보》 신문 약자 90자 적용

1993년 4월 — 《조선일보》 신문 약자 적용 중단

문교부 〈한자 약자 시안〉 542자 (1967년 11월)

문교부 소속 국어심의회 한문분과위원회(위원장: 조용욱)는 1967년 11월 10일에 문교부 제정 상용한자 1,300자 가운데 542자의 약자 시안을 마련해 국어심의회에 제출했다. 이 안은 〈한자 약자 시안〉(〈한문 약자 시안〉이라고도 한다)이라는 명칭으로 보도되었으나, 편의상 〈문교부 약자〉라고 칭하겠다. 동년 11월 20일자 《연세춘추》의 논평에 따르면, 이 가운데 일본식 신자체와 동일한 것이 57자, 중국식 간화자와 동일한 것이 33자, 양식을 절충해 제정한 것이 43자다. 일부 사소한 자형 차이를 무시한다면 중일 양국의 표준 자형과 일치하는 〈문교부 약자〉의 수는 더 많아질 것이다. 이는 필연적인 현상으로, 한자문화권에서는 중국에서 발생해 주변국으로 확산된 국제國際 속자가, 국지적으로 발생한 국별國別 속자보다 더 보편적으로 존재하기 때문이다.

〈문교부 약자〉의 제정이 어떤 연유로 착수되었는지는, 문교부가 이미 통폐합되어 사라진 부처이기도 하고, 또 워낙에 오래된 일이기 때문에 관련 일차 자료에 대한 접근이 쉽지 않아 추적이 어렵다. 이곳에는 당시 신문 기사를 통해 보도된 간접 자료에 의한 바를 기술했다.

한문분과위는 동년 2월 23일(《경향신문》에서는 2월 27일로 보도)에 약자 제정에 착수했다. 1968학년도 교과서에 우선 적용하는 것이 일차적인 목표였다. 약자 제정 이가원 연세대학교 교수를 포함한 7인(위원장: 조용욱; 위원: 민태식, 이가원, 차상원, 김경탁, 김능근)이 핵심적으로 관여했다. 상용한자(당시 1,300자)에서 획수가 많은 글자를 주로 고치고, 중일의 사례를 참고하면서 정자正字의 형形·음音·의義를 검토해 채택함과 동시에 초서와 행서의 간편한 서법을 채택한다는 원칙하에 9개월만에 총 542자를 선정했다고 한다. 시안 완성 후 열린 국어심의회는 28인으로 구성되었는데, 일석一石 이희승 박사가 의장, 외솔 최현배씨가 부위원장으로 선출되었다. 한자 약자를 검토하는 자리에서 한자폐지를 주장하는 위원이 포함된 것은 이해하기 어렵다. 동년 동월 11일부터 각자 해당 시안을 심의해 11월 21일 오후 2시에 자별字別합의를 모아 통과시킬 예정이었다. 그 후에는 언론계와 학회의 인사를 초치해 익년에 확정을 볼 계획이었다.

그러나 최현배 부위원장을 포함한 각계의 인사, 민간 신문사는 곧바로 날카롭게 반발했다. '한자 약자는 한자 교육의 이중 부담' '무리한 부분은 재검토해야' '국적 없는 약자' 등의 제목으로 다양한 비판이 있었다. 한글학회는 착수 초기부터 '약자 제정이 한글전용법의 입법 정신에 어긋난다'며 강경한 반대 입장을 표명해왔다. 〈문교부 약자〉는 주로 조선 문집과 방각본에서 흔히 사용된 조선 후기의 약자를 채택한 것이 많았으나, 일제시대를 거치며 이들의 사용은 점차 쇠퇴했기에 당시 지식인들에게는 생소한 것이 많았으며, 초서를 억지로 행서화한 데에서 오는 반감이 있었다. 한국 고유의 속자를 채용한 〈문교부 약자〉는 거센 부정적 여론에 휩쓸려, 결국 21일에 열린 첫 모임에서 압도적인 반대 의견으로 해당 시안을 철회했다.

《동아일보》 1967년 11월 11일자 보도

번호	한국 표준	문교부 약자
1	歌	哥欠
2	價	価
3	假	仮
4	暇	昄
5	覺	覚
6	刻	刋
7	閣	阁
8	間	间
9	幹	干
10	簡	简
11	懇	恳
12	監	监
13	減	减
14	降	夅
15	講	讲
16	强	強
17	綱	纲
18	開	开
19	個	个
20	概	杌
21	距	距
22	據	拠
23	擧	挙
24	乾	乹
25	劍	剣
26	檢	検
27	擊	撃
28	絹	绢
29	堅	坚
30	缺	夬
31	結	结
32	決	决
33	潔	絜
34	境	垸
35	輕	轻
36	敬	敬
37	警	警
38	慶	庆
39	競	竞
40	鏡	鋭
41	經	经
42	計	计
43	繼	继

44	鷄	雞
45	苦	苦
46	庫	库
47	穀	穀
48	骨	骨
49	恐	恐
50	過	過
51	課	课
52	觀	观
53	館	馆
54	關	关
55	慣	惯
56	廣	广
57	鑛	鑛
58	怪	怪
59	交	交
60	橋	桥
61	敎	教
62	較	较
63	區	区
64	構	构
65	舊	旧
66	國	国
67	菊	菊
68	軍	军

69	窮	穷
70	權	权
71	勸	劝
72	歸	归
73	均	匀
74	菌	菌
75	劇	剧
76	勤	勤
77	謹	谨
78	給	给
79	級	级
80	氣	气
81	起	起
82	記	记
83	器	器
84	機	机
85	紀	纪
86	緊	紧
87	諾	诺
88	難	难
89	納	纳
90	寧	宁
91	農	农
92	能	能
93	茶	茶

94	單	单
95	團	团
96	端	峼
97	斷	断
98	檀	枏
99	達	达
100	談	谈
101	曇	昙
102	擔	担
103	答	荅
104	堂	坴
105	當	当
106	黨	党
107	對	对
108	臺	台
109	帶	带
110	德	恴
111	都	都
112	圖	啚
113	稻	稻
114	徒	徒
115	盜	盗
116	獨	独
117	讀	读
118	同	仝

119	東	东
120	等	寺
121	登	登
122	燈	灯
123	羅	罗
124	落	落
125	樂	乐
126	絡	络
127	亂	乱
128	蘭	萳
129	欄	楠
130	覽	览
131	來	耒
132	兩	両
133	糧	粮
134	麗	丽
135	勵	励
136	歷	厂
137	曆	暦
138	連	连
139	聯	联
140	練	练
141	戀	恋
142	靈	灵
143	禮	礼

144	路	路		169	滿	满
145	爐	炉		170	賣	壳
146	勞	劳		171	麥	麦
147	露	露		172	脈	脉
148	綠	绿		173	面	靣
149	論	论		174	綿	绵
150	療	疗		175	模	模
151	龍	竜		176	謀	谋
152	類	类		177	苗	苗
153	流	流		178	務	务
154	留	㽞		179	無	旡
155	陸	陆		180	默	默
156	輪	轮		181	門	门
157	率	卛		182	問	问
158	隆	隆		183	聞	闻
159	離	难		184	微	㣲
160	裏	裡		185	密	宻
161	履	尸		186	叛	反
162	臨	临		187	般	般
163	馬	马		188	飯	饭
164	幕	仐		189	髮	髟
165	漠	漠		190	發	乔
166	膜	膜		191	訪	访
167	莫	莫		192	拜	拜
168	萬	万		193	輩	辈

194	番	畨
195	繁	縏
196	罰	罚
197	範	笵
198	變	変
199	邊	边
200	辯	弁
201	寶	宝
202	報	报
203	福	补
204	復	复
205	富	冨
206	簿	符
207	奔	奋
208	紛	纷
209	拂	払
210	佛	仏
211	飛	飞
212	備	备
213	卑	甲
214	師	师
215	絲	糸
216	事	事
217	砂	沙
218	謝	谢

219	射	尉
220	寫	写
221	辭	辞
222	算	筭
223	産	产
224	酸	酸
225	殺	杀
226	森	枩
227	狀	状
228	桑	桒
229	賞	党
230	喪	丧
231	償	偿
232	雙	双
233	暑	暑
234	署	署
235	釋	釈
236	線	线
237	鮮	鲜
238	船	舩
239	善	善
240	選	逃
241	說	说
242	雪	雪
243	設	没

244	聲	声		269	時	时
245	誠	诚		270	詩	诗
246	歲	岁		271	試	试
247	細	细		272	是	昰
248	勢	势		273	植	植
249	燒	烧		274	識	识
250	訴	诉		275	身	为
251	蔬	蔬		276	愼	慎
252	續	续		277	實	实
253	屬	属		278	審	審
254	訟	讼		279	兒	児
255	數	数		280	亞	亜
256	輸	输		281	芽	芽
257	收	収		282	惡	悪
258	壽	壽		283	壓	圧
259	帥	帅		284	愛	爱
260	樹	樹		285	額	額
261	需	需		286	藥	茮
262	隨	随		287	若	若
263	熟	塾		288	約	约
264	純	纯		289	陽	阳
265	術	術		290	養	养
266	述	述		291	孃	孃
267	濕	湿		292	樣	樣
268	乘	乘		293	壤	壤

294	讓	譲		319	榮	栄
295	魚	魚		320	英	英
296	語	語		321	營	営
297	漁	漁		322	豫	予
298	於	扵		323	預	予
299	億	億		324	藝	芸
300	憶	憶		325	譽	誉
301	嚴	厳		326	誤	誤
302	業	業		327	溫	温
303	餘	余		328	要	要
304	與	与		329	謠	謡
305	驛	駅		330	慾	欲
306	逆	逆		331	優	優
307	譯	訳		332	雲	雲
308	煙	烟		333	運	運
309	然	然		334	云	云
310	硏	研		335	圓	円
311	演	演		336	園	园
312	軟	軟		337	遠	远
313	燃	然		338	衛	衛
314	緣	縁		339	圍	囲
315	熱	热		340	爲	為
316	鹽	塩		341	違	违
317	染	染		342	僞	偽
318	葉	葉		343	謂	谓

344	遊	遊		369	臟	臓
345	飮	饮		370	獎	奨
346	陰	阴		371	張	张
347	應	応		372	再	冄
348	醫	医		373	災	灾
349	議	议		374	爭	争
350	意	恴		375	著	蓍
351	儀	仅		376	績	绩
352	貳	弌		377	蹟	蹟
353	異	异		378	戰	戦
354	益	益		379	電	電
355	翼	翼		380	傳	伝
356	認	认		381	專	専
357	壹	壱		382	錢	戋
358	者	者		383	轉	転
359	殘	残		384	絕	绝
360	蠶	蚕		385	節	卽
361	暫	暂		386	點	占
362	雜	雑		387	定	乏
363	長	长		388	靜	静
364	將	将		389	訂	订
365	裝	装		390	淨	净
366	壯	壮		391	弟	㐵
367	藏	蔵		392	第	苐
368	帳	帐		393	製	制

394	際	际		419	晝	昼
395	題	题		420	洲	洲
396	諸	诸		421	州	卅
397	祭	祭		422	走	赱
398	濟	济		423	準	准
399	堤	坦		424	衆	众
400	提	提		425	卽	即
401	齊	齐		426	證	证
402	劑	剂		427	增	增
403	鳥	鸟		428	蒸	蒸
404	組	组		429	紙	纸
405	條	条		430	誌	志
406	調	调		431	智	知
407	照	昭		432	遲	迟
408	操	操		433	職	职
409	燥	燥		434	織	织
410	足	足		435	直	直
411	族	族		436	陣	阵
412	卒	卆		437	眞	真
413	終	终		438	鎭	镇
414	從	从		439	質	质
415	綜	综		440	執	执
416	縱	纵		441	徵	徴
417	座	座		442	車	车
418	週	周		443	贊	赞

444	讚	讃		469	層	層
445	察	察		470	値	值
446	參	参		471	齒	歯
447	慘	惨		472	置	置
448	菜	菜		473	寢	寝
449	冊	冊		474	稱	称
450	處	処		475	彈	弾
451	賤	賎		476	歎	欺
452	淺	浅		477	奪	奪
453	鐵	鉄		478	態	態
454	綴	叕		479	擇	択
455	廳	庁		480	討	討
456	請	请		481	統	统
457	聽	聴		482	鬪	闘
458	體	体		483	編	编
459	遞	逓		484	評	评
460	草	草		485	閉	闭
461	礎	礎		486	廢	廃
462	促	促		487	弊	敝
463	總	捻		488	標	票
464	築	筑		489	品	品
465	蓄	蓄		490	豐	豊
466	縮	缩		491	筆	笔
467	蟲	虫		492	畢	畢
468	趣	嫩		493	荷	荷

494	賀	奖	519	話	话
495	學	学	520	花	花
496	鶴	隺	521	華	华
497	閑	闲	522	畫	画
498	漢	汉	523	禍	祸
499	艦	舰	524	擴	扩
500	函	函	525	歡	欢
501	航	航	526	圜	圜
502	解	解	527	還	还
503	鄉	乡	528	環	环
504	響	响	529	黃	黄
505	許	许	530	況	况
506	虛	虚	531	會	会
507	憲	宪	532	獲	获
508	險	险	533	劃	划
509	驗	验	534	橫	横
510	賢	贤	535	效	㪘
511	懸	悬	536	後	后
512	協	协	537	候	矦
513	惠	惠	538	訓	训
514	護	护	539	揮	挥
515	號	号	540	黑	黒
516	魂	魂	541	興	兴
517	紅	红	542	喜	㐂
518	貨	货			

◆ 참고 문헌

南廣祐.〈漢字 略字 制定의 問題點〉.《朝鮮日報》(1967年 11月11日).

〈常用漢字를 略字로〉.《京鄕新聞》(1967年 11月11日).

〈『漢文略字試案』마련〉.《東亞日報》(1967年 11月11日).

〈常用漢字를 略字로〉.《朝鮮日報》(1967年 11月12日).

〈문교부 제정 한자 약자에 대한 여론〉.《연세춘추》(1967年 11月20日).

金熙楨(1976).〈敎育用 基礎漢字의 略字化를 爲한 比較硏究〉.碩士學位論文.

문교부 〈한자 약자 제정안〉 215→198자 (1967년 12월)

542자의 〈한자 약자 시안〉이 여론의 반대에 백지화되자, 문교부는 서
둘러 한문분과위에 위촉해 당시 통용되는 관용 약자 215자를 추려 새
약자 제정안을 마련하고, 동년 12월 21일 국어심의회에 상정했다. 같
은 날 오후에 진행된 심의에서 6자의 자체字體를 고치는 한편, 자획이
비교적 적은 17자(氣, 歷, 曆, 面, 無, 密, 收, 樹, 隨, 飛, 時, 際, 祭, 察, 鄕, 響,
惠)는 정자正字로 고치고 198자만을 제정하기로 의견을 모았다. 이 역
시 이가원 연세대학교 교수를 포함한 7인(구성인원이 전과 같은지는 불
명)이 민간에서 통용되는 약자만을 수집해 한 달 만에 마련한 것이다.
대중성 있는 약자를 위주로 제정한 것이다 보니, 일부 한글전용론자
를 제외하면 참석자 21인 가운데 거의 대부분이 찬동해 축자 심의逐字

審議를 주장했고, 조율을 거쳐 상기의 수정 사항이 나오게 된 것이다. 그러나 심의 도중, 약자 제정에 반대한 6인(《동아일보》에서는 4인으로 보도)이 돌연 퇴장하는 바람에 성원 미달로 정식으로 채택 여부를 결정 짓지 못한 채 산회했다.

1967년 내로 합의를 보아 198자 안을 채택할 계획이었으나 실현되지 못한 듯하다. 그러다가 1968년 3월 30일, 문교부는 박정희 정부의 한글전용화 5개년 계획이 구체화됨에 따라 한자 약자안을 폐기하기로 결정했다. 그렇게 1967년 3월부터 착수해 1년간 진행된 약자 제정의 시도는 끝내 실현되지 못한 채 역사의 뒤안길로 사라졌다.

개정된 198자 안은 당시 대한민국의 현실적인 문자 습관을 반영한 매우 합리적인 결과물이었기 때문에, 이것의 제정이 무산된 것은 몹시 아쉬운 일이다. 한글전용법과 별개로 한자 약자의 제정은 분명 필요한 일이었으며, 2023년 현재에 이르러서도 학술 분야에서 한자는 높은 빈도로 활용되고 있다. 이때 완성도 높은 198자 안이 채택되었다면, 대한민국에서 한자 학습 환경을 개선하고, 신문과 도서의 활자 가독성을 제고하며, 필기체와 인쇄체가 분리된 이원화된 한자 사용 습관을 해소하는 데 매우 효과적이었을 것이다.

價—価	勸—勧	亂—乱	賣—売	選—迭	樣—様	僞—偽	點—点	處—処	解—解
假—仮	歸—帰	覽—覧	麥—麦	聲—声	壞—壊	應—応	靜—静	賤—賎	鄉—
覺—覚	劇—剧	兩—両	脈—脉	續—続	讓—譲	醫—医	淨—浄	淺—浅	響—
監—监	氣—	麗—丽	面—	屬—属	嚴—严	議—议	際—	鐵—鉄	虛—虚
據—拠	緊—紧	勵—励	無—	數—数	餘—余	儀—仪	祭—	廳—庁	險—険
擧—挙	難—难	歷—	密—	收—	與—与	貳—弍	濟—済	聽—聴	驗—験
劍—剣	寧—宁	曆—	發—発	壽—寿	驛—駅	壹—壱	齊—斉	體—体	賢—賢
檢—検	單—单	聯—联	變—変	帥—帅	譯—訳	殘—残	劑—剤	遞—逓	惠—
擊—击	團—団	戀—恋	邊—辺	樹—	煙—烟	蠶—蚕	條—条	總—総	號—号
堅—坚	斷—断	靈—灵	辯—弁	隨—	硏—研	雜—雑	卒—卆	蟲—虫	畫—画
輕—軽	擔—担	禮—礼	寶—宝	濕—湿	演—沃	將—将	晝—昼	齒—歯	擴—拡
慶—庆	當—当	爐—炉	拂—払	乘—乗	鹽—塩	裝—装	卽—即	寢—寝	歡—歓
經—経	黨—党	勞—労	佛—仏	時—	榮—栄	壯—壮	證—証	稱—称	會—会
繼—継	對—対	龍—竜	飛—	愼—慎	營—営	藏—蔵	眞—真	彈—弾	劃—劃
觀—观	臺—台	留—畄	師—师	實—実	豫—予	臟—臓	鎭—鎮	擇—択	後—后
關—関	帶—帯	率—卛	絲—糸	兒—児	藝—芸	獎—奨	質—貭	鬪—闘	興—奐
廣—広	稻—稲	離—离	寫—写	亞—亜	譽—誉	爭—争	贊—賛	廢—廃	喜—㐂
鑛—鉱	獨—独	裏—裡	辭—辞	惡—悪	慾—欲	戰—战	讚—讃	品—品	
區—区	讀—読	臨—临	狀—状	壓—压	優—優	傳—伝	察—	豐—豊	
舊—旧	同—仝	萬—万	喪—丧	愛—爱	圓—円	錢—銭	參—参	學—学	
國—国	燈—灯	灣—湾	雙—双	藥—薬	圍—囲	轉—転	慘—惨	艦—艦	
權—权	樂—楽	滿—満	釋—釈	孃—嬢	爲—為	節—即	冊—冊	函—函	

문교부 한자 약자 제정안 215자

◆ 참고 문헌

〈略字百98字 채택〉.《京鄕新聞》(1967年 12月 22日).

〈漢字略字 198字〉.《朝鮮日報》(1967年 12月 22日).

〈漢字略字 198字로 줄여〉.《東亞日報》(1967年 12月 22日).

한국어문회 〈신문용 약자 시안〉 181자 [1981년]

문교부에 의한 약자 제정이 실패로 끝난 이후, 약자 제정을 제창하는 목소리는 잠잠했다. 그러나 1980년, 한국식 약자 제정에 대한 담론은 약자 제정의 긴요성을 증명하듯이 갑작스럽게 부활했다. 한국어문교육연구회(이하 한국어문회)의 표준 약자 제정의 동태는 신문 지면상에서 한자의 분별을 더 쉽게 하고자, 그리고 지면에서는 정자를, 필기에서는 약자를 사용하는 양층화된 문어 습관을 해소하고자 제언된 것이기도 하다.

이전 문교부의 사례와는 대조적으로, 모든 과정이 신속하게 진행되었다. 한국어문회에서 발간한《어문연구語文硏究》9권 2호(1981년 10월)에는 이례적으로 약자 제정에 관한 기사가 많으며, 1981년 11월에는 신문사에 181자의 약자 사용을 권고하기에 이른다. 이 모든 일련의 논의의 시발점은 동년 4월 16일자《조선일보》학예란에 게재된 서강화 교열부장(당시 한국어문회 이사)의 기사 〈「略字 시대」로 가자〉였다. 이는 물론 당시《조선일보》가 약자 제정을 통한 지면 쇄신에 협조적이었던 까닭에 양자 간의 조율이 원활했던 것도 있었다.

동년 5월 14일, 한국어문회 정기총회에서 위촉된 4인의 소위원(박로춘, 서강화, 성원경, 김두찬)이 약자 문제를 담당했다. 4월 16일자《조선일보》에 일찍이 〈서강화 약자 시안〉이 게재되었는데, 5월 23일 조선일보사 교열부장실에서 열린 제1차 심의에서 해당 시안을 토대로 논의를 발전시켜 나가기로 결정했다. 또 같은 날 심의에서 1967년 11월 문교부 약자의 실패 요인을 분석하고 약자 선정의 방향성을 논의했으며 그 외에도 다양한 의견이 나왔는데, 그중에서도 중국과 일본의 선례대로 우선 적은 자수의 약자 안을 내놓고 축차적으로 보완하자는 의견, 중국과의 마찰을 피하기 위해 중국 간화자는 대상에서 제외하자는 의견, 교육용 기초 한자(1,800자)를 약자 제정의 기반으로 삼자는 논의 등이 주목할 만하다. 5월 31일의 제2차 심의 후 박로춘 위원은 이사회에 기결정既決定 124자, 미정 37자, 미심사 240자의 〈基礎漢字기초 한자 略體약체 試案시안〉을 배포했다.

제3차 심의에서는 1,800자의 교육용 기초 한자 바탕에서 2,000자의 신문 한자로 기준을 재차 틀게 되었고, 6대 신문(《동아일보》《매일경제신문》《조선일보》《중앙일보》《한국경제신문》《한국일보》)과 텔레비전 방송에서 사용된 약자 활용 실태를 조사했다. 이를 바탕으로 제4차 심의에서는 신문 한자를 중심으로 〈수정 약자 시안〉을 내놓았다. 그 목록은 다음과 같다.

(괄호 안은 그 앞 자의 계열 약자. *표는 신문 한자)

仮 価 覚(挙 単 労 獣 厳 栄 営 誉 戦 学 蛍 弾) 拠 倹(剣 検 険 験) 径(茎* 経 軽) 継(断 齢* 歯) 観(権 権 歓) 広(拡) 区(欧* 駆 枢*) 亀 旧 国 気 団 担 当 党 台 対 図 独 読(売 続) 灯 楽(薬) 乱 両(輛* 満) 励(万) 歴(暦) 聠 恋(蛮 湾* 変) 猟 灵 礼 竜 楼(数) 麦 発(廃) 翻 辺 弁 並 宝 仏(払) 糸 写 辞 参(惨) 双 釈(訳 駅 択) 声 属(嘱*) 湿(顕) 乗(剰* 郵) 実 亜 圧 与 余 塩 予 芸 円 囲 為(偽) 応 医 弐 壱 蚕 跡 転 窃* 点 斉(剤* 済) 条 証 遅 尽 処 鉄 庁 聴 逓* 体 触 総 虫 痴* 献 号 画 会(絵*) 戯

추가자(적은 감획이나 계열화의 약자 등)

監(鑑 堅 腎 緊 帰 覧 濫 臨 師 艦* 賢) 関 劇 胆* 帯(滞*) 稲(陥) 塁*(摂*) 麗 雉 繊* 寿(鋳*) 粛 壌(譲 醸 嬢*) 穏*(隠) 残(銭 浅 賎 践) 壮(状 将 荘 装 奨) 蔵(臓 贓) 争(浄 静)

계 198자

제4차 심의에서 나온 〈수정 약자 시안〉 198자

제5차 심의 후 설문을 돌렸고, 그 회신을 참고해 제6차 심의에서 약자의 취사선택을 감행했다. 〈신문용 약자〉의 이사회 최종 통과분은 자종字種 89자와 그로부터 파생된 계열자系列字 92자를 합친 총 181자다. 이는《어문연구》30호에 공개되었으며, 한국어문회는 언론기관과 인쇄업체에서 해당 약자 시안을 사용해줄 것을 요청했다. 이 모든 작업은 3개월 만에 완수됐다.

(괄호 안은 그 앞 자의 계열 약자. *표는 신문 한자)

仮 価 覚 (学) (挙 誉) (労 栄 営 蛍*) (単 戦 獣 厳 弾) (悩 脳 猟) 監* (鑑 堅 腎 緊 覧 濫 临 艦 賢*) (师*) (帰) 拠 倹 (剣 検 険 験) 径 (茎 経 軽) 継 (断) (齢·歯) (楼 数) 関 観 (権 権 歓) 広 (拡) 区 (欧 殴 駆 枢) 旧 亀 国 気 団 担 (胆) 当 (党) 対 図 独 (触 蚕) 読 (売 続) 灯 楽 (薬 轢*) 乱 (辞) 励 (万) 麗* 聠 恋 (蛮 湾 変) 灵* 礼 竜 塁 (摂) 獰* 麦 発 (廃) 辺 弁 並 宝 仏 (払) 写 参 (惨) 双 釈 (訳 駅 択 沢) 纖 (懺* 籤*) (湿 顕) 属 (嘱*) 焼 粋 (雑 酔) 随 (髄 堕) 寿 (鋳) 繡 (書*) 実 亜 (唖*·悪) 圧 壌 (譲 醸 嬢) 与 余 塩 盃* 円 囲 応 医 弐 壱 残 (銭 浅 賎 践) 伝 (転) 窃 点 斉 (剤 済) 証 尽 貭* 処 鉄 庁 聴 体 逓 総 称 聞* 献 号 画 (劃*) 会 (絵)

계 181자

이사회 통과분 181자

◆ **참고 문헌**

金斗燦 (1981). 〈「新聞用 略字(試案)」 選定의 経過報告〉. 《語文研究》 9-2. 韓國語文教育研究會.

金熙禎 (1981). 〈標準 略字体 制定의 必要性—人文系高校 學生·敎師를 對象으로 한 調査〉. 《語文研究》 9-2. 韓国語文教育研究会.

朴魯春 (1981). 〈漢字 略字의 私見·私案〉. 《語文研究》 9-2. 韓国語文教育研究会.

〈新聞活字 바꾸기와 略字와의 問題點〉. 《語文研究》 9-2. 韓国語文教育研究会.

徐康和. 〈「略字시대」로 가자〉. 《朝鮮日報》 (1981年 4月 16日).

〈漢字略字 試案발표 語文教育研 百81字〉. 《東亞日報》 (1981年 11月 16日).

韓國校閱記者會 (1998). 《韓國新聞放送 말글百年史. 上》. 한국프레스센터.

《조선일보》 약자 90자 [1983년]

《조선일보》는 한국어문회가 제정한 〈신문용 약자 시안〉의 절반인 90자를 우선 시험적으로 지면에 적용했다. 다만 본래 靈·鬱의 약자로 제시되었던 灵·枩 대신에 霊·欝를 적용했는데, 지나친 간략화에서 오는 혼란을 줄이기 위함이었다.

90자로 이루어진 《조선일보》 약자는 활자 문제로 엄격하게 지켜지지 않았으며, 1983년 4월부터 1993년 4월까지 10년간 적용되었다. 그러나 점차 약자의 수를 늘려가겠다는 당초의 목적을 달성하지 못했다.

價—価	舊—旧	膽—胆	賣—売	絲—糸	圍—囲	劑—剤	遞—逓	繪—絵
區—区	覺—覚	讀—読	寶—宝	續—続	壓—圧	濟—済	鐵—鉄	號—号
國—国	觀—観	黨—党	發—発	纖—繊	應—応	蠶—蚕	擇—択	
廣—広	關—関	亂—乱	邊—辺	繡—繍	與—与	證—証	澤—沢	
據—拠	團—団	戀—恋	實—実	繩—縄	譽—誉	轉—転	廢—廃	
擧—挙	圖—図	壘—塁	壽—寿	聲—声	譯—訳	囑—嘱	劃—劃	
權—権	對—対	樓—楼	屬—属	肅—粛	豫—予	廳—庁	學—学	
歐—欧	擔—担	獵—猟	攝—摂	蠅—蝿	醫—医	總—総	擴—拡	
毆—殴	斷—断	禮—礼	數—数	辭—辞	餘—余	處—処	會—会	
歸—帰	獨—独	灣—湾	濕—湿	釋—釈	鬱—欝	蟲—虫	獻—献	
繼—継	當—当	蠻—蛮	燒—焼	隨—随	傳—伝	觸—触	畫—画	

《조선일보》 약자 90자

◆ 참고 문헌

〈오늘부터 漢字略字 사용〉.《朝鮮日報》(1967年 4月 26日).

南廣祐 (1984).〈漢字略字의 국적追跡〉.《月刊朝鮮》1984-1. 朝鮮日報社.

1 Martinet (1955).

2 Miyake (2020:10) 참조.

3 Vovin (1995:230). 이 개신을 근거로 윤희수 (p.c.)는 고지명에 나타나는 고대 한국어 〈彌鄒〉 *mɛtɔ [메도] > *mɛtɛɔ [메조](현대어 메주로 이어진 다)가 본래는 "소금"을 의미했을 가능성을 제시한다. "소금"에서 "장류"로 변화한 의미 추이에 의해 생겨난 공백을 채운 후기 중세 한국어 소곰 "소금"의 궁극적인 어원으로 고대 일본어 *sipo-umî* [시보우미] "소금-바다"에 대응되는 일본·류큐조어 *sipo-omi [시보오미]를 제안했다. [시보오미]는 고대 한국어에 ʔsɛpɔmɛ [세보메]로 차용되어, 후기 고대 한국어의 모음 추이와 후기 신라어에서 발생한 *p > *ɣ의 개신에 따라 ʔsɔɣɔmɛ [소오메]로 변화했다. 또한 후기 신라어의 *ɣ를 타 방언 화자가

*k [ㄱ]의 이음으로 인식했을 가능성을 지적하며 가설적인 [소오메]가 중세 한국어 소곰으로 차용될 수 있었다고 가정한다. 추가로, 필자는 마찬가지의 개신을 근거로 거란어 ꝫ_凸 arbəl [으르블] "모습"을 가설적인 고대 한국어 ʔɛrpɛl [엘벨]의 차용어로 간주하고자 한다. 이에 따르면, [엘벨]은 후기 신라어에서 ʔɛɣɔl [엘올]로 변화했고, 후기 중세 한국어 얼굴 "모습"으로 차용되었다."

4 윤희수 (2023f) 참조.

5 〈冬比〉의 중세 한국어 대응은 정광 (2011:572)이 제시했다. 이 책에서 제시한 고대 한국어 형태는 윤희수 (p.c.)가 이를 중세 한국어 두·럽-과 비교해 3음절로 추정한 것을 바탕으로 한다.

6 홍윤기 (2006).

7 윤희수(미공간)에 의해 韓濁からにごり라고 명명된 현상.

8 거센소리 'ㅋ' 'ㅌ' 'ㅍ' 'ㅊ'에 대해서는 Lee & Ramsey (2011), 'ㅆ'에 대해서는 윤희수 (2023b) 참조.

9 윤희수 (2023a), 윤희수 (2023b) 참조.

10 윤희수 (2023d).

11 都守熙 (1994:52).

12 攬잡을 람을 음절 *ra [라]에 *mɔrɛ [모레] "산"이 포함된 축약 표기로 보는 근거는, 현대까지 잔존한 전래 지명 고드래미에 "산"을 의미하는 지명소 –미가 살아 있기 때문이다. [모레]를 수반한 축약 표기에 대해서는 주 17 참조.

13 河野 (1993).

14 윤희수 (2023d)는 상고 중국어의 *-r-를 포함하는 음절이 전기 고대 한
국어의 특정 한자음 층위의 차자 표기에서 *-r로 받아들여졌을 가능성을
제시했다. Pulleyblank (1984:191-193)는 인도계 언어Indic 전사 자료를
근거로, 상고 중국어에서 *-r-을 포함하는 음절에서 유래하는 전기 중고
중국어에서 2등운 음절의 모음을 권설음화 모음 [aˠ] [ɛˠ]으로 재구했다.
이와 관련해 필자는 고대 한국어에서 畾와 같은 *CVrCV 형식의 표음 용
법이 존재했음을 지적하고자 한다.

15 Beckwith (2004)에서 제안된 '고구려어'와 일본어의 유전적 관계는 국
내에도 소개되어 반향을 일으켰다. 현재는 일부 Beckwith의 영향을 받은
연구자(예컨대 Andrew Shimunek)를 제외하면 거의 받아들여지지 않는
다. 미주 53 참조.

16 고구려 지명소 〈買〉의 한국어족 비정은 윤희수 (2023d), 윤희수 (2023g)
참조. 전기 중고 중국어 2등운의 권설모음이 고대 한국어 차자 표기의 *-r
에 대응되는 현상은 미주 14에서 설명했다.

17 윤희수 (p.c.)는 고대 한국어 음차 표기의 含머금을함이 *kɛ [게] 발음으로
끝나는 지명에 "산"을 뜻하는 *mɔrɛ [모레]가 덧붙은 *…kɛ-mɔrɛ […게모
레] 형태의 축약 표기라는 가설을 제시한 바 있다. 그 근거로 신라의 속함
군速含郡과 모산현母山縣은 쌍을 이루는 지명인데, 모산현을 일컬어 아막
성阿莫城이라고도 하므로, 〈阿莫〉 *amak [아막]을 중세 한국어 ·암-"암컷"
과 동원어로 본다면, 대비되는 속함군은 *sɔkɛ-mɔrɛ [소게모레], 즉 "수

컷 산"이어야 한다. 따라서 〈솜〉 […게모레]를 시사하는 것이다. 이 가설을 따르면 토함산吐含山 역시 "토해吐解(탈해왕)의 산"으로 해석할 수 있다.

18 Vovin (2014:227-228).

19 윤희수 (p.c.)는 본래 요동반도를 중심으로 분포하던 고대 한국어 세력이 한반도의 해안을 따라 남하했기 때문에, 내륙 지역에서는 비교적 늦게까지 일본·류큐조어의 흔적이 잔존한 것으로 추측했다.

20 임홍빈 (2012:7)은 고대 한반도 지명소 甲比가 "바다"나 "강"을 나타낸 것으로 의심하는 수준에 머물렀고, 나까지마 (2012:119-120)는 고구려 지명소 〈甲·押〉이 고대 일본 지명어에 차용되어 河 자로 교체되거나 こう < かふ로 음독한 것으로 보았으나 만족스럽지 않다. 甲比古次는 크게 두 차례에 걸쳐 독립적으로 한화되었다. 첫째로는 〈지리지〉에서 확인되는 이른 시기의 한화 穴口다. 여기서 〈甲比〉 *kapi가 穴에 대응하므로, 伊藤 (2019:391)의 선행 연구 목록에서와 같이 일반적으로 고대 일본어 kapi "峽"와 비교되어 왔다. 2차로 한화된 江華, 甲串 등은 비교적 늦게 성립한 것으로 보인다. 반도 왜어의 어말 모음탈락으로 *kapi "구멍"과 *kapa "강"이 *kap으로 수렴하면서 발생한 결과로 해석할 수 있다. 윤희수 (p.c.)는 일찍이 甲比古次를 고대 서부 일본어 *kapa-kôsi* "강 건너"와 비교하면서 同 지명의 앞 요소가 고대 일본어 kapa와 동원어일 가능성을 지적했다.

21 伊藤英人 (2021:36)에서는 고대 한반도 지명소 〈古次〉 = "口"의 재구음으로 *kurtʃi~*kutʃi를 제시한다. 같은 책 27쪽에서 고대 한반도 지명소

〈于次〉 = "五"가 고대 일본어 itu에 대응되며, 반도 왜어에서는 어말 모음이 탈락해 *ytʃ까지 발전했을 것이라 가정한다. 실제로 몇몇 고대 한반도 지명 증거는 반도 왜어에서 특정 시기에 고모음에 선행하는 *t의 파찰음화와 어말 모음탈락이 발생했음을 시사한다. 이에 "입"을 의미하는 고대 일본어 kuti에 대응하는 반도 왜어는 *kotʃ까지 발전했을 가능성이 있다. 현대 한국어 곶[串]은 반도 왜어로부터 받아들인 차용어일 가능성이 있다.

22 Shimunek (2017)이 제안한 Proto-Serbi-Mongolic의 번역어.

23 大竹 (2020:161-162)의 표에서 일부 발췌. 한글 발음 표기는 필자가 붙였다. 본서에서 쓰이는 거란어 재구음은 大竹 (2020)의 형식을 따른다.

24 Ibid., 150쪽.

25 甒는 대형 자전에도 등재되지 않은 글자다. 방국화 (2021)에 따르면, 甒는 부여 부소산성에서 출토된 토기 명문에 나타나는 글자로, 일본에서 이 글자가 사용된 것은 백제의 영향이다. 윤희수 (2023e)가 질그릇, 기와의 앞 요소의 고대 한국어 형태 *tɛrV의 표기로 제시한 백제의 국자國字인 甌과 조자법이 유사한 점이 시사적이다. 甒의 이체자인 瓵는, 전한前漢 양웅揚雄의《방언方言》에 "㽅 , 燕之東北 , 朝鮮洌水之間 , 謂之瓵"라고 하며, 예로부터 한반도 혹은 그 주변부에서 쓰인 글자다.

26 만주어 ᠮᡳᠰᡠᠨ misun [미순]을 한국어족 차용어로 보는 주장은 Vovin (2007:77-78) 참조.

27 중국어와 그 주변 언어 사이의 대역 어휘집과 대역문으로 구성된《화이역어》는 갑·을·병의 세 종류가 존재한다. 그중 사이관에서 역관 양성을 목

적으로 만들어진 을종본은 번역 능력을 중시해 여진 문자를 포함하지만,
회동관에서 통사 양성을 목적으로 만들어진 병종본은 통역 능력을 중시
해 여진 문자를 포함하지 않는다.

28   이하 고대 일본어 *wi* "멧돼지"를 한국어족 차용어로 보는 관점은 윤희수
(p.c.)를 따른다.

29   Shimunek (2017:410).

30   거란어의 후예 언어로 다우르어를 지목하는 사람이 있으나, 두 언어의 계
승 관계는 불명확하다.

31   Vovin (2007d:79-80).

32   미주 8 참조.

33   愛新覺羅 (2014:58).

34   '중모음 상승'이란, 일본 · 류큐조어의 중모음 **e · *o*가 서기 590년경에 고
모음 **i · *u*로 상승한 것을 말한다. 서기 590년경이라는 기준은 Miyake
(2003a:126) 참조.

35   소리(일반적으로 음소)의 변화가 다른 소리와 얽혀서 연쇄적인 발음의 변
화를 일으키는 일련의 음운변화를 의미한다. 예컨대 B가 C로 변화하고, A
가 B로 변화하면 결과적으로 A > B > C의 연쇄 추이가 발생한 것이다.
이때 A > B와 B > C 중 어느 변화가 먼저 발생하는지에 따라 '미는 연쇄'
와 '당기는 연쇄'로 구분한다.

36   이는 일본 · 류큐조어의 **ai*가 이른 시기에 단모음 **ɛ*로 변화했다는 문헌
증거에 기반한다. 반면 Vovin & Sagart (2016:118)는 차용 당시의 형태

가 *taira 혹은 *tiara여야 한다고 했다.

37 Vovin (2013:156-165).

38 차용설에 관한 자세한 논거는 Vovin (2010:181-182) 참조.

39 刘凤翥 & 于宝林 (1981:176).

40 即实 (1988).

41 중세 한국어 악센트는 LHH, LHL, HLL가 문증된다. L은 저조, H는 고조다.

42 이 표에서 제시한 네 개의 한국어족 차용어는 Vovin (2011), Vovin (2017)에서 필자가 타당하다고 여긴 항목만을 인용했다.

43 각 거란어 단어의 의미 비정과 주석은 大竹 (2015a:2-3) 참조.

44 愛新覚羅 · 吉本 (2011:141).

45 Kupchick (2023)에 의한 용어.

46 윤희수 (p.c.).

47 李寧熙 (1993).

48 Vovin (2002).

49 Vovin (2017:39-55).

50 제9번을 읽어내려는 최초의 학술적 시도인 보빈의 해석에는 적어도 세 가지 중대한 문제점이 존재한다. 하나는 "之"는 주석서의 속격조사 の "의"에 대응해야 하므로 ×티다보-의 티에 해당하는 표음자로 볼 수 없으며, 애초에 之가 [티] 발음에 쓰일 수 있을지 의문이다. 둘째는 보빈의 ×티다보-"쳐다보다, 올려보다"는 한국어사의 맥락에서 볼 때 임기응변적인 상정이다. 마지막으로 보빈은 한국어 물을 근거로 湯 "더운 물"을 믈-

"묻다"라고 읽었는데, 전기 고대 한국어 〈買〉 *mɛr [멜]에서 알 수 있듯이 한국어사에서 물은 [ㄷ]과 같은 폐쇄음 자음을 가졌다는 증거가 없다. 서기 7세기를 살았던 누카타노오키미의 노래가 서기 8세기에 편찬된 《만엽집》에 기록되었는데, 서기 6세기 이전의 전기 고대 한국어보다 더 오래된 한국어 형태를 반영했다고는 생각하기 어렵다. 이에 필자는 원문을 '莫器圓隣之/大相七兄爪謁氣'로 교정하고, *nateVk-ɛstɔr-ɛr/ɔtV⋯ sɛrpɔ-ɛtɔk-ɛs로 읽고자 한다. 첫 5자는 보빈의 견해와 대동소이하나 '之'를 주석서에 나타나는 속격조사에 해당하는 것으로 보았다. 〈兄〉은 고구려 관명에서 〈相〉〈奢〉의 이표기처럼 나타나며, 고대 일본어의 한국어족 차용어로 여겨지는 se [세]의 원어일 것이다. 또한 '爪'를 〈孚〉의 약자로 간주해 〈兄孚〉 *sɛrpɔ- [셀보]를 상정하고 중세 한국어 :숣- "사뢰다"에 해당하는 어휘로 보았다. 나아가, '謁'이 '湯'으로 오사되는 것은 쉬워도 그 반대는 생각하기 어려우므로 '謁'를 본래 의도된 글자로 간주하고, 〈謁氣〉는 어간 *ɛtɔk- [에독]에 모종의 활용어미가 붙은 것으로 보았다. *ɛtɔk-은 중세 한국어 :옅- "여쭙다"에 해당하는 고대 한국어 용언 어간일 것이다. 이 관점을 따르면, 주석서의 とひし "물었네"에 해당하는 부분은 〈兄孚謁氣〉가 된다. 주석서의 あふぎて "쳐다보고, 우러르고"에 해당하는 부분은 소거법으로 남은 '大相七'이 된다. 고구려 관제 제3등인 대상大相의 이칭으로 《한원翰苑》에서 울절鬱折이 제시됨을 비추어볼 때, '大相七'은 중세 한국어 :울월- "우러르다"에 대응되는 일종의 희서戲書 표기일 가능성이 있다.

51 '백제어'와 고대 일본어에서 사용된 표음자는 높은 일치율을 보여주며, 고

대 일본어 표기 체계의 백제 기원을 확인시켜준다(Bentley 2001).

52 윤희수 (2023a).

53 Shimunek (2017:394)는 '일본·류큐어족' 대신에 '일본·고구려어
족Japanese-Koguryoic'이라는 용어를 사용한다. 그러나 동아시아 역사언어학
의 주류는 '고구려어'를 한국어족으로 여기므로, 여기서는 Shimunek의
일본·고구려어족을 일본·류큐어족으로 이해하고자 한다.

54 Robbeets (2017: 28 – 29). 來을 래는 보리의 상형자로 麥보리 맥의 본자.

55 퉁구스조어 형태는 Vovin, et al. (2023) 참조.

56 Whitman (2011)은 한국어족과 일본어족에서 나타나는 농경 어휘의 관
련성에 관해서도 다루었다.

57 안승모 (2003:81), Ahn (2010:91).

58 蓋는《광운》에 세 가지 독음이 실려 있으며 *kap*은 그중 하나다.

59 윤희수 (2023h).

60 윤희수 (p.c.).

61 일부 고대 일본어 ô [오]가 복모음 *ua [와]에서 유래한다는 사실은 일본
어 복합어의 모음교체에서 나타나는 내적 증거로도, 전 고대 일본어를 표
기한 고대 한국어 한자음Old Sino-Korean에서 나타나는 외적 증거로도 증명
된다. 내적 증거의 좋은 예시로 고대 일본어 *ka^nzôpë*- "세다" < 일본·류
큐조어 *kaNsu-ap*- "셈-맞추다"가 있다.《일본서기》에서 인용한《백제
기百濟記》에 등장하는 인명〈沙至比跪〉는 백제식 표기법으로 적힌 왜계 인
명으로, Miyake (2003b)의 고대 일본어 한자음 C체계에서 일부 支韻 글

자가 전 고대 일본어의 *Ca 음절을 표기하는 데 사용되었으므로, 중고 중국어에서 支韻 合口 음절인 〈跪〉는 *kua 발음을 표기한 것으로 이해할 수 있다. 〈跪〉는 고대 일본어 인명에서 *kô*에 대응되므로, 복모음 *ua [와]가 고대 일본어 ô [오]로 발전했다는 외적 증거가 된다.

62 몽골어에서 "양"은 중세 몽골어 시기에 i-breaking이 발생하여 현대에는 ямаа [야마]로 나타나지만, 여전히 거란어로부터 차용된 것으로 보는 것이 자연스럽다.

63 Frellesvig & Whitman (2008:36-37)은 전 중세 한국어_{pre-Middle Korean}에 전설 중모음 *e [에]가 있었지만, 이것이 중세 한국어에서 중설화하면서 어두 환경에서는 'ㅓ'와 병합했고 그 외의 환경에서는 복모음화해 'ㅕ'로 변화했다고 했다. Miyake (2017)는 한국어 한자음을 바탕으로 일부 'ㅕ'가 단모음 *e [에]에서 기원한다고 했다.

64 조어에서 *a가 후속하면서 초두 자음이 비전설자음인 환경에서 초두 음절의 *i는 거란어에서 e로 인두화했다(大竹 2020:150). 이는 몽골어파에서는 나타나지 않는 개신이므로, 전 중세 한국어에서 초두 음절의 모음이 *e로 기대되는 중세 한국어 ·염은 거란어에서 차용되었을 가능성이 짙다.

65 神之諸伏는 한자 그대로 훈독해 かみのもろふし [가미노 모로후시]라고 읽어왔으나, 윷놀이와 마찬가지로 가리우치에서 네 개의 채가 모두 엎드린 채로 나오면 가장 좋은 눈이고, 이것을 낸 사람은 마음대로 놀이를 이어갈 수 있기 때문에, かみのまにまに [가미노 마니마니] "신의 뜻대로"라고 읽는 것이 일반적이게 되었다(小林祥次郎 n.d.).

66 《수서隋書》〈백제전百濟傳〉에 "有鼓角、箜篌、箏、竽、箎、笛之樂、投壺、圍棋、樗蒲、握槊、弄珠之戲"라고 되어 있다. 小田 (2020)에 따르면, 헤이조쿄平城京에서 출토된 저포는 반면盤面이 6분할로 되어 있다. 고려 시대 이래 출토되는 한반도 내의 윷놀이 유물은 모두 반면이 4분할인 것과 대비된다. 백제의 저포는 헤이조쿄 출토 유물과 같이 6분할 반면이었을 가능성이 있다.

67 저포의 채는 한 면은 검게, 다른 한 면은 희게 칠해져 있다. 검은 면에는 송아지[犢], 흰 면에는 꿩[稚]이 그려져 있다. 이들을 던져 나오는 다양한 채 상태의 조합으로 말의 진행을 결정한다(垣見 2011:78).

68 李日永 (1976:152-158).

69 배영환 (2016)에서 언급된 차용어 가운데 일부를 인용했다.

70 金完鎮 (1965:78).

71 이기문 (1999) 참조.

72 조선의 쓰시마에 대한 인식과 고구마 차용 과정에 관해서는 김무림 (2009) 참조.

73 한국어 주격조사 …가가 일본어로부터의 차용이 아닌 한국어의 다른 문법 요소의 변형 및 전용으로 형성되었다는 주장은 고광모 (2014) 참조.

74 이하 辻 (2007) 참조.

75 竹越 (2021:365).

76 이하 사역원과 조선 시대의 외국어 교육에 관한 내용은 정광 (2014) 참조.

77 李陸禾 (2010)의 번역을 수정한 것이다.

78 정광 (2014:434-436).

79 李成市 (2021:67).

80 금관총 환두대도가 피장자로부터 멀리 떨어진 곳에 부장되었다는 점에서 명문대도 자체가 이사지왕의 것은 맞되 피장자는 다른 사람일 것이라는 해석도 존재한다(국립중앙박물관 2014:43).

81 김창호 (2014).

82 최철영 (2019).

83 YouTube 채널 '문화유산채널[K_HERITAGE.TV]'의 영상 〈[문화유산 알려줌 시즌2] 세상이 놀랐다! 역대급 발굴 유적 TOP 7〉(youtu.be/9FNJAPV infA)의 12분 13-39초.

84 〈介斯〉 *nɛsɛ와 〈奴斯火〉 *nɔsɛ-의 비교는 필자에 의한 것이다.

85 이 단어는 고대 일본어에 차용되어 *kï* [긔]로 반영되었다. 현대의 수많은 일본 지명에서 나타난다.

86 윤희수 (p.c.).

87 윤희수 (2023g) 참조.

88 원문과 국역문은 국사편찬위원회의 《한국사데이터베이스》에서 인용했다.

89 어휘의 역사와 표기의 역사가 일치한다는 보장은 없다. 유리 이사금 시대는 한국어족 집단이 문자를 습득하기 이전이며, 따라서 〈尼師今〉이라는 표기가 유리 이사금 시대의 음운을 온전히 반영하는 것은 아니다.

90 윤희수 (p.c.).

91 윤희수 (2023g) 참조.

92 寐는 상고 중국어에서 *mi[t]-s [미츠]로 재구되는데, 상고 중국어의 어
말 *-ts는 후한後漢 시대 중국어에서 *-s로 변화했고, 이것이 중고 중국어
에서는 거성 성조를 갖는 -jH로 발전했다. 정리하면 寐는 *mi[t]-s >
*mis > mjijH의 변화를 거친 것이다. 韓炅澔 (2010:286)는 백제 지명
*mɛ(r)sɛra (필자에 의한 표기)의 표기가 시대에 따라 〈邁盧〉 > 〈邁羅〉 > 〈麻
斯良, 馬西良〉으로 변화한 것을 근거로, 일부 환경에서의 *-s 운미가 중국
어에서 서기 6세기 중반에서 7세기 중반 사이에 소멸되었다고 했다. 백제
인명 蓋鹵개로가 고대 일본 자료에서 〈加須利〉 kasuri로 나타나므로, 고대
한국어에서 *-s 운미를 갖는 글자를 활용한 표기 방식이 활발히 쓰였음을
알 수 있다.

93 다만 이는 중국식으로 고유명을 한 글자 내지 두 글자로 표기하려는 심미
성의 차원에서 발생한 표기와 발음 간의 괴리일 수 있다. 중국어에는
×mVm과 같은 음절이 존재하지 않는다.

94 윤희수 (2023g) 참조. 또한 고대 한국어에서 어두 *m~n 교체와 관련하
는 방언 차에 관한 예시를 한 가지 추가로 제출한다. 필자는 거란대자 표
기 거란어 ñeroo "뱀"의 동원어가 중세 몽골어와 현대 몽골 제어에서 나
타나지 않기 때문에, 현대 한국어 미르 "뱀"에 해당하는 단어가 고대 한국
어의 방언으로부터 차용되었을 가능성을 제안한다. 거란어의 šʊlʊğʊr <
?*šilagʊr "고려"의 예로부터, 고대 한국어의 전설모음은 선행 자음의 경
구개음화를 유발한 것을 알 수 있다. ñeroo는 바로 이와 같은 음성 실현을
반영한다. 본문에서 언급한 고대 한국어의 *m~n 교체는 모두 [+front]

[-low]의 자질을 갖는 모음에 선행하는 자음에서 발생했다.

95 《속일본기續日本紀》덴표 9년 2월 15일조.

96 정수일 (1992:157)의 〈표 III-2〉에서 발췌. 출전의 원전 표기는 인용처
참조.

97 중세 아랍 문헌에서 나타난 '신라'가 '일본'으로 오인된 역사에 관해서는
정수일 (1992:153-162) 참조. '와크와크'는 倭國의 월어 粤語 발음을 받아
적은 것으로 여겨진다.《쿠시나메》의 سيلا를 '신라'로 논증한 자는 前 이
란국립박물관장 Daryoosh Akbarzadeh다(이희수 2014:11).

98 간접적이지만 송철규·민경중 (2020:401)을 인용한다. 당초 본서에서는
대진경교大秦景敎의 출토 문헌을 통해 당나라의 선교 언어학Missionary
linguistics을 다루려고 했으나 이루지 못했고, YouTube 영상으로 대신한다.
youtu.be/39MdLYsy4mQ.

99 앞의 두 인용의 번역은 정수일 (1992:314-315)에 의한 것이다.

100 임평섭 (2022:258-261).

101 이상 중동 지역에서 수메르 창조 신화의 딜문의 낙원상像이 신라에 이식
되었을 가능성, 페르시아 상인들에 의해 신라가 의도적으로 섬으로 묘사
되었을 가능성, 한반도가 국제무역에서 자취를 감춘 뒤에 신라의 낙원상
이 일본으로 옮겨 갔을 가능성은 모두 파빌상 (p.c.)을 따른다. 이에 관해
서는 YouTube 영상으로도 제작했다. youtu.be/uNydMHwpAQk.

102 Vosooghi (2018:68).

103 일반적으로 Muc는 한반도 남부, Solanga는 만주 혹은 한반도 북부의 민

족으로 여겨지나, 실제로는 그 반대가 되어야 할 것이다. Muc는 서역의 여러 언어에서 "고구려·발해·고려"를 의미하는 산스크리트어 ⟪毗俱理⟫ *mukuri*, 고전 티베트어 ཧྨུག་ལིག *mug-lig*, 돌궐어 𐰋𐰇𐰚𐰠𐰃 *bökli*, 비잔틴 그리스어 μουκρί (Bagchi 1929:295, Clauson 1957:19-20, Ligeti 1971:186 참조) 및 일본어 속어 むくりこくり *mukuri-kokuri* "두려운 것" 등과 음상이 흡사하다. Solanga는 한반도의 중부와 남부만을 통치했던 왕씨 고려를 가리킨다.

104 ⟪札兀揚中忽哥里⟫의 의미를 "諸外族을 통괄하는 수령"으로 하는 논증 과정은 愛新覚羅 (2009:56-62) 참조.

105 거란어에서 초두 모음의 역행 순음화는 거란대자 표기 거란어 日牛 *ñeroo* > 거란소자 표기 거란어 伏圠及 *ñoroo* "뱀"에서 알 수 있듯이, 거란대자가 성립하고 얼마 지나지 않아 발생한 현상으로 필자는 추정한다. 혹은 사료에 나타나는 거란대자와 거란소자의 창제 시기는 크게 차이가 나지 않으므로, 거란대자의 원형이 서기 920년 전에 이미 존재했음을 시사하는 증거가 될 수 있다. 선비계 국가가 일찍이 독자적인 문자를 가진 사실은 문헌 기록으로 증명된다. 또한 앞서 언급했듯이, *ñeroo*는 한국어족 차용어로 간주할 여지가 있다. 거란어 초두 모음의 순음화와 인두화의 조건은 大竹 (2020:150) 참조.

106 이로부터 전 중세 한국어에서 *si는 [ʃi]로 실현되었음을 알 수 있다.

107 愛新覚羅·吉本 (2011:1-3).

108 우데게어 접미사 -ŋkA에 대해서는 Nikolaeva & Tolskaya (2001: 151)

참조.

109 愛新覚羅 · 吉本 (2011:9-47).

110 白玉冬 (2011:89-90)에서 그 존재가 상정된 *sölögil에서. 白玉冬은 중세 몽골어의 solongyas를 튀르크어족 차용어로 간주한다.

111 고대 오키나와어Old Okinawan 속의 한국어족 차용어에 관한 더 자세한 기술은 Serafim & Shinzato (2021:93-94) 참조.

112 新羅라는 표기 자체는 지증왕보다 90년가량 이른 《광개토왕비》에서 이미 문증된다. 윤희수 (p.c.)에 따르면, 전기 고대 한국어의 고구려식 표기는, 예컨대 寐錦의 *mis처럼 고모음과 중모음을 제대로 구분하지 않았기 때문에 新羅는 고구려식 표기로 볼 수 있다. 서기 500년경에 발생한 *ɛ > *i의 상승을 계기로, 지증왕 대에 복수의 표기 가운데 新羅를 공인하게 된 것으로 이해해야 할 것이다.

113 방언학의 파동 모형Wave model의 관점에서 볼 때, 표음 표기 徐那伐의 존재는 i-breaking의 개신파改新波와 *l > *n의 개신파가 별개로 존재했음을 시사하며, 徐那伐은 두 가지 개신을 동시에 거친 사례다.

114 왕성국 사건에 대한 이와 같은 해석은 윤희수 (2023f) 참조.

115 윤희수 (2023e) 참조. 이 외에도 부수의 첨가를 활용한 고대 한국어의 음역 방식이 백제식 표기법에서 사용된 것은 분명하지만, 안타깝게도 백제식 표기법은 실전되어 상세히 알 수 없다.

116 상고 중국어와 중고 중국어의 과도기적 시기에 발생한 모음 꺾임vowel bending 현상에 의해 고대 한국어의 *ɛ에 잘 부합하는 중국어 음절이 사라

졌기 때문에, 중설모음을 갖는 里가 고대 한국어 화자의 입장에서 *rɛ 표기에 적합하다고 여겨진 것으로 보인다(윤희수 p.c.). 상고 중국어의 6개 모음 가운데 높은 계열인 *i, *ɔ [i], *u는 A형 음절(인두음화 성모)에서 각각 하향 이중모음 *ei, *əi, *ou로 꺾였고, 낮은 계열인 *e, *a, *o는 B형 음절(무표의 성모)에서 각각 상향 이중모음 *ie, *ia, *uo로 꺾였다. 후기 상고 중국어의 모음 꺾임에 대해서 자세한 것은 Schuessler (2006) 참조. A형 음절과 B형 음절의 차이를 인두음화 성모의 유무로 보는 관점은 Norman (1994)이 제안한 이래 정설로 여겨진다.

117 윤희수 (p.c.).

118 일부 환경에서 고대 한국어 *-r는 구개음화해 중세 한국어에서는 -y로 반사되며, 선행 모음을 더욱 높이거나 선행 자음의 경구개음화를 유발했을 것이다. 지명 자료에서는 娥利英의 이표기인 闕英, 達句伐의 현대 지명인 大邱에서 나타난다(권인한 2002:36).

119 [가라]가 후기 신라어에서 발생한 *l [ㄹ] > *n [ㄴ]의 변화에 따라 [가나]로 변화했다면, 현대어에서 지금과 같이 한으로 나타날 가능성이 없지는 않지만, 실제로 문증되는 개신형은 [가나]가 아니라 [가야]이기 때문에, 설령 전자의 개신이 발생했더라도 적어도 현대 한국어의 조상이 되는 고대 한국어 방언에서는 [가야]가 실제로 발생한 개신형이다.

120 윤희수 (p.c.).

121 Miyake (2017:41) 참조.

122 馬渕 (1999:421-430) 참조.

123 윤희수 (p.c.).

124 Miyake (2003:113)에서 Serafim을 인용했다.

125 升은 斗의 오사誤寫로 본다(賴 1974:149).

126 Shimunek (2017:58).

127 미주 103 참조.

128 内田 (1992:348).

129 Anthony & Neff (2016:28).

130 이른 시기의 근세 일본어에서는 지금은 /oː/로 병합된 장모음의 개합開合을 구분했으며, 이는 키리시탄 문헌에서 あう Cǒ, おう Cô 로 구분되어 표기된 것으로부터 알 수 있다.

131 이하 중세 일본과 포르투갈, 스페인, 네덜란드 사이의 접촉에 관한 내용은 Anthony & Neff (2016), 중세 일본을 대상으로 하는 선교 언어학에 관한 내용은 岸本·白井 (2022) 참조.

132 이하 일본 근대 번역어에 관한 담론은 마루야마·가토 (2009) 참조.

133 이하 일본 근대 번역어의 구체적인 예시 및 사례는 柳父 (1982) 참조.

134 니시 아마네의 번역에 관해 다룬 야마모토 다카미쓰山本貴光의 『『百学連環』を読む』는 국내에서 《그 많은 개념어는 누가 만들었을까》(지비원 역)라는 제목으로 번역·출판되었다.

135 국립국어원 표준국어대사전 표제어 통계(stdict.korean.go.kr/statistic/dicStat.do)를 기반으로 계산했다.

136 김현철·김아영 (2019:264)의 목록을 그대로 인용했다.

137 陣力卫 (2019:473-474)에 따르면, 권력權力은 중국어와 일본어에서 동일하게 나타나는 신어다.

138 陣力衛 (2016:2). 이하《만국공법》의 번역어와 그 일본어에 대한 영향, 일본어와 중국어 근대 신어에서 공화와 민주, 재판과 심판, 일반과 보통의 대조는 陣力衛 (2016) 참조.

139 송철규·민경중 (2020:100).

140 옌푸의 번역 철학과 한문맥에서 天이 갖는 의미에 관해서는 박홍규·조계원 (2019) 참조.

141 陣力卫 (2019:392-393)의 표에서 옌푸 번역어와 일본제 번역어가 모두 제시된 표제어에 한해서 인용했다.

142 西嶋 (2022:20).

143 이하 네 가지 역사적 사건의 개요와 중국어 근대 음역어의 구체적 사례에 대해서는 宋梦晗 (2018)을 일부 인용했다.

144 국사편찬위원회의 〈『한성순보』창간사〉(contents.history.go.kr/mobile/hm/view.do?levelId=hm_139_0010)를 인용했다.

145 흔히 〈한성체〉라고 불리는 〈쓰키지築地 4호〉 한글 활자는 다케구치 쇼타로竹口正太郎에 의해 조각된 것으로 알려져 있으며, 1884년 혹은 그보다 일찍 제작된 것으로 보인다(이용제·박지훈 2015:163). 이 〈한성체〉는 일반적으로 후쿠자와 유키치의 지시에 의해 제작된 것으로 여겨진다. 그러나 류현국(2015)처럼 이를 부인하는 의견도 있다.

146 《한성순보》 및 《한성주보》와 관련된 수치는 이한섭 (2016:22-23), 이하

근대어의 창구로서의 한국 근대 신문에 관한 내용은 이한섭 (2016) 참조.

147 《한성순보》와《한성주보》의 내용에 관해서는 趙璣濬 외 (1983) 참조.

148 이하 영한사전과 번역어에 관한 내용은 이준환 (2016) 참조.

149 이준환 (2016:51-53)의 비교표에서 일부 발췌.

150 이준환 (2016:65)의 표를 전재했다.

151 《독습일어정칙》의 대역어와 관련된 내용은 宋敏 (2003)과 한원미 (2014) 참조.

Ahn, S.-m. (2010). The emergence of rice agriculture in Korea: archaeobotanical perspectives. *Archaeological and Anthropological Sciences*, 2(2), 89-98.

Bagchi, P. C. (1929). *Deux lexiques sanskrit-chinois*. Librairie orientaliste P. Geuthner.

Baxter, William H. (1992). *A Handbook of Old Chinese Phonology*. Berlin: Mouton de Gruyter.

Baxter, William H. & Laurent Sagart (2014). *Old Chinese: a new reconstruction*. New York: Oxford University Press.

Beckwith, C. I. (2004). *Koguryo, the Language of Japan's Continental Relatives*. BRILL.

Bentley, J. (2001). The Origin of Man'yôgana. *Bulletin of the School of Oriental and African Studies, 64*(1), 59-73.

Brother Anthony of Taizé & Neff, R. (2016). *Brief Encounters: Early Reports of Korea by Westerners*. Seoul Selection.

Clauson, G. (1957). À propos du Manuscrit Pelliot Tibétain 1283. *Journal Asiatique, 245*, 11-24.

Frellesvig, B. & Whitman, J. (2008). Evidence for seven vowels in proto-Japanese. In *Proto-Japanese: Issues and Prospects* (pp. 15-41). John Benjamins.

Kiyose, G. N. (1977). *A study of the Jurchen language and script: reconstruction and decipherment*. Horitsubunka-sha.

Kupchick, J. (2023). *Azuma Old Japanese: A Comparative Grammar and Reconstruction*. De Gruyter Mouton.

Lee, K.-M. & Ramsey, S. R. (2011). *A History of the Korean Language*. Cambridge University Press.

Ligeti, L. (1971). A propos du «Rapport sur les rois demeurant dans le nord». *Études tibétaines dédiées à la mémoire de Marcelle Lalou*, 166-189.

Martinet, A. (1955). *Économie des changements phonétiques*. A. Francke.

Miyake, M. H. (2003a). Philological evidence for *e and *o in Pre-Old Japanese. *Diachronia, 20*(1), 83-137.

_____ (2003b). *Old Japanese: A Phonetic Reconstruction*. Routledge.

_____ (2017). Fishy Rhymes: Sino-Korean Evidence for Earlier Korean *e. *Festschrift presented to John B. Whitman* (pp. 37-44). Brill.

_____ (2020). Historical Sources and Periodization of the Japonic and Koreanic Languages. In Robbeets M. & Savelyev A. (eds). *The Oxford Guide to the Transeurasian Languages* (pp. 9-21). Oxford University Press.

Nikolaeva, I. & Tolskaya, M. (2001). *A grammar of Udihe*. Mouton de Gruyter.

Norman, J. (1994). Pharyngealization in Early Chinese. *Journal of the American Oriental Society, 114*(3), 397-408.

Pulleyblank, E. G. (1984). *Middle Chinese: a study in historical phonology*. University of British Columbia Press.

Robbeets, M. (2017). The language of the Transeurasian farmers. In Robbeets M and Savelyev A (eds), *Language Dispersal Beyond Farming* (pp. 93-121). John Benjamins.

Schuessler, A. (2006). The Qièyùn System 'Divisions' as the Result of Vowel Warping. In Branner, D. P. (ed). *The Chinese Rime Tables: Linguistic philosophy and historical-comparative phonology* (pp. 83-96). John Benjamins.

_____ (2009). *Minimal Old Chinese and Later Han Chinese: A Companion to Grammata Serica Recensa*. Honolulu: University of

Hawaii Press.

Serafim, L. A. & Shinzato, R. (2021). *The Language of the Old-okinawan Omoro Soshi: Reference Grammar, With Textual Selections*. Brill.

Shimunek, A. (2017). *Languages of Ancient Southern Mongolia and North China: A Historical-Comparative Study of the Serbi or Xianbei Branch of the Serbi-Mongolic Language Family, with an Analysis of Northeastern Frontier Chinese and Old Tibetan Phonology*. Harrassowitz Verlag.

Vosooghi, M. B. (2018). Geographical Location of Sillā in Muslim Astronomical Literature of the Thirteenth to Sixteenth Centuries CE. *Acta Koreana*, 21(1), 65-79.

Vovin, A. [알렉산더 보빈] (2014). 〈왜 한국계 언어와 퉁구스계 언어가 동일 기원이라는 것을 실증할 수 없는가?〉. 저: 도수희.《알타이 속의 한국어, 한국어 속의 알타이어》(149-170). 역락.

_____ (1995). Once again on the accusative marker in Old Korean. *Diachronica*, 12(2), 223-236.

_____ (2002). The Old Korean text in the Man'yōshū. In F. Cavoto, *The Linguist's Linguist: A collection of papers in honor of Alexis Manaster Ramer* (pp. 455-460). Lincom Europa.

_____ (2007). Korean Loanwords in Jurchen and Manchu. *Altai Hakpo*, 17, 73-84.

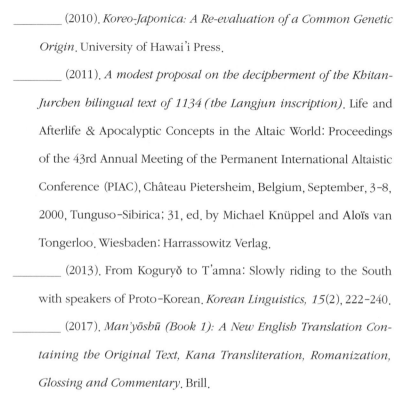

_____ (2010). *Koreo-Japonica: A Re-evaluation of a Common Genetic Origin*. University of Hawai'i Press.

_____ (2011). *A modest proposal on the decipherment of the Khitan-Jurchen bilingual text of 1134 (the Langjun inscription)*. Life and Afterlife & Apocalyptic Concepts in the Altaic World: Proceedings of the 43rd Annual Meeting of the Permanent International Altaistic Conference (PIAC), Château Pietersheim, Belgium, September, 3-8, 2000, Tunguso-Sibirica; 31, ed. by Michael Knüppel and Aloïs van Tongerloo. Wiesbaden: Harrassowitz Verlag.

_____ (2013). From Koguryŏ to T'amna: Slowly riding to the South with speakers of Proto-Korean. *Korean Linguistics, 15*(2), 222-240.

_____ (2017). *Man'yōshū (Book 1): A New English Translation Containing the Original Text, Kana Transliteration, Romanization, Glossing and Commentary*. Brill.

Vovin, A. & Sagart, L. (2016). No Aramaic Word for "Monastery" in East Asia. Reflections on Christopher I. Beckwith's Recent Publication. *Journal Asiatique, 304*(1), 117-124.

Vovin, A. & de la Fuente, J.A.A. & Janhunen, J. (Eds.).(2023). *The Tungusic Languages*. Routledge.

Whitman, J. (2011). Northeast Asian Linguistic Ecology and the Advent of Rice Agriculture in Korea and Japan. *Rice, 4*, 149-158.

고광모 (2014). 〈주격조사 '-가'의 발달〉. 《언어학》 68, 93-118.

국립중앙박물관 (2014). 《금관총과 이사지왕》.

국어사대계간행위원회 (2019). 《국어사 연구 1》. 태학사.

_____ (2020). 《국어사 연구 1》. 태학사.

권인한 (2002). 〈俗地名과 국어음운사의 한 과제: '大丘'와 '達句火'의 관계를 중심으로〉. 《國語學》 40, 21-42.

김무림 (2009). 〈감자와 고구마의 어원〉. 《새국어생활》 19(3), 91-97.

金完鎭 (1965). 〈原始國語 母音論 關係된 數三의 課題〉. 《震檀學報》 28, 73-94.

김창호 (2014). 〈신라 금관총의 尒斯智王과 적석목곽묘의 편년〉. 《신라사학보》 32, 433-450.

김태경 (2022). 《거란 문자: 천 년의 역사, 백 년의 연구》. 민속원.

김현철 & 김아영 (2019). 〈19세기 한중 양구 언어의 '和製漢語' 수용 및 발전 양상 고찰: 페데리코마시니의 신어 목록을 중심으로〉. 《한국어사 연구》 5, 259-278.

나까지마 히로미 (2012). 〈古代國語 地名語의 國語學的 研究: 韓·日 地名語 比較를 中心으로〉. 박사학위논문, 鮮文大學校 大學院.

内田銀蔵 (1922). 「シラの島及ゴーレスに就きて」. 著: 内田銀蔵. 『内田銀蔵 遺稿全集 第4輯』 (345-464). 同文館.

大竹昌巳 (2015a). 「契丹小字文献所引の漢文古典籍」. 『KOTONOHA』 152, 1-19.

_____ (2015b). 「契丹小字文献における母音の長さの書き分け」. 『言語研

究』148, 81-102.

_____ (2020). 「契丹語の歴史言語学的研究」. 博士論文. 京都大学.

都守熙 (1994). 〈百濟 王稱語 小考―「於羅瑕, 鞬吉支, 구드래, 구다라」를 중심으로〉.《百濟語 研究 (III)―王名・國號 等의 語彙論을 中心으로》 (33-56). 百濟開發研究院.

賴惟勤 (1974). 「〈魏書・東夷伝・倭人条〉の文章」. 著: 松本清張. 『邪馬臺国の常識』. 每日新聞社.

刘凤翥 & 于宝林 (1981).《故耶律氏铭石》跋尾〉.《文物资料丛刊》5, 175-179.

류현국 (2015).《한글 활자의 탄생》. 홍시커뮤니케이션.

李成市 (2021). 「新羅・百済木簡と日本木簡」. 著: 金文京.『漢字を使った文化はどう広がっていたのか ― 東アジアの漢字漢文文化圏』(61-76). 文学通信.

마루야마 마사오 & 가토 슈이치 (2009).《번역과 일본의 근대》. 이산.

馬渕和夫 (1999).『古代日本語の姿』. 武蔵野書院.

박홍규 & 조계원 (2012). 〈옌푸(嚴復)와 번역의 정치: 『천연론』에 담긴 '천' 개념을 중심으로〉.《한국정치학회보》46(4), 29-51.

방국화 (2021). 〈부여 부소산성 출토 토기 명문의 검토: 동아시아 문자자료와의 비교〉.《木簡과 文字》26, 195-219.

배영환 (2016). 〈제주 방언 속의 몽골 차용어에 대한 연구사적 검토〉.《어문론집》68, 1-30.

白玉冬 (2011). 〈鄂尔浑突厥鲁尼文碑铭的čülgl(čülgil)〉.《西域研究》(1),

83-92.

西嶋佑太郎 (2022).『医学をめぐる漢字の不思議』. 大修館書店.

小林祥次郎 (日付不明). 万葉集の戯書 | 日本のことば遊び. 参照先: ジャパ
    ンナレッジ: japanknowledge.com/articles/asobi/14.html

小田裕樹 (2020).「平城京の暮らし―娯楽と遊戯―」.

宋梦晗 (2018). 〈近代音译外来词研究〉. 中南民族大学硕士论文.

宋敏 (2003). 〈개화기의 신생한자어 연구(3)〉.《어문학논총》22, 1-34.

송철규 & 민경중 (2020).《대륙의 십자가》. 메디치.

辻星児 (2007).「「尊海渡海日記」に記された朝鮮語ついて」.『文化共生学研
    究』5, 71-84.

岸本恵実 & 白井純 (2022).『キリシタン語学入門』. 八木書店.

안승모 (2003). 〈고고학으로 본 한민족의 계통〉.《한국사 시민강좌》32, 79-104.

愛新覚羅烏拉熙春 (2009).『愛新覚羅烏拉熙春女真契丹学研究』. 松香堂書店.

_____ (2014).《명나라 시대 여진인:『여진역어』에서 〈영영사기비〉까지》.
    이상규 번역. 경진.

愛新覚羅烏拉熙春 & 吉本道雅 (2011).『韓半島から眺めた契丹・女真』. 京
    都大学学術出版会.

연세대학교 언어정보연구원 (2016).《근대기 동아시아의 언어 교섭》. 한국문화사.

垣見修司 (2011).「『万葉集』と古代の遊戯: 双六・打毬・かりうち」.『アジア
    遊学』. 147, 66-80.

윤희수 [Huisu Yun]. (2023a). "Decentralizing Old Korean phonology".

The Bay of Marifu. marifu.hypotheses.org/79

_____ (2023b). "Early Old Korean vowel shift". The Bay of Marifu. marifu.hypotheses.org/147

_____ (2023c). "Fricative assimilation in Middle Korean". The Bay of Marifu. marifu.hypotheses.org/163

_____ (2023d). "Old Chinese medial *-r- and Early Old Korean transcriptions". The Bay of Marifu. marifu.hypotheses.org/278

_____ (2023e). "Writing Old Korean *r". The Bay of Marifu. marifu.hypotheses.org/284

_____ (2023f). "Eastern clouds and nutacism". The Bay of Marifu. marifu.hypotheses.org/381

_____ (2023g). "The forgotten name of the merciful king". The Bay of Marifu. marifu.hypotheses.org/394

_____ (2023h). "On the Old Korean words for mountain". The Bay of Marifu. marifu.hypotheses.org/407

이기문 (1999). 〈딤치와 디히〉. 《새국어생활》 9(1), 127-133.

李寧熙 (1993년 6월 6일). 〈노래하는 歷史 〈2〉 李寧熙의 韓-日 옛이야기〉. 《조선일보》.

伊藤英人 (2019). 「「高句麗地名」中の倭語と韓語」. 『専修人文論集』, 365-421.

_____ (2021). 「滅倭同系論」. 『KOTONOHA』 224, 1-70.

이용제 & 박지훈 (2015). 《활자 흔적: 근대 한글 활자의 역사》. 물고기.

李陸禾 (2010).《原本老乞大新註新譯(一)》.《중국어문논총》47, 501-540.

李日永 (1976).〈윷(柶戲)의 유래와 명칭 등에 관한 고찰〉.《韓國學報》2(1), 130-158.

이한섭 (2016).〈『漢城旬報』와『漢城週報』를 통해 본 19세기말 한중일 삼국의 어휘 교류〉. 저: 연세대학교 언어정보연구원.《근대기 동아시아의 언어 교섭》(18-35). 한국문화사.

이희수 (2014).《쿠쉬나메: 페르시아 왕자와 신라 공주의 천 년 사랑》. 청아출판사.

임평섭 (2022).〈아랍·페르시아와 신라의 교류: 무슬림 집단의 신라 내 거주 가능성에 대한 문헌적 검토〉.《신라문화》60, 253-279.

임홍빈 (2012).〈고구려 지명 '혈구군(穴口郡)'의 '구(口)'에 대해〉.《東亞文化》, 1-43.

정광 (2011).《삼국시대 한반도의 언어 연구》. 박문사.

_____ (2014).《조선 시대의 외국어 교육》. 김영사.

鄭光 & 韓相權 (1986).〈司譯院과 司譯院譯學書의 變遷 硏究〉.《德成女大論文集》14, 169-234.

정수일 [무함마드 깐수] (1992).《新羅·西域交流史》. 檀國大學校出版部.

趙璣濬 외 (1983).〈特輯·韓國新聞100周年, 寬勳클럽〉,《新聞硏究》1983 겨울호 (6-143). 寬勳클럽信永硏究基金.

竹越孝 (2021).「朝鮮における通訳と語学教科書」, 著: 金文京.『漢字を使った文化はどう広がっていったのか ― 東アジアの漢字漢文文化圏』(363-

374). 文学通信.

即实 (1988).〈从 尖 丹 说起〉.《内蒙古大学学报》. 哲学社会科学版. 1988(4), 55-69.

_____ (1996).《谜林问径: 契丹小字解读新程》. 辽宁民族出版社.

_____ (2012).《谜田耕耘: 契丹小字解读续》. 辽宁民族出版社.

陳力衞 (2016).〈근대 동아시아의 언어 교섭에 의한 한어의 의미 변화〉. 저: 연세대학교 언어정보연구원.《근대기 동아시아의 언어 교섭》(1-17). 한국문화사.

_____ [陈力卫] (2019).《东往东来: 近代中日之间的语词概念》. 社会科学文献出版社.

최범훈 (1984).〈심마니 은어 연구〉.《한국문학연구》6, 95-128.

최철영 (2019).〈금관총 출토 대도의 '尒斯智王' 명문 검토〉.《역사와 세계》55, 1-36.

河野六郎 (1993).「三国志に記された東アジアの言語および民族に関する基礎的研究」.『文部省科学研究費補助金研究成果報告書』.

韓炅澔 (2010).〈고대 한반도 고유명사 표기에 나타난 [泰]、[夬]韻의 韻尾 *-s의 흔적에 대해〉.《진단학보》109, 273-291.

한원미 (2014).〈鄭雲復의『獨習 日語正則』의 대역문 연구〉.《일본연구》22, 439-467.

홍윤기 (2006년 7월 26일).〈[홍윤기의 역사 기행] ① 일본 속 백제 발자취〉.《세계일보》.

사전 및 총서류

《개정 · 증보 제주어사전》. 제주특별자치도.

權仁瀚.《中世韓國漢字音訓集成》改訂版. 제이앤씨.

김무림.《국어 어원사전》. 지식과교양.

김태경.《契丹小字辭典》. 조선뉴스프레스.

남광우.《교학 고어사전》. 교학사.

이진호.《국어 음운론 용어 사전》. 역락.

李勳.《滿韓辭典》. 고려대학교 민족문화연구원.

한글학회.《우리말 큰사전 4: 옛말과 이두》. 어문각.

『角川古語大辞典』. KADOKAWA.

『新編 日本古典文学全集』.「日本書紀」「万葉集」. 小学館.

『大漢和辞典』修訂第二版. 大修館書店.

『日本国語大辞典』第二版. 小学館.

《汉语方音字汇》第二版. 文字改革出版社.

표기 체계

고대 한국어 – 윤희수에 의해 고안된 '고대 한국어의 탈중설적 재구'.

상고 중국어 – Baxter & Sagart (2014).

후한 시대 중국어 – Schuessler (2009).

중고 중국어 – Baxter (1992)에서 제시된 중고 중국어 전자법 참조.

거란어 – 大竹昌巳 (2020).

향문천의
한국어 비사